光芯环片

Chip Halo

多维度洞察
荷兰发展

MULTI-DIMENSIONAL INSIGHTS
INTO THE DEVELOPMENT OF THE NETHERLANDS

赵 珩 著

社会科学文献出版社
SOCIAL SCIENCES ACADEMIC PRESS (CHINA)

前　言

　　科技的迅猛发展不仅重塑了世界经济格局，也深刻影响了国家间的竞争与合作。半导体产业作为现代科技的核心支柱，已成为各国争夺科技制高点的关键领域。荷兰凭借其独特的科技创新能力和制度优势，在全球半导体产业链中占据了举足轻重的地位，尤其是阿斯麦公司（ASML Holding N.V.，简称 ASML）的极紫外（Extreme Ultraviolet，简称 EUV）光刻机技术，几乎垄断了全球高端芯片制造的核心设备供应。这一现象不仅凸显了荷兰在全球芯片战争中的战略重要性，也为研究国家如何在全球战略背景下实现"小国大业"提供了极具价值的案例。

　　作为一个国土面积有限的小国，荷兰却孕育了全球半导体产业链中最为关键的企业之一阿斯麦及其 EUV 光刻机技术，几乎成为全球芯片战争中的"战略武器"。这不禁令人深思：为什么这样的企业会诞生于这个人口不到 2000 万的国家？荷兰又何以能够在全球高科技领域占据如此重要的地位？本书的撰写初衷，正是为了解析这一核心问题，即荷兰为何能够孕育出 ASML 这样的全球科技巨头，并以此为契机，探讨国家在全球科技竞争中的发展路径与成功经验。

　　通过多维度、跨学科的学术视角，本书深入探讨了荷兰在全球科技包括半导体产业中的独特地位及其国家发展之谜。本书指出荷兰阿斯麦的崛起是多维度、深层次的，需要从多学科角度出发才能解密。随着对荷兰研究的广泛深入，本书综合运用科技、工程、社会学、政治学、经济学等学科的相关知识，在此基础上综合考察荷兰的科技、经济、资源、环境、规划、文化、教育等诸多特点，最终全面解析荷兰孕育 ASML 的深层原因。通过对这些因素的系统性分析，本书不仅揭示了荷兰"小国大业"的成功密码，也为其他国家和地区在全球化背景下如何培育科技创新能力提供了重要的借鉴与启示。

本书分为十个章节，分别从上述多维度深层次探讨荷兰在芯片战争中的角色和地位，分析其如何通过科技创新和制度优势在全球半导体产业中占据核心地位。本书结合实地调查，通过翔实的分析和探讨，力图全面呈现荷兰这一国家的区域社会特征及其在全球科技竞争中的角色，深入解析荷兰社会发展的独特之谜。不仅如此，本书还强调区域国别研究的重要性，特别是在当今地缘政治的背景下，了解不同国家和地区的科技、文化、政治和经济背景，对于把握全球发展趋势至关重要。本书将社会文化历史活动置于自然科学体系的构造中考察，通过深化区域社会研究与变迁解析，试图揭示超越特定地区的发展趋势和现象，不仅能够使读者更好地理解全球科技竞争的动态，也能为未来的国际合作与创新发展提供新思路与实践启示。

本书为荷兰这一区域国别的研究提供了新的视角，尤其在全球科技竞争的舞台上，半导体产业已成为国家间争夺技术制高点的核心领域，该研究的重要性不言而喻。荷兰孕育 ASML 的成功经验表明，小国同样可以通过科技创新和制度优势，在全球竞争中占据重要地位。这一经验对于其他国家和地区，尤其是在全球化浪潮中寻求发展路径的国家，具有重要的借鉴意义。

　　知己知彼，阅读本书不仅有助于我们理解其在全球芯片战争中的独特地位，也为我们提供了应对芯片挑战的启示。本书旨在为读者提供丰富的知识内容，以在全球化的背景下，更好地理解全球科技竞争格局，理性应对芯片战争带来的机遇与挑战，把握未来科技竞争与合作的趋势。

目录 CONTENTS

第三章

教育强国：创新型人才

第四章

热爱土地：确保国家粮食安全

第七章
社会保障：摇篮到坟墓全方位

第八章
人际交往礼仪：开放包容

第九章
艺术与科学：相辅相成

第十章
独特的国家体制：政治智慧

后　记

参考文献

阿斯麦：前世今生

当今芯片制造产业中，全球最强的光刻机出现在荷兰，阿斯麦公司（ASML Holding N.V.，简称 ASML）作为唯一极紫外（EUV）光刻设备供应商，在高端市场占据绝对优势。公司通过持续创新尤其是 EUV 技术的突破，成为全球光刻机市场领导者。

阿斯麦的发展历程始于 1984 年，由荷兰皇家飞利浦（Royal Philips N.V.）和先进半导体材料国际（Advanced Semiconductor Materials Lithography）合资成立，专注于半导体光刻技术。皇家飞利浦公司成立于 1891 年，实力雄厚，业务遍及 100 多个国家和地区，共有员工约 7.8 万人，其股票在 9 个国家的 16 个交易所上市。主要生产视听产品、照明、电子元件、半导体、医疗设备、小家电、工业电子及商业电子产品等，在国际市场居领先地位。然而，阿斯麦成立初期却不容乐观，挑战巨大，不仅资金短缺、技术不成熟，还面临尼康、佳能等强大竞争对手。直到 1986 年推出首台光刻机 PAS 2000（Precision Alignment System，精密对准系统），才获得市场认可。

20 世纪 90 年代，阿斯麦进入技术突破时期，不断创新。1991 年，阿斯麦推出 PAS 5500 光刻机，采用步进扫描技术，显著提升芯片制造精度和效率。在市场扩展方面，凭借技术优势，逐步扩大市场份额，成为行业重要参与者。1995 年在阿姆斯特丹和纳斯达克上市，获得更多资金支持研发。2001 年推出 TWINSCAN 系统，结合步进扫描技术，进一步提升精度和效率。

从 2000 年开始，阿斯麦给世界带来了极紫外光刻革命。2000 年开始研发 EUV 光刻技术，应对半导体工艺微缩挑战。2006 年推出首台 EUV 原型机，推动芯片行业向更小制程的节点迈进。2010 年，EUV 技术逐渐成熟，阿斯麦成为全球光刻机市场领导者。不难看出，阿斯麦在研发方面投入了大量资源研发 EUV 光刻技术，推动半导体制造进入 7 纳米及以下节点，一跃占据行业的领先地位。特别是 21 世纪初期，由于 EUV 光刻机商用，阿斯麦成为全球唯一能提供 EUV 设备的公司，巩固了其市场主导地位。

2010~2020 年，阿斯麦持续创新与全球化发展。2013 年推出 NXE3300 系列（Next Generation Lithography Exposure，下一代光刻曝光）EUV 光刻机，进入 7 纳米及以下制程。2016 年收购汉微科（HMI），增强电子束检测技术。2019 年推出 NXE3400C，进一步提升 EUV 光刻机性能。2020 年推出 NXE3400D，支持 3 纳米及以下制程。2021 年宣布研发 High-NA（High Numerical Aperture，高数值孔径）EUV 光刻机，支持 2 纳米及以下制程。2024 年继续推动 EUV 技术，巩固市场领先地位。面临技术研发、供应链和市场竞争等挑战，阿斯麦凭借技术优势处于行业前沿。随着半导体需求增长和技术进步，阿斯麦有望继续引领行业发展，继续推动半导体制造技术的进步，支持人工智能、5G 等前沿科技的发展。

在全球化大背景下，阿斯麦扩展迅速，在荷兰、美国、亚洲等地设立研发和生产基地，形成全球供应链。在光刻机制造领域全球领先，占全球市场份额超 80%，约有员工 3.2 万人，在全球 60 多个城市设有办事处。阿斯麦目前的合作伙伴主要有台积电、英特尔、三星芯片制造商。

由于 5G、人工智能、物联网等新兴技术推动半导体需求，阿斯麦作为关键设备供应商受益，市场需求巨大。数据中心与云计算导致数据量激增，高性能芯片需求上升，带动了光刻机需求。阿斯麦研发能力强大，技术壁垒高，荷兰政府政策大力支持和投入，为研发提供资金保障，确保其技术持续领先。不过，中美贸易战影响了阿斯麦全球供应链和市场。部分国家对高端光刻机实施出口限制，影响了其市场拓展。量子计算等新兴技术可能对传统半导体行业构成挑战。因此，阿斯麦面临着技术、市场等多重挑战。

荷兰在科技领域有着深厚的积累，特别是在光学、精密机械和电子工程方面。阿斯麦的核心技术——极紫外光刻技术，正是基于这些领域的长期研究和发展。阿斯麦创新革命的技术特点至少可以体现在三个方面：一是光刻技术方面，公司在 20 世纪 90 年代推出步进扫描技术，大幅提升了芯片制造精度。极紫外光刻技术在 21 世纪初期商用，推动半导体制造进入了新纪元。EUV 技术使光刻波长缩短至 13.5 纳米，支持更小制程节点，推动了 7 纳米、5 纳米及以下制程的发展。多光束检测技术的突破，提升了晶圆缺陷检测效率，降低生产成本，推动半导体制造技术进步。高数值孔径（High-NA）EUV 技术进一步提升分辨率和精度，支持 2 纳米及以下制程。二是公司在自动化与智能化方面双管齐下，自动化生产线可以提升生产效率，减少人为误差。在智能化系统方面引入 AI 和大数据，优化设备性能和维护。三是公司注重可持续发展，提倡绿色制造，减少能源消耗和碳排放，推动环保生产。此外，通过回收和再利用，减少资源浪费。

通俗地说，芯片只是小小的一个指甲盖大小的东西，但却是电子设备中最重要的一部分，我们日常使用的电脑、手机和智能汽车里面都有芯片。芯片所起的作用就像人体的大脑，它负责思考问题并且发出指令。没了它，我们的电脑、手机都没法使用了。芯片制造以一个集成电路为载体，用晶体管在载体上搭载路线，使芯片可以正常运转，承载数据。难点之一在于这个载体底座非常小，大约指甲盖大小，然而就在这么小的芯片上大约容纳了 500 亿个晶体管，每个晶体管只有 2 条 DNA（Deoxyribonucleic Acid，脱氧核糖核酸）链那么大，这为芯片的制造增加了难度。用人类的头发丝来对比，一个小晶体管的粗细大约是头发丝的 2000 分之一，需要非常精密的制造工艺才能把这些部件堆放在一个小芯片上面，而且要求这些部件在运行时不可互相干扰且散热好。

光刻机负责完成这一重任，它可以在这个指甲盖大小的地方绘制图形，并且将它刻上去。极紫外光刻机可以通过紫外线把设计图缩小到这些晶圆体上，再封到一个绝缘的外壳，从而达到芯片生产要求。可想而知，它需要极其高的精准度，才能提高芯片品质，其制造过程非常困难。这也在更大程度上决定了要想有最好的芯片，就必须要有最优秀的光刻机。阿斯麦 EUV 光刻机单台造价大约 1.3 亿美元，由此可见，光刻机制造是一条极度精密的产业链，每一个零件都是领域当中的世界顶尖水平，这才让其成为世界最优秀的光刻机。

极紫外光刻机利用波长约 13.5 纳米的极紫外光在硅片上刻制微小电路图案，是半导体制造中的关键设备。通过 EUV 光源、反射光学系统和多层膜介质，在真空环境中实现在硅片上高精度刻制微小图案。其核心原理是通过 EUV 光源照射掩模，光线经反射光学系统聚焦，将图案投影到涂有光刻胶的硅片上，形成精细图形。

EUV 光源是极紫外光刻机的核心，主要有两种类型：激光等离子体光源（Laser-Produced Plasma，简称 LPP）和放电等离子体光源（Discharge-Produced Plasma，简称 DPP）。激光等离子体光源通过高能激光轰击锡滴，产生高温等离子体，释放 EUV 光。放电等离子体光源通过高压放电产生等离子体，释放 EUV 光。目前，激光等离子体光源因其高功率和稳定性，成为主流选择。

然而，由于 EUV 光极易被吸收，传统透镜无法使用，因此采用反射式光学系统，主要介质包括反射镜、掩模和光刻胶。反射镜使用多层膜反射镜（MLM），由硅和钼交替层构成，能在 13.5 纳米波长下高效反射 EUV 光。掩模同样使用多层膜反射镜，表面刻有电路图案，EUV 光通过反射将图案投影到硅片。光刻胶涂在硅片表面，对 EUV 光敏感，曝光后经显影形成图案。

此外，在极紫外光刻工艺中，光源系统、惰性气体的使用以及对环境的要求都非常关键，直接影响光刻的精度和效率。惰性气体主要用于保护硅片和光学系统，同时维持稳定的工作环境。光刻机对真空度、洁净度、温度、湿度和振动等环境参数要求极高，以确保光刻工艺的精度和稳定性。这些严格的要求是极紫外光刻技术能够实现纳米级制程的关键。

在激光等离子体光源（LPP）中，锡滴被激光轰击产生等离子体时，可能会使用惰性气体（如氦气）来冷却和保护光学元件，防止锡污染。EUV 光刻机需要在真空环境中运行，在某些环节（如光刻胶涂覆、显影等）可能使用惰性气体（如氮气或氩气）来防止硅片表面氧化或污染。在光刻机的某些腔室中，惰性气体用于维持稳定的环境，减少颗粒物和化学污染。此外，极紫外光刻对工作环境的要求极为严格，主要包括以下几个方面。真空度：EUV 光在空气中会被强烈吸收，因此光刻机必须在高真空环境中运行，通常压力低于 10^{-6} 帕斯卡。洁净度：光刻机需要在超高洁净度的环境中运行，通常要求洁净室等级为 ISO（International Organization for Standardization）1级以上，以减少颗粒物对硅片和光学系统的污染。温度：光刻机对温度变化非常敏感，工作环境需要保持恒温，温差通常控制在 ±0.1℃的范围内，以避免热膨胀影响光刻精度。湿度：洁净室的湿度通常控制在 40%~60%，以防止静电积累和材料变形。振动：光刻机对振动极为敏感，设备通常安装在防振平台上，以减少外界振动对光刻精度的影响。

芯片制造是一个高度复杂且精密的过程，涉及设计、材料制备、光刻、刻蚀、掺杂、薄膜沉积、互连、测试和封装等多个步骤。首先，根据芯片的功能需求，使用电子设计自动化（Electronic Design Automation，简称 EDA）工具进行电路设计，并通过软件仿真验证其正确性和性能。接着，将电路设计转化为物理版图，确定晶体管、互连线等的具体位置和尺寸。在硅片制备阶段，通过提拉法生长高纯度单晶硅锭，并将其切割成厚度约为 775 微米的薄片。随后，对硅片表面进行抛光，使其达到极高的平整度和光洁度。接下来，在高温下将硅片暴露于氧气或水蒸气中，形成一层二氧化硅薄膜，作为绝缘层或掩模层。

光刻是芯片制造中的关键步骤之一。首先在硅片表面涂覆光刻胶，然后使用光刻机将设计好的电路图案通过掩模投影到光刻胶上。通过化学处理去除曝光或未曝光的光刻胶，形成图案。接着，使用干法刻蚀或湿法刻蚀去除未被光刻胶保护的硅片表面材料。掺杂过程通过离子注入将杂质离子（如硼、磷）注入硅片，改变其电学特性，形成 PN 结。随后，通过高温退火处理修复离子注入造成的晶格损伤，并激活杂质。薄膜沉积阶段使用化学气相沉积（Chemical Vapor Deposition，简称 CVD）或物理气相沉积（Physical Vapor Deposition，简称 PVD）技术在硅片表面沉积绝缘层或导电层。化学机械抛光（Chemical Mechanical Planarization，简称 CMP）用于对硅片表面进行平坦化处理，确保多层结构的平整度。互连阶段通过沉积和刻蚀形成金属互连线，连接晶体管和其他元件，并重复光刻、刻蚀、沉积等步骤，构建多层互连结构。

在测试与封装阶段，首先，在硅片上进行电学测试，筛选出合格的芯片。其次，将硅片切割成单个芯片，并将其封装在保护壳中，连接引脚或焊球。最后，对封装后的芯片进行功能和性能测试。通过上述步骤，制造完成并通过测试的芯片作为成品出货，用于电子设备制造。

显而易见，这一过程展示了现代半导体工业的高度精密和复杂性。每个步骤都需要极高的精度和严格的环境控制，以确保芯片的性能和可靠性。随着技术的进步，芯片制造工艺不断向更小的节点（如 5 纳米、3 纳米）发展，推动电子设备的性能提升和尺寸缩小（见图 1-1）。

图1-1 阿斯麦（ASML）纳米光刻设备

资料来源：https://www.anandtech.com/show/21264/asml-to-ship-multiple-highna-tools-in-2025-expands-production-capacities。

让我们进一步从物理学视角，深入了解一下光刻机的微纳结构制造。光是人类同远方的连接，是我们进入微观世界的唯一途径，可以说，光束是人类的第一工具。要想观察、操控更小的世界，或者为了实现更小的制造细节，就要使用更短波长的光。当前半导体芯片一般制程为 28 纳米、14 纳米，最先进的制程有 5 纳米、3 纳米甚至 2 纳米。先进光刻机使用的是紫外光，从而实现如此微小的半导体器件制造细节。人类可见光的波长约为 780~390 纳米，波长小于 380 纳米便进入了紫外区域。波长 200~280 纳米的光称为深紫外（Deep Ultraviolet，简称 DUV），这个波段的光源有 193 纳米的 ArF 准分子激光器和 248 纳米的 KrF 准分子激光器。波长在 10~100 纳米的光称为极紫外（Extreme Ultraviolet，简称 EUV）。波长低于 100 纳米的光，单光子能量大于 12eV，10 纳米的光其单光子能量更是高达 120eV，几乎可算作 X- 射线了。如此巨大的单光子能量对一般的物质都存在多种机制的非常强的破坏性。对于使用如此短的波长的光刻机，制造所需要的透镜、反射镜、探测器等必要元器件都是极大的挑战。

可见，芯片的研发是基于近代物理学、光电子学、量子电子学、超导电子学及相关技术交叉学科。如前文所述，当前用于 14 纳米以下制程芯片制造的、使用极紫外光的先进光刻机，只有荷兰公司阿斯麦一家供应商。由于来自外部的压力，荷兰在是否对中国供应光刻机的立场上摇摆不定，极大地影响了中国芯片技术的发展。显然，问题的关键是极紫外光刻机的来源单一。先进光刻机独此一家的局面，是由光刻机自身的性质决定的。

芯片技术：莱顿瓶的物理智慧

由此带来的一个问题是，为什么荷兰可以制造出最先进的 EUV 光刻机？

任何一个物理学者对荷兰这个国家都会印象深刻，荷兰人对物理学的理论、实验和科学仪器制造诸方面的贡献巨大。事实上，具有极高艺术天分（在本书第九章介绍）的荷兰人在艺术创作中不乏对科学的表达。这些因素的结合或许有助于我们理解为什么是荷兰制造出最先进的光刻机。也许这种理解是目的论式的，但我们借此机会认真洞察一下荷兰这个国度也是有益的。

荷兰在人们眼中应该算是个蕞尔小国，在南部的南荷兰省有一个不过10万人的小镇，叫莱顿。小镇上于1575年建立的莱顿大学，可谓盛产物理学家，在物理学史上具有举足轻重的地位，与瑞士联邦理工、英国剑桥相比毫不逊色，占据欧洲杰出科学研究中心长达四个多世纪。

"莱顿瓶"，对于学习过电学的人来说真是再熟悉不过了，它是最早的电容器，一种容纳电荷的器件。它的发明者是荷兰物理学家彼得·范·穆申布鲁克（Pieter van Musschenbroek，1692~1761），穆申布鲁克不仅是莱顿大学的教授，也是莱顿人，"莱顿瓶"因此得名。18世纪，最令对电进行实验研究的科学家们感到苦恼的是：好不容易得到的电，往往会在空气中消失了。那么，如何才能找到一种保存电的方法呢？穆申布鲁克成功地将电能贮存在装水的瓶子里。"莱顿瓶"是人类历史上第一种能够储存电荷的装置，很多著名的电学实验都是利用它才得以进行的。"莱顿瓶"的发明，标志着人们开始了对电的本质和特性的研究，它为科学界提供了一种贮存电的有效方法，对电学知识的传播和发展起到重要作用。

除了"莱顿瓶"，还有中学生熟悉的"洛伦兹力"。中学考试时经常看见考生们将左手掌摊平，摆弄四指，大拇指也不闲着，那是在让磁感线穿过手掌心，判断电荷运动方向以及洛伦兹力的方向。回顾科学史，许多对物理学有重大贡献的杰出科学家都与荷兰莱顿大学有着密切的联系。无论是莱顿大学的师生还是莱顿人，他们在物理学的发展中留下了不可磨灭的印记。以下是一些重要的物理学家及其贡献。

1. 西蒙·斯蒂文（Simon Stevin，1548~1620）

斯蒂文是荷兰数学家、物理学家和工程师，他在静力学和流体静力学方面做出了重要贡献，尤其是在力的分解和浮力理论方面。

2. 威里布里德·斯涅尔（Willebrord Snellius，1580~1626）

斯涅尔是莱顿大学教授，他提出了著名的折射定律，即斯涅尔定律，公式为：$n_1\sin\theta_1 = n_2\sin\theta_2$。这个定律描述了光在两种不同介质之间传播时的折射现象。

3. 艾萨克·贝克曼（Isaac Beeckman，1588~1637）

贝克曼是莱顿大学的毕业生，他发现了波动频率与波节长度成反比的关系，为波动理论的发展奠定了基础。他是笛卡尔的导师。

4. 克里斯蒂安·惠更斯（Christiaan Huygens，1629~1695）

惠更斯被誉为人类历史上第一位"理论物理学家"。他发明了摆钟，使人类能够精确测量时间。他在1673年发表的《摆钟论》对数学物理的影响不亚于牛顿的《自然哲学的数学原理》。惠更斯还提出了光的波动说和惠更斯原理，这些理论在200年后被证明是正确的。

5. 威廉·雅各布·斯格拉乌桑德（Willem Jacob's Gravesande，1688~1742）

斯格拉乌桑德是莱顿大学教授，他在19岁时就获得了法学博士学位。他通过实验发现，物体下落的高度与其速度平方的变化成正比（1722年），这为动能概念和机械能守恒定律的提出奠定了基础。他还通过加热金属球演示了热胀冷缩现象。

6. 彼得·范·穆申布鲁克（Pieter van Musschenbroek，1692~1761）

穆申布鲁克是莱顿大学的教授，他发明了莱顿瓶，这是最早的电容器的雏形，为电学研究提供了重要工具。

7. 亨德里克·洛伦兹（Hendrik Lorentz，1853~1928）

洛伦兹是电动力学的奠基人之一，他提出了洛伦兹力公式，连接了麦克斯韦方程组和爱因斯坦的狭义相对论。洛伦兹是莱顿大学的毕业生和教授，并于 1902 年获得诺贝尔物理学奖。

8. 彼得·塞曼（Pieter Zeeman，1865~1943）

塞曼是莱顿大学的讲师，他在 1896 年发现了塞曼效应，即磁场对光谱线的影响。洛伦兹很快为这一现象提供了理论解释，两人因此共同获得了 1902 年的诺贝尔物理学奖。

9. 约翰内斯·范德华（Johannes Diderik van der Waals，1837~1923）

范德华出生于莱顿，也是莱顿大学的毕业生，他提出了实际气体的状态方程，即范德华方程，又称范德瓦尔斯方程。这个方程预言了气态和液态之间存在临界点，对理解气体和液体的行为具有重要意义。他于 1910 年获得诺贝尔物理学奖。中学课本中有以他名字命名的范德华力（van der Waals force），即分子间作用力。

10. 海克·卡末林·昂内斯（Heike Kamerlingh Onnes，1853~1926）

昂内斯在莱顿大学发现了超导电性，即某些材料在极低温度下电阻突然消失的现象。他于 1913 年获得诺贝尔物理学奖。

11. 保罗·埃伦费斯特（Paul Ehrenfest，1880~1933）

埃伦费斯特是莱顿大学的教授，他与妻子一起对统计物理学的建立和表述做出了重要贡献。

12. 赫拉德·特霍夫特（Gerard't Hooft，1946~　）

特霍夫特获得了 1999 年的诺贝尔物理学奖，主要贡献在于量子场论和粒子物理学的理论研究。他的外公彼得·尼科拉斯·范·坎彭（Pieter Nicolaas van Kampen）是莱顿大学的教授。他的导师荷兰理论物理学家韦尔特曼（Martinus J. G. Veltman，1931~2021）也获得诺贝尔物理学奖。他的外伯祖父弗里茨·泽尼克（Frits Zernike），因发明相衬显微镜，获得了1953年的诺贝尔物理学奖。

精密仪器：磨镜片的小镇青年

光刻机作为芯片制造的核心设备，其技术要求极高，尤其是在3纳米、2纳米等先进制程下，对精度和稳定性的要求更是达到了极致。毋庸置疑，光刻机的制造是工程和工艺的极致体现，芯片制造是基于高科技的终端产品，是一项高度复杂且精密的技术，堪称为艺术品的细活儿。每一个零件的加工精度、装配的准确性，都会直接影响最终产品的性能。这就要求制造过程中必须有一种追求极致的工匠精神，确保每一个细节都达到完美。

荷兰阿斯麦公司之所以能够在光刻机领域占据全球领先地位，正是因为他们将科学研究与精密制造完美结合。阿斯麦光刻机不仅是高科技产品，更可以说是"艺术品"，其制造过程体现了对细节的极致追求。光刻机的核心原理是利用光学技术将电路图案投射到硅片上。这不仅需要深厚的物理学知识，对光的波动性、干涉、衍射等物理现象的理解，而且还要求光刻机中的透镜系统必须能够精确控制光的传播路径，确保图案的精确投射。

毫不夸张地说，荷兰在光学仪器制造的历史长河中留下了浓墨重彩的一笔。早在16世纪，荷兰的玻璃制造业便已蓬勃发展，尤其是在透镜与棱镜的制造领域，展现了无与伦比的工艺水平。荷兰科学家如惠更斯（Christiaan Huygens）在光学领域的卓越贡献，为后来的光学仪器制造奠定了坚实的科学基础。荷兰的制镜工业不仅推动了光学科学的进步，还催生了诸多实际应用，如望远镜与显微镜的发明。这些仪器的制造，要求极高的精度与工艺，而荷兰工匠们以其卓越的技艺与科学探究精神，完美地满足了这些需求。

因此，最早的显微镜在 16 世纪末的荷兰诞生，并非偶然。这与荷兰在光学与透镜制造方面的领先地位密不可分。这一由荷兰眼镜制造中心孕育的发明，成为科学史上的重要里程碑，极大地扩展了人类对微观世界的认知。亚斯·詹森（Hans Jansen），一位普通的眼镜商，与他的儿子一起，通常被认为是显微镜的早期发明者。他们通过巧妙地组合多个透镜，制造出了早期的复式显微镜。尽管这些显微镜的放大倍数有限，但它们为后来的显微镜技术奠定了基础，谱写了人类探索微观世界的新篇章。汉斯·利珀希（Hans Lippershey）则以其在望远镜发明方面的贡献而闻名，他也可能参与了早期显微镜的研制。望远镜和显微镜的原理相似，都是通过透镜的组合来放大远处的物体或微小的细节。荷兰工匠们的智慧与技艺，让人类的目光得以触及遥远的星辰，能够窥见微观世界的奥秘。

真正将显微镜用于科学观察并取得重大突破的是 17 世纪的科学家——安东尼·范·列文虎克（Antonie van Leeuwenhoek），他被誉为"微生物学之父"。尽管他并非科班出身，但通过自制的高质量单透镜显微镜，首次观察到了细菌、精子、红细胞等微观结构，为微生物学的发展奠定了基础。显微镜的发明不仅推动了生物学和医学的进步，还促进了材料科学、化学等多个领域的发展。

1632 年 10 月 24 日，列文虎克出生于距离莱顿仅仅几公里的小镇代尔夫特。这位"小镇青年"的人生轨迹令人深思，如同一颗埋藏在泥土中的种子，最终破土而出，绽放出耀眼的光芒。科学探索不分贵贱，只要有热情和坚持，任何人都可以为人类进步做出贡献。

列文虎克的人生轨迹显得格外独特。他出生在一个普通的工匠家庭，父亲是编织篮子的手艺人，母亲则来自酿酒师家庭。这样的背景，注定了他的人生起点并不高，甚至可以说是平凡得不能再平凡。更糟糕的是，家境贫寒的他儿时没有机会踏入高等学府的门槛，未接受过系统的科学教育。16岁时便在一家亚麻布店当学徒，后来成为一名布商。尽管他的职业与科学无关，但他对周围的世界充满了好奇，尤其是对微小事物的观察。

出于对镜片的兴趣，他一生仅仅做了一件自己痴迷的事情——认认真真、不厌其烦地磨制一块又一块的透明玻璃，致力于完善每一个平淡无奇的细节。小镇街头的眼镜店和工匠们磨制镜片的情景深深吸引了他，他萌生了一个大胆的想法：如果能制造出一种特殊的镜片，能够看到肉眼无法观察到的微小世界，那该多好！这个想法促使他开始自己磨制镜片。谁知这样一个灵感似的奇想，竟从此使他下定了磨制一块"魔镜"的决心。

列文虎克日复一日地磨制镜片，他的生活仿佛被一种无形的节奏支配，磨呀磨，磨呀磨，手中的玻璃在无数次打磨中逐渐变得光滑而透亮。这一磨，便是几十个春夏秋冬的流转，岁月在他的指尖悄然滑过，却未曾动摇他对微观世界的执着与热情。经过无数次的尝试和失败，列文虎克终于磨制出了两块光亮精巧、高质量的透镜。他将这两块镜片叠在一起，发现能够放大物体的细节，甚至看到了鸡毛上细小的绒毛像树枝一样排列着。这一发现让他兴奋不已，但他很快意识到，要更好地观察微观世界，必须解决镜片固定和调节的问题：怎样将这两块镜片各自固定起来，同时又能自由地上下调节距离呢？一个新的难题又摆在了他的面前。一天，他在路过一家铁匠铺时，看到铁匠们打制铁器的场景，灵感再次涌现。他想到可以用铁架和铁筒来固定镜片，并调节镜片之间的距离。他忽而又想到：

如果这样观察不是既省力又方便吗？于是，他请铁匠按照他的设计制作了一个简单的显微镜支架，一个铁架和一个铁筒，将镜片固定在镜筒的两头，然后再固定在铁架上。经过多次改进，列文虎克终于发明了世界上第一台实用的显微镜。

列文虎克的显微镜虽然简单，但其放大倍数远超当时的其他显微镜。他用这台显微镜观察了各种微小的物体，包括水滴、血液、精液等。1674年，他首次观察到了细菌和原生动物，这是人类历史上第一次看到微生物的存在。他还详细描述了红细胞的形状，并观察到了肌肉纤维和精子细胞。

满怀胜利的喜悦，踌躇满志的列文虎克摩拳擦掌，准备磨制更精密的显微镜时，祸从天降。由于他将大量时间投入磨制镜片，使他所在的杂货铺生意逐渐衰落，最终被老板以"不务正业"为由开除。为了谋生，他不得不做一份门卫的工作。尽管生活艰辛，列文虎克并未放弃对打磨镜片的痴迷。

他在工作之余继续改进显微镜，一边看门，一边继续对显微镜研制和改造，主打一个追求更精制、更完美。通过不断磨制和改进透镜，列文虎克制造出了当时世界上最先进的显微镜。他一生亲自磨制了550多个透镜，装配了247台显微镜，其中9台至今仍保存在荷兰乌德勒支大学博物馆。他的显微镜放大倍数高达270倍以上，分辨率为1.4微米；甚至有人认为他曾制造出放大倍数为500倍的显微镜。

在仔细打磨、亲手研制的显微镜下，列文虎克于1673年观察到了微生物，将其命名为"Dierken"（狄尔肯），这是人类首次发现并描述微生物的存在。在好奇心的驱使下，他观察了雨水、河水、井水以及人体内的微生物，并得出结论：我们的周围存在大量肉眼看不见的微小生物。1674年，列文虎克描述了人、哺乳动物、两栖动物和鱼类的红血球。1677年，他与学生哈姆共同发现了人、狗、兔子的精子。1683 年，列文虎克在人的牙垢中发现了比微生物更小的生物，后来被证实为细菌——他是世界上第一个发现细菌存在的人。

列文虎克的发现，如同一道惊雷，震撼了当时的科学界。尽管他并非科班出身的科学家，未曾受过正规的教育，但他的观察结果却以其无可辩驳的精确性，赢得了英国皇家学会的认可。他撰写了人类历史上第一部关于微生物的专著——《列文虎克发现的自然界的秘密》，首次揭示了那些肉眼无法窥见的微小植物与动物的奥秘。这些研究成果被翻译成英文，刊登在英国皇家学会的权威刊物《皇家学会哲学学报》上，瞬间在英国学术界掀起轩然大波。谁能想到，这位在小镇上默默担任了几十年门卫的老人，竟以他孜孜不倦的科学探索，赢得了科学界的广泛赞誉。他的实验成果不仅得到了科学学会的公认，还被多个国家的科学机构吸纳为会员，更被英国皇家学会——那个时代最具权威性与含金量的科学组织——正式接纳为会员，与牛顿、爱因斯坦等科学巨匠齐名。

列文虎克的名声远播，吸引了无数名流显贵专程前往代尔夫特小镇，只为目睹他的显微镜与惊人发现。英国女王与俄国沙皇也成为他的"粉丝"，不远千里前来拜访。英国女王甚至亲笔写下贺信，表达对他的敬意与钦佩。这位平凡的门卫，用他的执着与智慧，在科学史上留下了不朽的印记，成为微观世界的探索先驱。

1723 年 8 月 26 日，年过九旬的列文虎克在代尔夫特安详离世。这位生卒于同一个小镇的门卫，凭借数十年如一日的执着，磨制出了当时最为精良的镜片，掌握了顶尖的磨镜技艺。他不仅是一位杰出的科学家，更是一位改变了人类认知的先驱。他的发现，如同一把钥匙，打开了微观世界的大门，为人类提供了探索未知的工具与方法，极大地推动了科学进步。他的名字，早已超越了时空的界限，成为观察与发现的象征。

这是一个关于工匠精神和科学探索的传奇。尽管未曾踏入高等学府的大门，他从一个最普通、最平凡的人变成了震惊世界的名人，世界科学史上第一次帮助人类打开微观世界大门。人们得以将视线导入神奇的微观世界，才有微生物以及物理学、材料学方面的显微研究。棱镜还带来了光谱仪，这让来自光源的模糊一团的光被分成不同的谱线。此外，另一位荷兰人 Hans Lippershey 于 1608 年申请了望远镜的专利。望远镜的发明让意大利人伽利略看到了月球的表面、金星的相变化以及木星的卫星，这些发现有力地冲击了主导西方中世纪的地心说理论体系。

荷兰人继承了在光学仪器方面的优异制造水平和学术水平，在电子光学方面同样是处于技术引领地位。在电子显微学方面，荷兰的飞利浦公司一直是各种电子显微镜的重要供应商。而阿斯麦公司正是于 1984 年从飞利浦公司孵育出来，和先进半导体材料国际合资成立的，专注于半导体光刻技术。

2022 年，时光的长河悄然流淌了三百余载，代尔夫特理工大学的科学家们终于揭开了历史的一角。在那台珍藏于乌德勒支大学博物馆的 "266 倍镜" 列文虎克显微镜中，他们窥见了镜片的真容。列文虎克——这位微观世界的引路人，曾向世人揭示了无数隐秘的奇迹，然而，关于显微镜中镜片的奥秘，他却始终守口如瓶。镜片的制作工艺，如同他心中的一片禁地，外界对其知之甚少，唯有零星的描述散落在历史的尘埃中。即便是最早用显微镜发现细胞的先驱罗伯特·胡克，也曾对此充满好奇。

如今，列文虎克的显微镜仅存 11 台，每一台都是历史的孤本，承载着无数未解之谜。过去，科学家们多依赖 X 射线来窥探这些显微镜的内部构造。然而，显微镜的孔径不足一毫米，镜片几乎被黄铜板完全覆盖，仅有微小的部分暴露在外。X 射线在金属面前显得无力，难以穿透那厚重的黄铜屏障，镜片的形状始终笼罩在迷雾之中。

代尔夫特理工大学的科学家们另辟蹊径，选择了中子层析技术

（Neutron Tomography）。中子束不受原子核外电子的干扰，能够穿透金属的屏障，而 X 射线中的光子则容易被电子吸收或散射。中子的穿透力，如同历史的慧眼，终于揭开了那层神秘的面纱。科学家们发现，承载镜片的黄铜板极为纤薄，镜片镶嵌的位置微微凹陷，使得镜片的前表面能够凸出于黄铜板，尽可能接近观察的样本。更令人惊叹的是，无论从哪个角度观察，镜片的截面都呈现出完美的圆形——那是一颗晶莹的玻璃球，仿佛列文虎克当年凝视微观世界时，眼中所见的星辰。

这项研究成果，如同一首穿越时空的诗篇，发表在 SCI 期刊 *Science Advances* 上，为历史的谜题添上了新的注脚。[①]

电子工程：智慧港的深度融合

荷兰除了拥有世界上最好的物理学家和精密仪器工程师，还有全球高精尖大学，以及产学研深度融合模式。

阿斯麦公司总部位于荷兰南部的埃因霍恩（Eindhoven）附近，这个人口只有 4.5 万的小城市，看上去并不具备硅谷、北京或东京那样的创新氛围，但这里是荷兰高科技产业的中心，被称为"智慧港"（Brainport）。埃因霍温地区聚集了大量的高科技企业、研究机构和创新人才，形成了一个高度协同的创新生态系统。阿斯麦的成功与这一区域的高科技产业集群密不可分。埃因霍温的发展模式体现了区域尺度的动态性，即通过集聚效应和协同创新，将一个小城市打造成全球科技创新的高地。埃因霍温理工大学（Eindhoven University of Technology，简称 TU/e）在电子工程和芯

---

① T.Cocquyt, Z. Zhou, J. Plomp, L. V. Eijck, Neutron tomography of van leeuwenhoek's Microscopes, *Science Advances*, 2021, 7(20).

片技术领域享有极高的国际声誉，是欧洲乃至全球顶尖的工程技术学府之一。该校以其卓越的科研实力、紧密的产学研合作以及创新的教育模式，在电子工程和芯片技术领域取得了许多重要突破，为全球半导体行业和电子技术的发展做出了重要贡献。

阿斯麦与埃因霍温理工大学以及埃因霍温"智慧港"之间的关系，是荷兰科技创新生态系统的一个典范。这种紧密的合作关系不仅推动了阿斯麦成为全球半导体光刻技术的领导者，也使埃因霍温地区成为欧洲乃至全球的高科技中心之一。

埃因霍温理工大学是荷兰乃至欧洲顶尖的理工科大学之一，专注于工程、技术和创新领域的研究与教育。阿斯麦与 TU/e 的合作主要体现在技术研发与创新、人才培养与输送以及联合研究项目等方面。阿斯麦的极紫外光刻技术，是一项高度复杂的跨学科工程，涉及物理学、光学、材料科学和精密机械等多个领域。TU/e 在这些领域的研究实力为阿斯麦提供了重要的技术支持。例如，TU/e 的光子学研究和纳米技术实验室与阿斯麦的合作，帮助其解决了光刻技术中的许多关键难题。TU/e 为阿斯麦输送了大量高素质的工程师和科学家。阿斯麦的许多核心技术人员和管理层都毕业于 TU/e，这种紧密的人才输送关系确保了阿斯麦在技术创新和研发上的持续竞争力。此外，TU/e 还通过与阿斯麦合作开设专门的课程和实习项目，培养符合企业需求的定制化人才。阿斯麦与 TU/e 共同设立了多个研究项目，例如在半导体制造、纳米技术和人工智能领域的合作。这些项目不仅推动了学术研究的实际应用，也为阿斯麦的技术突破提供了理论支持。

"智慧港"是埃因霍温地区的高科技产业集群，被誉为"欧洲最智慧的 1 平方公里"。智慧港的核心在于将企业、研究机构和政府资源整合在一起，形成一个高度协同的创新生态系统。阿斯麦是智慧港的核心企业之一，其成功与智慧港的整体发展密不可分。智慧港聚集了包括阿斯麦、飞利浦（Philips）、恩智浦（NXP）等全球知名企业，以及大量的中小型高科技企业和初创公司。这种产业集群效应使得企业之间能够共享资源、技术和市场信息，形成强大的创新合力。荷兰政府和地方政府对智慧港的发展提供了强有力的支持，包括资金投入、税收优惠和创新政策的制定。例如，荷兰政府通过"高科技园区"（High Tech Campus）项目，为智慧港内的企业提供了世界级的研究设施和办公环境。智慧港不仅吸引了荷兰本土的企业和人才，还吸引了全球范围内的科技公司和研究人员。这种国际化的开放性使得智慧港能够快速吸收全球最新的技术和市场趋势，保持其在高科技领域的领先地位。

阿斯麦、埃因霍温理工大学和智慧港之间的协同效应，是荷兰科技创新生态系统的核心驱动力。这种协同效应体现在技术转化与商业化、创新文化的培育以及全球竞争力的提升等方面。TU/e 的学术研究成果通过智慧港的平台迅速转化为实际应用，而阿斯麦作为智慧港的核心企业，能够快速将这些技术商业化。例如，TU/e 在光子学和纳米技术领域的研究成果，被阿斯麦应用于光刻机的研发中，推动了半导体制造技术的进步。智慧港的创新文化强调合作与开放，这种文化不仅体现在企业之间，也体现在企业与研究机构之间。阿斯麦与 TU/e 的合作正是这种创新文化的体现，双方通过共同研究和人才培养，形成了一个良性循环的创新生态系统。阿斯麦的成功不仅提升了荷兰在全球半导体产业中的地位，也使智慧港成为全球高科技产业的标杆。这种全球竞争力的提升，反过来又吸引了更多的国际企业和人才来到埃因霍温，进一步增强了智慧港的创新能力。

阿斯麦、智慧港和埃因霍温理工大学的成功，为荷兰的科技兴国战略提供了重要启示。教育与产业的深度融合是科技创新的关键。TU/e 与阿斯麦的合作表明，高等教育与产业需求的深度融合是科技创新的关键。荷兰通过将学术研究与实际应用相结合，培养了大量高素质的科技人才，为国家的科技发展提供了坚实的人才基础。智慧港的成功表明，一个高效的创新生态系统需要企业、研究机构和政府的共同参与。荷兰通过智慧港的模式，将各方资源整合在一起，形成了一个高度协同的创新网络。全球化与本土化的平衡是科技兴国的重要策略。作为全球电子工程领域的重要力量，荷兰产学研模式会继续引领技术的发展，为全球电子工程和半导体行业的发展提供新的动力。通过教育、产业和政策的协同作用，荷兰成功地将一个小国打造成为全球科技创新的高地，为其他国家的科技兴国战略提供了宝贵的经验。

低洼之国：逼上梁山重视科技

他像一只巨大的海狸，日夜不停地以真知和真理筑起宽容的大坝，惨淡的希望能够挡住不断上涨的无知和偏执的洪水。

这句话是房龙（Hendrik Willem Van Loon，1882~1944）笔下描绘的伊拉斯谟（Erasmus von Rotterdam，1466~1536，人文主义教育之父）。房龙在历史、文化、文明、科学等方面都有著作，包括《宽容》《人类的故事》《文明的开端》《奇迹与人》《圣经的故事》《发明的故事》《人类的家园》《伦勃朗的人生苦旅》等。1927 年，他的作品《古人类》由林徽因翻译出版。《人类的故事》在 20 世纪 30 年代出现中文版。中国当代作家郁达夫曾评价说：房龙的这一种方法，实在巧妙不过，干燥无味的科学常识，经他那么一写，无论大人小孩，读他的书的人，都觉得娓娓忘倦了。

房龙与伊拉斯谟有着同样的出生地——鹿特丹，这里正是荷兰这片"低洼之国"的缩影。如果将上文中的"他"代换成"荷兰"这个国家，这一比喻同样贴切。荷兰的国土，一半以上需要长期的防洪保护，1/4 的土地甚至低于海平面，60%的人口生活在低洼地区。这片土地注定与水进行着永恒的较量。荷兰人用智慧与科技筑起了一道道坚固的大坝，不仅挡住了洪水的侵袭，更在人类历史上筑起了一座科学技术的丰碑。

这种对科技的重视，在某种程度上是被自然环境"逼上梁山"的结果。一个与大坝和洪水紧密相连的国度，与生活在这片低洼之地逆境下的荷兰人，正如房龙笔下的伊拉斯谟，孕育出了一种不屈不挠的科学精神，激发出了无穷的创造力与坚韧精神。

前文所述的从光学仪器的发明到显微镜的诞生，后文将撰写的从航海技术的突破到艺术与文化的繁荣，荷兰人展现出卓越的智慧与勇气，他们不仅挡住了洪水的威胁，更在人类文明的进程中，留下了不可磨灭的印记。

在荷兰这片"低洼之国"，水既是维持生命DNA运转的源泉，也是对于生存永恒的挑战。现代化的水泵装置日夜不停地轰鸣，将多余的水抽离土地，守护着这片土地的安宁。而古老的风车，虽然如今更多地点缀着自然的风景，成为游客镜头下的诗意画面，但在过去，它们曾是百姓生命的守护者，用缓慢而坚定的转动，将水从低洼的土地中一点点排出，为人们开辟出生存的空间。

堤坝、桥梁、风车，这些元素构成了荷兰独具特色的风景。风车在夕阳下缓缓转动，仿佛在诉说着过去的故事；桥梁横跨水道，连接着人与人的距离；堤坝则默默守护着这片土地，像一位位无声的卫士。荷兰的风景，既有现代科技的冷静与高效，也有古老传统的温情与诗意。在这片与水共舞的土地上，荷兰人还创造了世界上独一无二的语言与文化。比如"polder"这个词，它不仅是一个词语，更是一种生活的智慧——指的是由堤坝围海而成的低地，经过排干后成为可耕种的沃土（见图2-1）。这些polder，如同拼图一般，拼凑出了荷兰的农田与村庄，也拼凑出了荷兰人对水利科技的深情。

图 2-1　荷兰人创造的 "polder"

资料来源：作者摄。

　　荷兰人与水的斗争，在这片与水共生的土地上，不仅是一场人与水的博弈，更是一场科技智慧的较量。在这片土地上，水塑造了历史，也催生了奇迹。宏伟的三角洲工程、绵延 30 公里的阿夫斯路特工程以及浩大的须德海工程，都是人类与自然对话的见证。这些工程是科学技术的壮举，更是荷兰人坚韧不拔精神的象征。他们用堤坝、水闸和泵站将海水拒之门外，将沼泽变为良田，将危险化为机遇。

　　以前文提及的两位名人的出生地鹿特丹为例，这座欧洲第一大港口城市，不仅以其繁荣的港口和现代化的城市风貌闻名，还以其独特的地理位置和气候条件成为荷兰与水共舞的缩影。鹿特丹的气候温和宜人，冬季平均气温为 1℃，夏季则为 17℃，年降水量约为 700 毫米；市区人口约为 57

万，若算上周围的卫星城，总人口则达到 102.4 万。这座城市的市区面积超过 200 平方公里，其中港区占据了 100 多平方公里的广阔空间。令人惊叹的是，鹿特丹的地势极为平坦，大部分地区甚至低于海平面 1 米左右。其东北部的卫星城亚历山大斯塔德附近，便是荷兰的最低点，低于海平面 6.7 米。这种地理特征使得鹿特丹成为荷兰与水斗争的焦点之一。

扩展到荷兰全国看，约有 1/4 的国土低于海平面，另有 1/4 的土地位于河流易泛区。这意味着荷兰至少有一半的国土面临着水患的威胁。然而，正是在这些危险区域，生活着全国一半的人口，并创造了荷兰国内生产总值的 70%。如果没有沙丘和堤坝的守护，荷兰的大部分土地将被海水无情吞噬。

荷兰位于莱茵河入海口，面向北海，千百年来一直与海水进行着不懈的斗争。从 13 世纪开始，北海的海水便不断侵蚀荷兰的土地，导致国土面积减少了 56 万公顷。1953 年，一场灾难性的洪水更是让荷兰人刻骨铭心：海水长驱直入，淹死了 20 多万头牲畜，夺走了 1800 多人的生命，数万人无家可归。这场灾难促使荷兰人更加坚定地投入与水的斗争中。

经过几个世纪的努力，荷兰人建造了总长度达 1800 公里的沿海堤坝，而其海岸线总长仅为 1075 公里。荷兰的名片上诞生了绵延千里的拦海大坝，巍巍壮观、随处可见的大风车排水系统……高海坝和岸堤可以防止海水入侵，再加上围海造田通过风车排水解决内涝问题。这不仅保护了现有的土地，还通过填海造地，向大海索回了 70 万公顷的土地。几个世纪的努力为荷兰带来了引以为傲并闻名全球的水利工程。这种科技创新的壮举，不仅展现了荷兰人与生俱来的智慧与努力，也为全球应对气候变化和海平面上升提供了宝贵的经验。

水利科技：肩负重任不断创新

与水抗争——须德海工程

从月球上可以看到的人类伟大建筑之一是荷兰的须德海（Zuiderzee）大坝，它位于首都阿姆斯特丹以北约 60 公里。这是世界上最长的防洪堤防，气势宏伟、规模壮阔、蔚为壮观，在相当程度上解决了困扰荷兰几代人的严重水患。

须德海原是荷兰北部一个深入内陆的海湾，湾内岸线长达 300 公里，湾口宽仅 30 公里。由于海水频繁侵袭内陆，荷兰决定通过建设拦海大坝来控制海水入侵，并利用抽水造地的方式扩大陆地面积。阿夫鲁戴克拦海大坝（Afsluitdijk）是这一工程的核心部分，于 1927 年开工，1932 年完工。大坝位于北海进入须德海的入口处，将须德海与北海隔开，形成了一个封闭的内陆湖——艾瑟尔湖（Ijsselmeer）。大坝全长 32.5 公里，坝基宽 220 米，高 10 余米，高出海面 7 米，坝顶修建了双向四车道高速公路，并预留了铁路路基，成为连接荷兰北部与中部的重要交通枢纽。

荷兰人并没有就此止步，就像列文虎克一生坚持不懈地磨制镜片一样，他们在随后的 50 年中继续努力，陆续围海造地，建立了 5 个土地围垦区，分别用于农业、新兴工业和住宅。这些围垦区包括 1942 年建成的 Noordoost polder（东北圩田）、1957 年建成的 Oostelijk Flevoland（东弗莱福兰）以及 1968 年建成的 Zuidelijk Flevoland（南弗莱福兰）。具体来说，荷兰人首先在每一块垦区周围筑起堤坝，通过排水将海水排出。例如，第一块垦区用了 6 个月的时间排出了 6 亿多立方米的海水，海底逐渐露出，形成了垦区的雏形。随后，人们撒播芦苇和茅草，经过两三年的时间，海底逐渐变干。在此基础上，通过翻地轮种，促进土壤的熟化，最终将其改造为农田。新田的开垦过程包括排水、烧荒、开沟、挖运河等一系列复杂步骤，从开始到土地能够正常使用，通常需要10年以上的时间。

与此同时，须德海被大坝封闭后，逐渐由咸水海湾转变为淡水内陆湖——艾瑟尔湖。荷兰人通过引入河流和雨水，湖水的盐度逐渐降低，将剩余的部分海域改造成了一个占地1100平方公里的淡水湖——艾瑟尔湖。从天空俯瞰，阿夫鲁戴克拦海大坝宛如一条横亘在海与湖之间的巨龙，将大海与艾瑟尔湖隔绝开来。汹涌奔腾的大海被拦腰切断，形成了北面是一望无际的大海、南面是烟波浩荡的内湖景象。由于大坝的阻隔，北海的海平面明显高于艾瑟尔湖的水位，形成了独特的"北高南低"景象。

整个须德海工程共造地2000多平方公里，为荷兰人提供了相当于国土面积1/5的良田。这一工程不仅将原本隔海相望的北荷兰省和弗里斯兰省连接起来，还使荷兰的海岸线缩短了300公里，大大减轻了海水对内陆的侵袭威胁。荷兰人通过不懈的努力和创新，成功地将海洋变成了良田，展现了他们与自然抗争的智慧和毅力。这一工程也为后来的三角洲工程（Delta Works）等大型水利项目奠定了基础。

然而，荷兰全境缺乏石头这一自然资源，这给工程建设带来了巨大的困难。石头作为拦海大坝的核心材料，必须从国外进口。荷兰政府为此动员了500余艘船只，从北欧、法国和葡萄牙等国家大量采购石头，以满足工程需求。这一过程不仅耗费巨资，也展现了荷兰人在面对自然挑战时的决心和毅力。

笔者在此插入一个略带幽默的比喻：荷兰人或许不需要传说中的"点石成金"之术，因为对他们而言，石头本身就已经堪比黄金。虽然比不上金子的璀璨，但石头的价值在荷兰这片土地上却显得格外珍贵。由于土壤中多是砂砾，石头只能从遥远的异国他乡跋山涉水而来。倘若真有"点砂成石"或"点砂成金"的魔法，那荷兰人定会将其奉为至宝，因为这比点石成金更能解他们的燃眉之急。

这种幽默的背后，折射出荷兰人与自然抗争的智慧与坚韧。他们用远渡重洋的石头筑起拦海大坝，将汹涌的海水驯服，守护家园。荷兰的水利工程不仅是技术上的奇迹，也是人类与自然抗争的象征。通过拦海大坝和其他水利设施，荷兰人成功地将海水拒之门外，保护了自己的土地和生活。这种精神和技术成就，至今仍为世界所钦佩。

与水共存——三角洲工程

如果说须德海工程是荷兰以"围海造田"为特色的传统治水理念的典范，集中体现了"围、堵、排、填"四大法宝的运用，那么三角洲工程则是在须德海工程基础上更进一步，结合了现代科技与工程手段，以应对更复杂的水患威胁，是传统与现代治水理念相结合的又一项工程奇迹。

三角洲工程始于1953年，当时一场严重的风暴潮袭击了荷兰西南部，冲垮了好几代荷兰人努力奋斗才建成的90多处堤坝，导致大片土地被淹，1800多人的生命被夺走，7万多人无家可归。

这场灾难促使荷兰政府启动了规模空前的三角洲工程，旨在通过修建一系列水坝、闸门和风暴潮屏障，保护西南部低洼地区免受海水侵袭。与须德海工程不同，三角洲工程不仅注重"围"和"堵"，还特别强调了"调"和"控"，即在阻挡海水的同时，兼顾生态保护和航运需求。工程创新的创新之处在于通过一系列水坝、水门、船闸、堤防和防洪闸门等设施，防止海岸侵袭，降低洪水与海水倒灌的发生频率。例如，著名的东斯海尔德风暴潮屏障（Oosterscheldekering）采用了可开合的闸门设计，既能在风暴来临时关闭以阻挡海水，又能在平时保持开放，维持河口生态系统的平衡。

三角洲工程被选为世界七大工程奇迹之一，是迄今为止全球最大型的防洪工程。整个工程历时 44 年，于 1954 年开始设计，1956 年动工。1958年，荷兰议会通过三角洲工程法案为这一规模浩大的历史性工程提供了法律保障，展现了荷兰人持之以恒根治水患的决心。直到 1997 年新水道风浪屏障的整体竣工，才标志着三角洲工程的最终完成，共耗资 120 亿荷兰盾。工程主体部分包括 5 座防风暴潮坝、2 座船闸和 6 座固定水坝，将原本被海水分割的西南部地区的岛屿和半岛连接在一起，形成了统一的陆地板块。这一工程将当地原本 700 公里的锯齿状海岸线缩短为约 80 公里的直线海岸线，不仅减少了防洪设施的建设规模，还大大降低了洪水威胁。通过一系列堤坝、闸门和屏障，成功保护了荷兰西南部地区免受北海的侵袭，彻底摆脱了水患的困扰，"驯服"了狂暴的北海，为国家经济的发展提供了坚实保障。

如果说须德海工程是荷兰治水历史的里程碑，那么三角洲工程则是这一历史的延续与升华，标志着荷兰从"与海抗争"向"与海共存"的转变。这两大工程共同谱写了荷兰水利工程的辉煌篇章，也成为全球治水领域的典范。

三角洲工程是一项十分先进的防洪工程和技术，国家根据实际情况制定防洪对策，利用科技的力量，不断开发在城市抗洪中发挥出色的技术，成为应对洪水的有效之道。然而，它更可以被描绘成一项综合性的生态与经济发展项目。它通过现代化的工程技术，将传统治水理念提升到了新的高度，展现了荷兰人在应对自然挑战时的创新能力和技术实力。

我们不妨来考察一下著名的东斯海尔德风暴潮屏障，工程采用了可开合的闸门设计，既能在风暴来临时关闭以阻挡海水，又能在平时保持开放，维持河口生态系统的平衡。因此，三角洲工程的建成不仅有利于农业发展和饮用水供应，还为当地带来了生态保护和旅游休闲的新机遇。自然生态保护区的建立和旅游休闲区的开发，提升了当地的生态环境和居民生活质量。

这一水利工程创新的灵感来源于荷兰当时面临的一个重大问题：虽然巨型海坝挡住了海水，但背后的代价出现了，之前自由流动的海水已经被现在的大坝所阻断，各种海洋生物相继灭绝，捕鱼业和海产业陷入危机。此外，海潮消失了，咸水变成了淡水，咸水鱼和海洋植物逐渐消失，海鸟迁移了栖所，对自然环境产生了巨大的影响。为此，荷兰人想到了一个办法，建造闸门，打开时海水可以自由进出，受到海潮袭击时，把闸门关上，挡住海水。

创新的火花迸发，荷兰人迅速付诸行动。他们在东斯海尔德河口的海堤上修建了 65 个高度为 30~40 米、重量达 18000 吨的巨型混凝土坝墩，并在这些坝墩上安装了 62 个可活动的巨型钢板闸门。全长 9 公里的东斯海尔德水闸在坚持不懈的荷兰人手中诞生了，它采用了独特的可开合式设计，62 个可升降的钢制闸门在正常情况下保持开放，允许海水自由流动，从而维持河口生态系统的平衡；当风暴潮来临时，闸门可以在短时间内关闭，形成一道坚固的屏障，阻挡北海的巨浪侵袭内陆。这种设计既满足了防洪需求，又避免了对海洋生态的破坏，成为现代水利工程的典范。

东斯海尔德水闸的建造过程中充满了巨大的挑战。由于东斯海尔德河口水流湍急、潮汐变化复杂，工程师们需要克服巨大的技术难题。为了稳固水闸的基础，施工团队在海底铺设了数万吨的碎石，并使用特制的沉箱技术固定桥墩。整个工程耗时近十年，于 1986 年正式完工，成为三角洲工程中最后一项竣工的主要项目。

因此，东斯海尔德水闸不仅是一项防洪工程，更是一项生态工程。它的可开合设计保护了东斯海尔德河口的独特生态系统，使其成为荷兰重要的自然保护区，栖息着丰富的海洋生物和鸟类。此外，水闸的建成还促进了当地的渔业和旅游业发展，成为荷兰西南部的重要经济支柱。

东斯海尔德水闸是荷兰人与海洋抗争的象征，也是现代水利工程的里程碑。它的成功建造展现了人类在尊重自然的同时，利用科技力量应对自然挑战的能力，标志着荷兰从"与水抗争"向"与水共存"转变。

读到这里或许有人总算松了一口气，认为荷兰人已经"驯服"了大海，从此高枕无忧。然而事实并非如此，荷兰人从未停止与海的博弈，新的挑战接踵而至。

以房龙和伊拉斯谟的出生地鹿特丹为例，作为欧洲第一大港口，这里每分钟都在上演繁忙的航运景象——不到 10 分钟就有一艘海轮进出港。水道必须保持畅通无阻，但与此同时，如何在海潮来袭时拦住汹涌的海水，又不妨碍船只的正常通行，成为一个棘手的问题。

荷兰人再次展现了他们的技术实力和创新精神。为了解决这一难题，他们设计并建造了马仕朗防风暴潮坝，这是三角洲工程中最复杂的工程之一。马仕朗防风暴潮坝位于鹿特丹新航道的西端，由两扇巨大的弧形闸门组成，每扇闸门长达 210 米，高度相当于一座埃菲尔铁塔，重量堪比四座巴黎圣母院。

这两扇闸门在正常情况下完全打开，隐藏在水道两侧，确保船只自由通行；当风暴潮来临时，闸门可以通过计算机系统自动关闭，在短短 30 分钟内形成一道坚固的屏障，阻挡高达 5 米的海潮（见图 2-2）。

马仕朗防风暴潮坝的设计不仅解决了防洪与航运的矛盾，还充分考虑了未来的气候变化和海平面上升的威胁。它的建造标志着荷兰从"与海抗争"向"与海共存"的转变。可以说，荷兰人从未"躺平"，他们始终在创新与探索，用智慧和毅力书写着与海洋共生的传奇。

图 2-2　马仕朗防风暴潮坝（Maeslantkering）

资料来源：https://rotterdamexperience.com/tour/delta-works/。

　　荷兰研发的自动闭合防洪堤是一项革命性的防洪技术，成功取代了传统耗时费力的堆沙袋方法。这种防洪堤的设计巧妙而高效，平时隐藏在地下，与周围环境融为一体，既不影响城市景观，也不妨碍交通运行。然而，当洪水来临时，它能够完全自动化地启动，无需人工干预，迅速从地下升起，形成一道坚固的屏障，抵挡洪水的侵袭。

　　自动闭合防洪堤的核心原理在于其与河道相连的设计。当洪水进入流域时，水位的上升会产生浮力，推动防洪堤的浮墙屏障从地下缓缓升起。随着水位继续上涨，浮墙会沿着倾斜的支撑块滑动，最终被推到干燥的一侧，并锁定在适当的位置。与此同时，密封圈会在水盆和导轨内部形成紧密连接，确保洪水无法渗透。这种设计不仅高效可靠，还能在洪水退去时自动恢复原状——浮墙会随着水位下降重新隐藏到地下，等待下一次洪水的到来。

这种智能化防洪系统不仅解决了传统防洪方式效率低、成本高的问题，还最大限度地减少了对城市环境和日常生活的干扰。它既不会破坏建筑的美观，也不会影响交通运行，真正实现了防洪与城市功能的和谐共存。荷兰人通过这种创新技术，再次展现了他们在水利工程领域的领先地位，也为全球其他面临洪水威胁的地区提供了宝贵的解决方案。可以说，自动闭合防洪堤是荷兰人智慧与创新的又一杰作，标志着防洪技术从被动应对向主动防御的跨越。

荷兰人拿出的创新工程设计震惊了世界，世人为这个既富有创新精神而又极为大胆的设计所折服，这可以说是工程学上的一次革命。它在不影响环境的情况下保护着鹿特丹及其周边地区的国土安全。这个设计精妙大胆，可谓人类防洪工程的登峰造极之作。

与水共舞——为未来付出

荷兰人刻在骨子里的科技创新基因，使得全民都参与到科技与水的博弈中，形成了一种独特的"与水共舞"的文化。

你知道迄今为止全世界最长的自动闭合堤坝在哪吗？ 2017 年，荷兰再次展示了它在防洪技术领域的领先地位——迄今为止全世界最长的自动闭合堤坝在中部的小渔村斯帕肯堡（Spakenburg）诞生，并成功通过测试验收，标志着荷兰在智能化防洪技术上的又一次突破。

这是一道长达 300 多米的自动闭合防洪堤坝，其设计完全依赖于水动力驱动，无需电力或人工干预。当洪水来临时，水位的上升会自然推动堤坝的浮墙屏障升起，形成一道坚固的防洪屏障；当洪水退去，堤坝又会自动下降，重新隐藏在地下。这种设计不仅高效、环保，还最大限度地减少了对周围环境和居民生活的干扰。斯帕肯堡的这道堤坝不仅保护了小渔村免受洪水侵袭，还成为当地的一道独特景观，吸引了众多游客前来参观。

据小镇的水务部门负责人介绍，虽然这座自动闭合防洪堤坝造价是普通堤坝的 3 倍，但是小渔港周围的每一栋建筑都是受保护的历史遗产，居民不愿意看到一道突兀的围墙破坏小镇的独特景观。因此，市政府在招标时选择了造价更高但物有所值的自动升降堤坝。这种自动闭合堤坝能在不使用时完全隐藏在地下，与周围的历史建筑和自然环境融为一体。它既保护了小渔村免受洪水威胁，又维护了小镇的景观风貌，满足了居民对历史文化遗产的保护需求。尽管造价高昂，但它的价值远远超出了经济成本——它不仅是一项防洪设施，更是对历史、文化和环境的尊重。

斯帕肯堡小渔村居民的选择体现了荷兰人在水利工程中的独特理念：将科技与人文完美结合。他们不仅追求技术的先进性，还注重工程与自然、历史的和谐共存。这种理念使得荷兰的防洪工程不仅是冰冷的钢筋水泥，而是充满了人文关怀和生态智慧的杰作。可以说，这座自动闭合堤坝不仅是水利工程技术的胜利，更是荷兰人对历史、文化和自然的深情守护。

荷兰人的科技创新不仅局限于大型工程，而是渗透到社会的每一个普通民众，包括渔民。这种全民参与的科技文化，使得荷兰在面对气候变化和海平面上升的挑战时，始终能够保持领先地位。这项技术还被引入家庭，一些荷兰家庭在自家车库入口处安装了小型自动闭合防洪堤，以应对突如其来的洪水威胁。这种家庭版的防洪堤与大型公共防洪堤的工作原理相同：当洪水来临时，水位的上升会触发浮力机制，推动防洪堤自动升高，形成一道坚固的屏障，保护房屋和财产免受洪水侵袭；当洪水退去，防洪堤又会自动下降，重新隐藏在地面以下，消失在人们的视线中。可以说，荷兰人从未停止对水的探索与挑战。他们用科技的力量"驯服"了狂暴的海洋，也用创新的智慧书写了与自然共生的传奇。这种刻在骨子里的科技创新基因，使得荷兰在全球防洪和水资源管理领域始终走在前列，为其他国家提供了宝贵的经验和借鉴。

除了发明使用自动闭合防洪堤，以鹿特丹为例，这个城市还拥有各种防洪"神器"，如水广场等，这些防洪"神器"可在防洪抗灾过程中发挥作用。

鹿特丹的水广场（Waterplein）是水管理项目中的一颗璀璨明珠，也是世界上首个由雨水收集而成的城市水上公共空间。作为荷兰应对水患的前沿阵地，鹿特丹不断创新治水技术，而水广场正是其应对暴雨和洪涝的秘密武器之一。它位于一个现代建筑群中央，被校舍、剧院和停车场环绕，不仅是一个功能性防洪设施，更是一个充满活力的公共空间。

水广场的主体由3个形状、大小和高度各不相同的人造水池组成，水池之间通过水渠相连。在少雨的季节，这里是一个多功能的市民休闲广场——孩子们可以在这里玩轮滑，年轻人可以打篮球或踢足球，台阶上坐满了休憩的市民，绿荫下则是纳凉的好去处。然而，一旦暴雨来临，水广场便迅速转变为一座高效的防洪系统。雨水通过设计巧妙的水沟、水井和水墙三条"通道"汇集到水池中，形成3个小池塘，极大地缓解了城市排水系统的压力。由于雨水被引导到地势更低洼的水广场，街道上几乎不会出现积水现象。

这种设计不仅实用，还极具美感。水池底部刷着蓝色的几何图案，远看像是被抽干的"游泳池"，近观则像是下沉的篮球场或古希腊的露天剧场。雨水在不同水池间循环流动，形成蜿蜒的"小溪"和瀑布，为城市增添了一道独特的风景线。此外，收集的雨水还可以被抽取储存，作为淡水资源加以利用，进一步提升了水广场的生态价值。

鹿特丹水广场将防洪与城市生活完美结合，它不仅是应对水利工程的创新之举，也是城市设计与水管理融合的典范。通过水广场，鹿特丹向世界展示了如何在防洪的同时创造美丽、实用且可持续的公共空间。这种智慧与创新的结合，正是荷兰人"与水共舞"精神的生动体现。

如果从高空俯瞰鹿特丹，可以发现众多的绿色屋顶，如同一块块镶嵌在城市中的翡翠，不仅装点了城市的天际线，更扮演着"城市海绵"的角色，吸收雨水，缓解暴雨时的排水压力。这些绿色屋顶是鹿特丹应对气候变化和城市水管理的重要组成部分，展现了荷兰人在可持续发展领域的创新智慧。

鹿特丹霍夫普莱恩火车站（Hofplein Station）的改造是一个典型案例。这座停运后的火车站顶部被改造成了"空中花园"，成为荷兰最长的绿色屋顶。屋顶上铺满了草坪，种植了果树、灌木和蔬菜，甚至还摆放了用草编织的"人造羊"，营造出一个充满生机的有机农场。平时，这里是市民休闲放松的好去处；到了雨天，屋顶则成为临时蓄水设施，有效减缓雨水流速，减轻城市排水系统的负担。据统计，绿色屋顶可以截留60%~70%的降水，这些雨水在雨后数小时内逐步被植物吸收和蒸发，实现了水资源的自然循环。

为了进一步提升雨水管理效率，屋顶花园还安装了名为"雨信"的智能装置。这是一个雨水缓冲水箱，能够储存未被绿色屋顶截留的雨水，并根据天气预报智能调配储水。在干旱期，"雨信"可以为周围的绿地提供水源；而在暴雨来临前，它会自动排水，为即将到来的降雨腾出空间。这种智能化的雨水管理系统，不仅减轻了下水道的压力，还为城市提供了可持续的水资源利用方案。

绿色屋顶的推广不仅有助于水资源管理，还能改善城市生态环境，降低城市热岛效应，促进生物多样性。为了推动绿色屋顶的建设，鹿特丹市政府制定了多项激励政策。例如，新建的市政建筑（如档案馆、图书馆、医院、停车场和政府办公楼）必须开辟绿色屋顶。同时，自 2008 年起，市政府按绿色屋顶面积向市民提供补贴，并根据屋顶的降水排放量征收不同的污水税——排放越少，税费越低。这些政策极大地激发了市民和企业参与绿色屋顶建设的积极性。

鹿特丹市政府还设定了明确的目标：到 2030 年，全市要建成至少 80 万平方米的绿色屋顶。这一目标不仅体现了鹿特丹在应对气候变化和城市可持续发展方面的雄心，也为全球其他城市提供了宝贵的经验和借鉴。通过绿色屋顶和智能雨水管理系统的结合，鹿特丹正在为打造一座更加绿色、智能和宜居的未来之城而努力。

创新理念：史诗级三部曲

荷兰水利科技创新的演进可概括为"三部曲"：从"与水抗争"到"与水共存"，再到"与水共舞"的治水理念。

荷兰堤坝总长逾 2.2 万公里，包含 49 种类型，如土坝、土石坝和沙丘坝，高度多在 7~12 米，底宽数十米，部分堤坝兼具交通与居住功能，与城乡景观融为一体。然而，随着气候变化、海平面上升以及特大洪水暴露了传统高筑堤坝策略的局限性，荷兰意识到单一依赖堤坝已无法保护国家安全。需要通过扩展河流空间、恢复河流自然功能，提升泄洪能力，同时兼顾生态修复与地下水补给，实现自然与人类活动的和谐共存。

为保障未来，2008 年，荷兰启动了第二期三角洲防洪工程，旨在通过加固 1200 公里堤堰，确保到 2050 年具备抵御万年一遇超级风暴的能力，从而保障荷兰在 2100 年前的安全。这一工程的规划基于《巴黎协议》设定的全球温控目标，假设海平面到 2100 年将上升 85 厘米。然而，现实情况表明，海平面上升速度远超预期，极端天气事件也提前频发，迫使各国重新评估气候适应策略。荷兰政府甚至还意识到，若《巴黎协议》目标未能实现，现有防洪措施可能不足以应对未来的气候挑战。因此，荷兰在持续推进三角洲工程的同时，也在积极探索新的适应性方案，以应对海平面加速上升和极端天气的常态化趋势。这一前瞻性举措不仅体现了荷兰在水利工程领域的领先地位，也为全球提供了应对气候变化的宝贵经验。各国须以此为鉴，加强气候适应能力建设，以应对日益严峻的气候风险。

事实证明，荷兰作为低洼之国，展现了其"智慧超人"般的防洪能力。2021年7月上旬，欧洲西部遭遇了一场被称为"千年一遇"的特大洪灾。一个名为"伯恩德"的低压涡旋系统盘踞在西欧上空，缓慢由南向北移动，给瑞士、法国、卢森堡、比利时、德国、捷克、荷兰等多个国家带来了持续强降雨，引发了严重的暴雨洪涝灾害。这场灾难导致超过205人死亡，176人失踪，数万人无家可归，经济损失高达430亿美元。

复盘此次欧洲多国应对洪灾，荷兰的成效令人眼前一亮：没有人员伤亡和失踪报告。荷兰凭借其先进的防洪技术和科学的应对策略，成功化解了这场"千年一遇"的洪灾，表现尤为突出。当暴雨导致马斯河流域水位达到两个世纪以来的最高点时，荷兰凭借其完善的防洪基础设施和高效的应急响应机制，成功避免了人员伤亡和重大财产损失，成为这场灾难中的"防洪典范"。

这场罕见的暴雨考验了欧洲多国的防洪抗灾能力，也预示着随着极端天气事件的增多，类似的挑战将变得更加频繁。在马斯河流经的德国，河水迅速暴涨导致河堤决口、水库溃坝。汹涌的洪水如猛兽般顺着河道向下游奔涌，吞噬沿途的一切。被洪水卷走的汽车、房屋和树木不仅加剧了洪水的破坏力，还阻塞了河道，摧毁了房屋、道路和桥梁。许多居民根本来不及疏散，瞬间被洪水卷走，场面触目惊心。

灾难过后，痛定思痛。在与自然的长期磨合中，荷兰人逐渐领悟了与水的相处之道，不断创新，形成了应对的新思维。他们不仅认识到水的破坏力，也悟到了水的智慧，深知"水能载舟，亦能覆舟"的道理。荷兰人改变了过去几百年"与水抗争"的对抗性治水理念，转而倡导"与水共存"，通过"与水共舞"的策略，将境内水位控制得宛如平镜。这个与水争斗了上千年的国家，最终学会了与水和睦共处，守护住了海平面下这片美丽的家园。

荷兰在应对气候变化和水资源管理方面的创新理念为全球提供了重要启示。联合国 IPCC（Intergovernment Panel on Climate Change）报告指出，气候变化带来的负面影响日益显著，极端天气频发，全球约有一半人口面临严重缺水，农业生产受到威胁，极端洪水和风暴导致大规模人口流离失所。即使将全球升温控制在 1.5 摄氏度以内，仍将面临极端高温、洪水、热带气旋等灾害，而超过这一阈值将加剧气候临界点风险。因此，全员参与的适应策略至关重要，政府、私营部门、民间社会和个人需共同努力，抓住有限的时间窗口采取行动。

荷兰的治水经验尤为突出，其政策从快速排水转向创造更多水资源空间，提出了城市适应性策略。以鹿特丹为例，其创新理念通过动态利用水资源，增强城市对气象灾害的防御能力。荷兰的水管理体制独具特色，其水务局作为非政府组织，由民选产生，独立于政府部门，专门管理地表水水量与水质。水务局董事会由利益相关者选举产生，局长被称为"堤坝水督"，由中央政府任命。这种体制确保了水务管理的透明性和责任感，同时通过基础教育普及水知识，形成全民参与的氛围。荷兰水务局的资金来源主要依靠民众，其职能从水量管理扩展到水质管理，涵盖灌溉、排水、水净化及河流维护等领域。尽管机构规模较小，但其目标着眼于千年大计，体现了荷兰在治水方面的远见卓识。荷兰政府通过整合各方意见，推动自然与农耕、水与人的和谐共存，不仅增强了社会信任，还提升了方案的创新性和可行性。这种全民参与的模式为其他国家提供了借鉴，展示了如何通过创新思维和协作应对气候变化的挑战。未来，随着气候变化带来的挑战日益严峻，荷兰的创新治水理念将为更多国家提供启示，帮助人类在自然灾害面前更加从容地应对挑战。

第三章

教育强国：创新型人才

阿斯麦拥有大量的人才，除了世界上顶尖的半导体设计工程师和制造工程师等，还有大量从事光刻机研究的人才，比如光刻机研究的领军人物、ASML 公司的首席科学家等。

荷兰是如何做到这一点的呢？一个重要的因素是荷兰拥有此领域的创新资源，荷兰有全球最好的教育大学。教育是科技创新的基础，强大的教育体系能够培养出适应科技变革的创新型人才。不断进行教育创新，造就一大批创新型人才，为科技创新提供强有力的人才支持，提高全民族的创新精神和创新能力，推动产业升级和社会进步。同时，教育强国能够通过培养具有全球视野和跨文化沟通能力的人才，提高国家在国际舞台上的竞争力，增强国家在全球科技、经济、文化等领域竞争的软实力。

全民普及：初中级教育

荷兰的教育体系，以其高质量闻名于世。在这个国家，父母几乎不必为孩子的教育费用发愁。荷兰实行免费的义务教育，确保每个孩子都能接受基础教育。此外，荷兰政府还为每个孩子提供儿童金（Kindergeld），从出生起一直发放到18岁。儿童金的金额与孩子的年龄挂钩，随着年龄增长，金额也逐渐增加。这种制度不仅减轻了家庭的经济负担，也为孩子的成长提供了坚实的保障。社会福利和相对平等的社会结构也为人们提供了良好的生活保障，在荷兰生活和工作过的外国人不难发现荷兰人无论从事何种职业，都能在生活中找到满足感和幸福感。

荷兰儿童在5岁时就开始接受学前班教育，这在经合组织（Organisation for Economic Co-operation and Development，简称OECD）国家中几乎是独一无二的。这种早期教育旨在为孩子们提供社交、情感和智力发展的基础。5~12岁是荷兰的初级教育阶段，相当于小学教育，课程包括语文、算术、自然、体育等，重点是引导儿童的情感发展和智力开发，帮助他们获得必要的社交、文化和体育技能。荷兰的小学教育特别注重培养学生的创造力，通过多样化的课程和教学方法，鼓励学生独立思考和创新。

荷兰的义务教育总课时多于许多其他欧洲发达国家。小学教育每年的总课时为940小时，比其他国家平均多出136小时；中学教育每年的总课时为1000小时，比其他国家平均多出84小时。这种较长的课时安排有助于学生更深入地掌握知识和技能。荷兰教育体系的目标不仅是学术成就，还包括学生的全面发展。通过丰富的课程和活动，学生能够在学术、社交和情感等方面得到均衡发展。总的来说，荷兰的教育体系通过早期入学、丰富的课程设置和较长的课时安排，致力于培养全面发展的学生，尤其注重创造力和社交技能的培养，为学生的未来学习和生活奠定坚实基础。

荷兰的教育体系注重多样化的课程设置和灵活的教育路径，帮助学生在早期阶段找到自己的兴趣和方向。其课程设置注重实践性和多样性，帮助孩子们通过体验生活、接触不同职业场所以及游戏玩耍等方式，更早地了解社会的运行机制，从而找到自己的人生目标和兴趣所在。这种教育模式与荷兰的教育制度密切相关，孩子在 12 岁时就可以选择是继续接受普通中学教育，还是进入职业性或技术性院校学习。这种灵活性让学生能够根据自己的兴趣和能力选择适合的发展路径，而不是被单一的教育模式所束缚。

这种教育方式可能也是荷兰人成年后普遍对生活状态感到满意的重要原因之一。通过早期接触多样化的职业和社会实践，孩子们能够更清晰地认识自己的兴趣和潜力，从而在选择职业时更加理性和自信。此外，荷兰较高的社会福利水平和相对较小的贫富差距也进一步提升了人们的生活幸福感。社会福利体系为人们提供了基本的生活保障，减少了后顾之忧，而较小的贫富差距则增强了社会的公平感和凝聚力。

荷兰的孩子或许是全世界最幸福的孩子了。每年 11 月中旬至 12 月初，整个国家都会沉浸在一个充满"魔法"与欢乐的童话世界中——欢度"圣尼古拉斯节"（Sinterklaas）。这个节日不仅是孩子们的专属，更是全国上下共同参与的盛大仪式。从老人到孩童，每个人都化身为这场童话的一部分，直到圣尼古拉斯骑着白色骏马离开荷兰，节日的帷幕才缓缓落下。圣尼古拉斯节，不仅承载着荷兰孩子们童年的美好回忆，更是荷兰文化中一颗璀璨的明珠，照亮每一个冬天。

圣尼古拉斯节的起源可以追溯到公元 4 世纪，那位以仁慈、慷慨和保护儿童著称的基督教主教——圣尼古拉斯，身披红色主教长袍，头戴红色主教帽，手持金色权杖，骑着白色骏马，仿佛从历史的长河中缓缓走来，成为荷兰文化中不可或缺的象征。他的形象不仅承载着宗教的意义，更寄托了人们对善良与美好的向往。

节日的庆祝从每年 11 月的第二个或第三个星期六正式拉开序幕。这一天被称为"Sinterklaasintocht"（圣尼古拉斯到来）。Sinterklaas 和他的助手 Zwarte Piet（黑彼得）乘坐蒸汽船，载着满满的礼物和甜点，从西班牙远道而来。成千上万的荷兰儿童和居民聚集在码头，欢呼雀跃地迎接他们的到来。电视新闻会全程直播这一盛况，仿佛整个国家都在为这一刻屏息凝神。

接下来的几周里，Sinterklaas 骑着白色骏马，穿梭于荷兰的大街小巷，为全国的孩子们送去节日的祝福。孩子们则用最传统的方式表达他们的期待与感激——在壁炉旁的鞋子里放入胡萝卜或干草，作为给白色骏马的食物。第二天清晨，他们会惊喜地发现鞋子里装满了礼物：或许是香甜的姜饼（pepernoten），或许是印有自己名字首字母的巧克力，又或许是闪闪发光的巧克力金币。孩子们唱着古老的 Sinterklaas 歌曲，歌声中满是对这位仁慈圣人的感激，也饱含对未来惊喜的期盼。

节日的高潮是 12 月 5 日的 Pakjesavond（送礼之夜）。这一天，孩子们与家人欢聚一堂，互相交换礼物。每一份礼物都伴随着一首幽默的诗句，这些诗句被称为"surprise"，它们或调侃、或赞美，描述着收到礼物者的性格与行为，为节日增添了无尽的欢乐与温情。

除了这一盛大的节日，荷兰孩子们的假期也令人羡慕。春假、暑假、从 11 月开始的 Sinterklaas 节日到 12 月的圣诞节和元旦，几乎每个月都有至少 3~4 天的假期。有人甚至调侃，荷兰孩子们的假期比上课时间还要多。在这样的环境中成长，孩子们不仅拥有丰富的童年记忆，更在节日的欢乐与家庭的温暖中，学会了感恩、分享与爱。

12 岁以上的儿童进入中级教育阶段，这一阶段的教育体系设计得非常灵活且多样化，旨在满足不同学生的兴趣、能力和职业规划。中级教育主要分为四种类型：职业预备教育（VMBO）、普通初中教育（MAVO）、普通高中教育（HAVO）和大学预备教育（VWO）。许多中学同时提供多种教育类型，以便学生能够根据自身情况选择最适合的学习路径。

1. 职业预备教育（VMBO）

VBO 的课程为期四年，主要面向那些希望尽早进入职业领域的学生。完成 VMBO 后，学生可以进入职业中专教育（MBO）或实习中专教育（LLW），接受更具体的职业技能培训，为未来的就业做好准备。

2. 普通初中教育（MAVO）

MAVO 同样为期四年，课程设置比 VMBO 更注重理论知识的培养，但相比 HAVO 和 VWO，其学术要求较低。MAVO 毕业后，学生可以选择进入职业中专教育（MBO）或实习中专教育（LLW），也可以选择继续深造，进入更高层次的教育阶段。

3. 普通高中教育（HAVO）

HAVO 的课程为期五年，比 VMBO 和 MAVO 多一年，课程内容更加深入，旨在为学生进入高等专科学院（HBO）做准备。HBO 相当于应用科学大学，注重理论与实践的结合，为学生提供更广泛的职业选择。

4. 大学预备教育（VWO）

VWO 是中级教育中学术要求最高的类型，课程为期六年。VWO 的学生主要目标是进入研究型大学深造，接受更高层次的学术教育。VWO 的课程内容广泛且深入，注重培养学生的批判性思维和研究能力。

这种多元化的教育体系为荷兰学生提供了丰富的选择，使他们能够根据自己的兴趣和能力选择最适合的学习路径。无论是希望尽早进入职业领域，还是追求更高层次的学术研究，荷兰的教育体系都为学生的未来发展提供了坚实的支持。这种灵活性和多样性不仅有助于学生的个性化发展，也为荷兰社会培养了多样化的人才，满足了不同领域的需求。

荷兰政府在教育方面的投入可谓慷慨至极，为所有 5 岁到 18 岁的青少年提供了免费的义务教育。5 岁以上的儿童必须参加全日制学习，而 16 岁到 18 岁的青少年则需参加半日制学习。教师的工资完全由政府承担，确保了教育资源的稳定与优质。此外，无论家庭收入如何，所有家长都能获得儿童补助金，进一步减轻了家庭的经济负担。1848年，荷兰宪法明确规定，任何群体都可以根据自己的宗教信仰、哲学理念或教育原则建立学校。这一政策体现了荷兰社会对多元文化的尊重与包容。无论是公立学校还是私立学校，都可以在法律的框架下自由发展，而政府的职责则是监督教育系统，确保全国范围内的教育质量与文凭标准的一致性。荷兰的教育体系还通过明确的法律规定，确保各类学校必须按照统一的标准设置课程与教学内容。这种制度既保障了教育的多样性，又维护了教育质量的统一性。无论是基于宗教背景的学校，还是遵循特定教育理念的学校，都必须遵守国家的教育法规，确保学生能够获得全面而高质量的教育。对荷兰来说，教育一直是国家发展的核心任务之一。荷兰教育体系体现了社会对教育的重视和对年轻一代的关怀，这种教育体系不仅培养了无数优秀的人才，也为荷兰的社会发展和经济繁荣奠定了坚实的基础。

灵活多选：高等教育

对于18岁以上的学生，家长不再获得儿童补助金，高等教育也不再完全免费。不过政府提供了多种形式的经济支持，学生可以申请基本助学金，金额根据个人情况而定，部分学生还可以获得补充助学金。此外，荷兰政府还为全日制学生提供交通补贴，学生可以享受免费或折扣的公共交通服务（如火车、巴士、地铁等）。总之，政策旨在减轻学生的经济负担，鼓励更多人接受高等教育。

荷兰的高等教育体系同样延续了其灵活性和多样性，为学生提供了丰富的选择。高等专科教育（HBO）和大学教育（WO）的课程时间通常为三年到六年，最长不超过六年。这两种教育类型各有侧重，旨在培养不同类型的高级人才。

高等专科教育（HBO）

高等专科教育的课程通常为三年或四年，学生毕业后可以获得学士学位。HBO 注重培养高级专业技术人才，课程内容结合理论与实践，但更加强调实践操作。这种教育模式非常适合那些希望毕业后直接进入职场的学生。获得学士学位的毕业生可以选择继续攻读硕士学位，硕士课程通常为一年到两年，具体时间因专业而异。其中，医科硕士学位的课程学制较长，一般需要三年。

大学教育（WO）

大学教育则更加注重学术研究和理论知识的深入，旨在培养能够承担科技工作或社会工作的顶尖人才。大学本科课程通常为三年，学生毕业后可以获得学士学位。毕业生可以选择继续攻读硕士学位。完成硕士学位后，学生还可以选择继续攻读博士学位，进行更深入的学术研究。

传统头衔与国际学位

荷兰的文凭体系独具特色，毕业生可以选择传统的荷兰头衔或国际通用的学位。例如：高等专科教育毕业生可以根据所学方向获得 Ing（工程师）或 B（学士）头衔；理工大学毕业生则根据专业方向获得 Ir（工程师）头衔；法律专业毕业生获得 Mr（法学硕士）头衔；其他大学毕业生则获得 Drs（硕士）头衔。

此外，学生也可以选择国际通称的 Master 硕士学位来代替上述传统头衔。博士学位则与国际通行的 Doctor 博士学位相当。所有这些头衔和学位都受到法律保护，确保了其权威性和认可度。

荷兰高等教育体系的灵活多样性不仅体现在课程设置上，还体现在学位选择上。学生可以根据自己的职业规划和兴趣，选择传统的荷兰头衔或国际通用的学位。这种多样性不仅为学生提供了更多的选择，也为他们的职业发展提供了更广阔的空间。无论是希望成为高级专业技术人才，还是追求学术研究的顶尖人才，荷兰的教育体系都能满足他们的需求，并为他们的未来奠定坚实的基础。

此外，成人教育如同一片广阔的海洋，包容着无数渴望知识与成长的灵魂。无论是白天还是夜晚，无论是半日制还是全日制，成人们都可以在这里找到属于自己的学习之路。学科种类繁多，从职业技能到文化艺术，成人教育在荷兰社会中扮演着独特的角色，为那些希望重新启程或进一步提升自我的人提供了无限可能。1996 年颁布的《成人职业教育条例》（Wet Educatie en Beroepsonderwijs，简称 WEB）为成人教育奠定了坚实的制度基础。这一条例催生了许多地区培训中心，照亮了无数成年人的学习之路。这些中心提供系统的职业教育课程，分为两种类型：一种是包含 20%~60% 实践内容的职业培训，另一种则是至少包含 60% 实践内容的脱产进修计划。无论是希望掌握一门新技能，还是为职业转型做准备，成人们都能在这里找到适合自己的课程。荷兰人对继续教育的态度，如同他们对生活的态度一样，开放而包容。年龄在这里只是人生自然的一部分，而非焦虑的源头。即使年过半百，荷兰人依然通过继续学习或持续工作，追求个人价值与社会参与。他们或在老年大学中学习语言、艺术、创作，或在社区课程中探索数字技术的奥秘。荷兰的城市中，老年大学和社区课程如同繁星点点，为那些渴望知识与成长的老年人提供了温暖的港湾。在这里，学习从未因年龄而止步，梦想也从未因岁月而褪色。

国际一流：世界百强大学

荷兰是世界上教育最普及、教育程度最高的国家之一，拥有世界一流的教育质量。这个国家是全球顶尖大学密度最高的地区，处于欧洲高等教育领导者的地位。全国所有的研究型大学都有着极高的世界大学排名，高等教育质量极高，根据2024年公布的QS世界大学排名，荷兰所有的研究型大学全部上榜，这再一次毋庸置疑地证明了，在欧洲大陆地区，荷兰上榜大学数量远超法国、瑞士等世界教育强国。值得一提的是，这些研究型大学全部为公立大学，这与美国和英国等国家的教育制度有着较大的区别。

荷兰的高等教育以其优质的学术环境、世界前沿的理论基础而闻名。荷兰的大学为学术界和学生提供了一个开放、宽松的学术氛围，鼓励自由发挥，助力学术成果的取得。截至2025年，荷兰总人口只有1803万人，但其创造力和影响力却十分强劲，已培养出21位诺贝尔奖获得者。除了前文介绍的物理学外，荷兰在经济、金融等领域处于世界领先地位，被誉为"经济上的巨人"。荷兰大学的经济学、金融学、商科、工科、法律等专业具有非常先进的理论基础。

荷兰是第一个提供全英文授课的非英语国家，提供多门全英文授课课程，是非英语国家中开设英文课程最多的国家之一。荷兰国内英语普及率达到98%，这为国际学生提供了高水平的学术交流环境。荷兰所有的研究型大学均为公立大学，国家提供充足的教育科研经费，课程设置经过严格审核，本科和研究生学位证书在国际上广泛认可。荷兰的大学普遍水平较高，所有研究型大学都有全球排名前10的学科和专业，教育质量可靠。

荷兰政府高度重视人才，国际学生毕业后可申请一年时间寻找工作机会，或在三年内创业。荷兰留学签证通过率100%，无须资金担保，毕业后工作签证涵盖欧盟全体申根国家。荷兰是欧洲贸易的重镇，拥有众多跨国公司，涉及科技、石化、消费、金融等领域，且这些领域的发展处于世界先进水平。作为全球最大的经济体之一，荷兰的跨国公司林立，包括多家世界 500 强企业如壳牌（Shell）石油、联合利华、皇家航空公司等。在许多专业领域占据国际领先地位：如水资源、芯片、可持续能源、农业、物流、经济、金融、艺术与设计等。以代尔夫特大学为例，该校不仅与国际上许多著名的工业技术大学建立了广泛的合作交流，也与许多跨国公司和知名研究机构如阿斯麦尔（ASML）、飞利浦、壳牌等保持密切联系与合作。因此，荷兰是欧洲贸易的重镇，在欧洲悠久的贸易历史中画上了浓墨重彩的一笔。荷兰的众多跨国公司涵盖涉及了科技、石化、消费、金融四大板块：科技板块的有阿斯麦尔、飞利浦；石化板块有壳牌石油、帝斯曼化工；消费板块有联合利华、喜力啤酒、AHOLD KON；金融板块有荷兰国际集团等。光学、医疗设备、造船等领域都处于世界先进水平。

无论理工学科还是人文社科，荷兰大学几乎涵盖了所有专业领域，认可中国教育体系，普高成绩单、会考合格考试成绩单、高考成绩单，以及 AP、IB、A-Level 等标化成绩，无须准备 SAT、ACT 考试。

相比英美地区，荷兰的留学与生活费用更低，得益于其作为欧洲"菜园子"的优势。而高等教育水平与英美相媲美，性价比极高。荷兰是一个高度国际化的国家，国际学生来自 190 多个不同的国家，开放包容的环境使得不同国籍的学生可以平等交流思想。

荷兰的医疗保险费用低，看病住院和买药全免费，孩子的保险也是免费的。荷兰社会生活和平安逸，社会保障福利高，是欧洲乃至世界上最为安全的国家之一。

如果想继续深造，攻读博士学位，会是什么情况呢？

在荷兰攻读博士学位的情况与美国有所不同。荷兰的博士项目通常被视为一份工作，而不是单纯的学生身份。因此，博士生的待遇更像是一名雇员，享有相应的薪资和福利。以下是荷兰博士薪资和待遇的详细情况。

薪资水平

－税前收入：荷兰博士生的税前月薪通常在 2500~2800 欧元（约合人民币 1.9 万~2.2 万元）。

－税后收入：扣除税收后，博士生的实际到手工资约为 1800 欧元以上（约合人民币 1.4 万元）。

－十三薪：荷兰博士生通常享有"十三薪"，即一年发放 13 个月的工资，年终会额外发放一个月的薪资作为奖金。

福利待遇

－带薪年假：博士生享有带薪年假，通常为每年 20~30 天，具体天数根据学校和合同有所不同。

－税收优惠：博士生可以享受一定的税收优惠政策，税后收入相对较高。

－社会福利：博士生与荷兰本地居民一样，享有医疗保险、养老金等社会福利。

－住房补贴：对所有外国留学生，荷兰政府都提供此福利政策。只要提供相关材料，就可以获得补贴。

生活成本

－房租：荷兰的房租因城市而异，阿姆斯特丹、鹿特丹等大城市房租较高，为 700~1000 欧元 / 月；而中小城市如格罗宁根、乌得勒支等房租较低，约为 500~700 欧元 / 月。

－生活费：包括食品、交通、娱乐等，每月生活费为 500~800 欧元。

－医疗：荷兰的医疗保险费用较低，博士生可以享受全面的医疗保障，看病住院和买药基本免费。

与美国博士待遇的对比，美国博士生的薪资通常为 1500~2500 美元 / 月（合人民币 1 万~1.7 万元），但只发放 10 个月，暑假 2 个月无工资。荷兰博士生的薪资更高，且发放 13 个月。博士生的福利通常包括免学费和医疗保险，但生活补贴较少。荷兰博士生则享有带薪年假、税收优惠和社会福利，整体待遇更优。

荷兰的博士项目不仅提供丰厚的薪资和福利，还为学生提供了舒适的生活环境和高质量的研究条件。相比于美国，荷兰博士生的待遇更接近一份正式工作，且生活压力较小。因此，许多欧洲本地的博士生都愿意留在荷兰继续发展。对于国际学生来说，荷兰的高英语普及率和国际化环境也使其成为攻读博士学位的理想选择。

荷兰在博士的培养方式上，也会兼顾学生的学术能力以及日后的职业能力。院校会提供各种培训课程，锻炼学生的技能、拓展知识，并针对学生的研究方向定期与导师探讨，让学生得到更好的指导和发展。

完成博士中一个最重要的环节是博士答辩。荷兰的博士答辩过程充满了古典仪式感，体现了其深厚的历史传统和学术文化。答辩通常在大学最具历史意义的学术大厅举行，这些大厅往往拥有数百年的历史，墙上挂满了历代教授的画像，营造出一种庄严肃穆的氛围。答辩委员会的成员身穿传统教授礼服，而答辩的博士生则需穿上黑色燕尾服，并由两位挚友陪伴左右，象征支持与见证。

答辩过程中，博士生需用拉丁语称呼答辩委员会的每一位成员，以示尊重，这与日常生活中直呼其名的习惯形成鲜明对比。答辩时间被严格控制，时间一到，计时者会手持权杖，用拉丁语宣布时间结束，无论答辩进行到何种阶段，都必须立即停止。这种严格的仪式感凸显了学术的严谨性和对传统的尊重。

答辩结束后，通常会举行招待会，邀请亲友共同庆祝这一重要时刻。过去荷兰学生往往对教授表现出极大的尊重甚至敬畏。但在 20 世纪六七十年代运动后，师生关系变得更加平等。如今，尽管荷兰教授的社会地位和经济条件优越，但学生在学术讨论中更加自由和独立。这种敢于表达、积极思考的态度，恰恰反映了荷兰教育中对批判性思维和自主性的重视。

精选高校：姹紫嫣红

荷兰有 14 所研究型大学

阿姆斯特丹大学（Universiteit van Amsterdam，UvA）

代尔夫特理工大学（Technische Universiteit Delft，TUD）

莱顿大学（Universiteit Leiden，UL）

瓦赫宁根大学（Wageningen Universiteit，WUR）

乌得勒支大学（Universiteit Utrecht，UU）

鹿特丹大学（Erasmus University Rotterdam，EUR）

格罗宁根大学（Rijksuniversiteit Groningen，RuG）

内梅亨大学（Radboud University Nijmegen，RU）

埃因霍温理工大学（Technische Universiteit Eindhoven，TU/e）

马斯特里赫特大学（Universiteit Maastricht，UM）

屯特大学（Universiteit Twente，UT）

蒂尔堡大学（Universiteit van Tilburg，UvT）

阿姆斯特丹自由大学（Vrije Universiteit Amsterdam，VU）

奈尔洛德商业大学（Nyenrode Business Universiteit，NBU）

此外，还有以下 41 所高等教育学院

ArtEZ 艺术大学（ArtEZ Hogeschool voor de Kunsten）

阿姆斯特丹艺术学院（Amsterdam School of Arts）

荷兰职业农学院（Christelijke Agrarische Hogeschool）

艾德基督应用科学大学（Christelijke Hogeschool Ede）

斯坦顿大学（Stenden Hogeschool）

温德斯海姆应用科学大学（Christelijke Hogeschool Windesheim）

艾因霍恩设计学院（Design Academy Eindhoven）

方提斯大学（Fontys Hogescholen）

里特维尔学术学院（Gerrit Rietveld Academie）

海牙大学（Haagse Hogeschool）

格罗宁根应用科学大学（Hanzehogschool，Hogeschool van Groningen）

哈斯丹波西专业大学（HAS den Bosch）

荷兰应用科学大学鹿特丹学院（Hogeschool INHOLLAND）

艾文斯大学（Hogeschool Avans）

萨尔逊高等专业学院（Saxion Hogescholen）

莱顿应用科学大学（Hogeschool Leiden）

南方大学（Hogeschool Zuyd）

鹿特丹应用科学大学（Hogeschool Rotterdam）

……

埃因霍温理工大学在第一章节已经介绍了，这里不再赘述，下面详细介绍一下荷兰的其他世界顶尖大学。

莱顿大学

莱顿大学成立于 1575 年，是荷兰第一所大学，也是一所世界百强名校，在欧洲和世界上有着极高的声望。在过去四个多世纪的漫长岁月里，这所大学不仅培养了 16 位诺贝尔奖得主，更涌现了众多影响人类文明进程的杰出人才，享有极高的国际声誉及学术影响力。

与阿斯麦的崛起密切相关因素之一，是莱顿大学堪称为现代物理学奠基之地所提供的深厚学术支撑。从一个物理学者的视角来看，莱顿大学在物理学史上的地位可谓是重于泰山，占据欧洲杰出科学中心四个多世纪。作为一座盛产物理学家的学术殿堂，莱顿大学培养了众多对人类文明进程产生深远影响的杰出人才，享有极高的国际声誉和学术影响力。这些人才包括洛伦兹、爱因斯坦（在莱顿期间留下了《玻色－爱因斯坦凝聚态》等重要研究手稿）、昂纳斯、塞曼、惠更斯、范德华等科学巨匠。

亨德里克·洛伦兹（Hendrik Antoon Lorentz）是诺贝尔物理学奖得主，其贡献贯穿于现代物理学的多个领域。我们在中学物理课本中学习的"洛伦兹力"和"洛伦兹谱线"正是他的重要发现。1878 年，年仅 25 岁的洛伦兹被荷兰皇家学会破格任命为理论物理学教授。此后，他在莱顿大学执教长达 45 年，成为该校的灵魂人物之一。如今，以他名字命名的"洛伦兹研究中心"是全球著名的理论物理研究机构。洛伦兹创立了经典电子论，提出了运动电荷在磁场中受力的"洛伦兹力"理论，并揭示了磁共振光谱线的"洛伦兹谱线"现象。在相对论中，描述时空变换的"洛伦兹变换"公式也是他的重要贡献之一。可以说，洛伦兹为现代物理学奠定了坚实的理论基础。

爱因斯坦曾这样评价在莱顿大学听洛伦兹讲课的感受：他讲述的科学理论犹如一件件精美的艺术品，清晰、优美、流畅而平易近人，这种境界是任何人都难以企及的。这段话不仅展现了洛伦兹的科学魅力，也体现了莱顿大学作为现代物理学摇篮的深厚底蕴。

另一位世界低温物理学的奠基人——海克·卡默林·昂纳斯（Heike Kamerlingh Onnes），在低温和超导领域的贡献同样具有革命性意义。19 世纪末，他在莱顿大学创立了世界上第一间低温物理实验室，开启了人类探索极低温世界的新纪元。昂纳斯成功创造了 4K 的人工低温环境，并于 1908 年首次实现了氦的液化，这一突破性成果为后续的低温研究奠定了基础。更为重要的是，他在实验中发现了对人类科技发展影响深远的超导现象，这一发现彻底改变了物理学和工程学的面貌。

昂纳斯为莱顿大学建立的低温物理实验室，不仅是世界上第一间此类实验室，也成为低温物理学研究的标志性机构。在他去世后，这间实验室以他的名字命名，至今仍是全球低温物理研究的中心之一。昂纳斯生前有一句名言："从实验中获得知识（荷兰语：Door meten tot weten）。"这句话至今仍高悬在莱顿大学低温实验室的大门上，激励着一代又一代科学家通过实验探索物理学的奥秘。昂纳斯的研究不仅推动了低温物理学的发展，也为超导技术的应用开辟了广阔的前景。

每隔两周的星期三，莱顿大学物理系都会举办学术报告会，这样的传统已经延续了100多年时间，从未间断。一个多世纪以来，几乎所有著名物理学家都会到莱顿大学演讲。在莱顿大学有一面签名墙，在墙上面，我们可以看到几乎所有著名物理学家的签名，其中就包括中国人耳熟能详的杨振宁。

莱顿大学在医学领域的贡献也尤为突出，其中两项里程碑式的医学成就更是彰显了莱顿大学的创新精神和对人类进步的推动力。一是人类首次公开尸体解剖课。1589年，莱顿大学的保夫教授（Peter Pauw）进行了人类历史上第一次公开的尸体解剖课，并同时进行讲解。这一事件发生在16世纪，不仅是医学领域的破天荒尝试，更是对当时神学桎梏的直接挑战。公开解剖课为医学教育开辟了新的道路，使解剖学成为医学研究的重要基础，极大地推动了医学科学的发展。二是人类第一台心电图仪的诞生。一百多年前，莱顿大学医学教授威廉·恩特霍芬（Willem Einthoven）经过长达30年的研究，成功揭示了心电图的原理，并研制出人类第一台心电图仪。这一发明使临床医学实现了重大飞跃，为心脏病的诊断提供了精准、直接的依据。恩特霍芬因其开创性贡献于1924年获得诺贝尔生理学或医学奖，心电图技术至今仍是现代医学中不可或缺的诊断工具。

　　莱顿大学在人文和社会科学等多个领域成就斐然，培养了众多杰出学者，包括斯宾诺莎、笛卡尔、伦勃朗等。这所大学最初由奥兰治王子威廉建立，作为莱顿这个城市在八十年战争期间抵御西班牙攻击的奖励。由此，这所大学与荷兰王室成员保持着密切联系，如前三代女王威廉明娜、朱丽安娜、贝娅特丽克丝以及现任国王威廉·亚历山大都毕业于莱顿大学。现任北约秘书长马克·吕特、美国第六任总统约翰·昆西·亚当斯、二战时任英国首相丘吉尔、南非前总统曼德拉等都在莱顿以求学、任教等方式留下了他们的足迹。整座大学城被水系环绕，处处都散发着中世纪的古典气息（见图3-1）。值得一提的是，当你乘船穿梭于校园之中，感受诗意的氛围，抬眼若看到墙壁刻有杜甫的诗《可惜》，不必惊讶。

　　因为莱顿大学是欧洲汉学研究的重镇，其汉学院更是整个欧洲的汉学研究中心。莱顿大学汉学的兴盛与荷兰的历史背景密切相关。19世纪，荷兰因对外贸易和政治需求，与东方国家建立了广泛的联系。特别是苏伊士运河的通航，进一步促进了荷兰与远东各国的交往，同时也推动了莱顿大学传统学科——东方学的繁荣。莱顿大学从1851年开始便设立了中文专业，成为欧洲最早系统研究汉学的高等学府之一。

　　莱顿大学汉学院拥有丰富的中文典籍收藏，其藏书量居欧洲各国中文图书馆中的第一位。这些珍贵的文献和书籍，为西方学者提供了宝贵的研究资源，吸引了众多学者前来探索东方文化的深邃与魅力。这种深厚的历史积淀和学术氛围，使莱顿大学在汉学研究领域始终占据重要地位，成为连接东西方文化的桥梁。莱顿大学作为汉学研究的重要基地，吸引了欧洲、美国等各国学者慕名前来。如世界著名汉学家、美国人汉乐逸（Lloyd Haft），1946年出生于威斯康星州，1968年从哈佛大学毕业后慕名前往荷兰莱顿大学中文系研修，于1973年获硕士学位、1981年获博士学位。其汉学著作有《发现卞之琳》《中国文学导读》《道德经》《老子多道新绎》等。

莱顿大学下辖 6 个学院，即考古学院、人文学院、法学院、莱顿大学
医疗中心、科学学院及社会与行为科学学院。

图 3-1　莱顿大学学术楼

资料来源：https://www.visitleiden.nl/en/locations/4116710871/academy-building。

代尔夫特理工大学

列文虎克家乡的小镇上，还坐落着代尔夫特理工大学（Technische
Universiteit Delft，后文简称代大）。在微电子领域，代大展现了强大的科
研实力和产业影响力。代大不仅拥有自己的芯片生产公司和研发中心，还

与全球半导体行业的领军企业保持着紧密的合作关系。其中，最著名的合作伙伴之一是阿斯麦公司。

代大与阿斯麦的合作涵盖了多个层面，包括技术研发、人才培养以及创新项目的推进。学校的研究团队与阿斯麦的工程师密切协作，共同攻克光刻技术、芯片制造工艺以及半导体材料等领域的前沿难题。这种深度的产学研合作不仅推动了微电子技术的进步，也为学生提供了宝贵的实践机会，使他们能够接触到行业最先进的技术和设备。

代大创立于 1842 年，前身为荷兰王国皇家学院，是欧洲顶尖的工程技术学府之一。作为欧洲顶尖工科联盟 IDEA 联盟的战略成员，代大专注于工程技术领域，以高质量的教学水平和雄厚的科研实力闻名于世，在许多专业领域都处于世界领先水平。代大历史上有 4 位诺贝尔奖得主，其中包括首位诺贝尔化学奖得主雅各布斯·亨里克斯·范托夫（Jacobus Henricus van't Hoff），他在化学动力学和立体化学领域做出了开创性贡献。代大的知名校友遍布全球。例如，中国科学院院士陈宗基，是物理岩土力学领域的权威；中国工程院院士严恺，是水利工程领域的杰出代表；巴基斯坦核计划之父阿卜杜勒·卡迪尔·汗（Abdul Qadeer Khan），在核技术研究领域有着卓越贡献；此外飞利浦集团创始人杰拉德·飞利浦（Gerard Philips）也是该校校友。

代大在微电子领域的教育和研究也备受认可。学校开设了相关领域的本科、硕士和博士课程，培养了大批高素质的微电子工程师和科研人才。其研究重点包括集成电路设计、纳米电子学、半导体器件物理以及先进制造工艺等，这些研究方向与全球半导体行业的需求高度契合。

通过与阿斯麦等企业的合作，代大不仅巩固了其在微电子领域的领先地位，也为荷兰乃至全球的半导体产业发展做出了重要贡献。这种产学研深度融合的模式，成为推动技术创新和产业升级的典范。

代大不仅与阿斯麦公司有着密切合作，还与许多跨国公司和知名研究机构如飞利浦、壳牌（Shell）、欧洲航天局（ESA）、荷兰皇家航空公司、帝斯曼、阿克苏诺贝尔、英特尔、微软等保持密切联系与合作。该校与苏黎世联邦理工学院、亚琛工业大学、米兰理工大学等国际上著名的工业技术大学也建立了广泛的合作交流。

在量子计算领域，代大也处于世界顶尖水平，其核心研究机构QuTech 是量子计算与量子互联网领域的高级研究中心。QuTech 由代大和荷兰应用科学研究组织（TNO）共同创立，位于代尔夫特市，致力于推动量子技术的前沿研究，并解决科学和工程领域的重大挑战。

QuTech 的研究得到了荷兰科学研究组织（NWO）以及欧盟的经费支持。代大和 TNO 汇聚了来自全球的物理学家、计算机科学家、工程师等顶尖科研人员，并与科学界和工业界的合作伙伴展开紧密协作。QuTech 的使命是开发出首个具有延展性的量子计算机原型，并构建稳定可靠的量子互联网。为实现这一目标，QuTech 与英特尔等全球领先的芯片制造商展开深度合作，共同推进量子技术的实际应用。

量子计算领域的研究成果，使得代大获得了全球科技巨头的广泛认可。2017 年 6 月 1 日，微软正式宣布与代大合作，开展量子技术研究，并在代尔夫特建立了全新的量子研究实验室——代尔夫特微软量子实验室（The Microsoft Quantum Lab Delft）。该实验室的成立仪式由荷兰国王威廉·亚历山大（King Willem-Alexander）亲自参与。微软与 QuTech 的合作聚焦于为量子计算机构建核心组件，双方的共同目标是利用拓扑量子比特（Topological Quantum Bits）开发出可实际运行的量子计算机。

通过与微软等国际科技巨头的合作，代大进一步巩固了其在量子计算领域的全球领先地位，同时也为量子技术的商业化应用奠定了坚实基础。这种产学研深度融合的模式，不仅推动了量子科技的快速发展，也为未来的技术革命提供了重要支撑。

代大的航空航天工程系在全球范围内享有盛誉，其实力非常强悍，拥有世界一流的科研设施和广泛的国际合作网络。该系配备了世界上最先进的科研型六自由度飞行模拟器之一——SIMONA，以及用于实际飞行测试的 Cessna Citation（赛斯纳）II 飞行试验机。这些设施为航空航天领域的研究提供了强大的技术支持，使学生和研究人员能够在高度仿真的环境中进行飞行动力学、控制系统和航空安全等方面的研究。

航空航天工程系与全球顶尖航空航天机构和公司保持着紧密的合作关系。其合作伙伴包括美国国家航空航天局（NASA）Ames 研究中心、NASA Langley 研究中心、欧洲航天局（ESA）、波音（Boeing）、空客（Airbus）、荷兰皇家航空公司（KLM）以及洛克希德·马丁公司（Lockheed Martin）等。这些合作涵盖了从基础研究到实际应用的多个领域，包括飞行器设计、航空材料、空气动力学、航天系统以及可持续航空技术等。该系主持并完成了多个由欧盟、空客、波音、荷兰皇家航空公司等机构资助的重大科研项目。例如，在可持续航空领域，代大的研究团队致力于开发更环保的飞行器设计和推进系统，以减少航空业对环境的影响。此外，学校还积极参与了欧洲航天局的多个航天任务，为卫星技术、空间探索和行星科学研究做出了重要贡献。

可见，在航空航天领域，代大的教育和研究不仅注重理论创新，还强调实际应用。通过与行业巨头的合作，学生有机会参与到真实的航空航天项目中，积累宝贵的实践经验。这种产学研结合的模式使代大成为全球航空航天领域的重要人才培养基地和科研中心，为行业的未来发展提供了强有力的支持。

代大具有广泛而深入的研究领域，在全球范围内享有盛誉，涵盖了量子纳米工程、机器人工程、生物纳米工程、航海工程、建筑工程、交通工程、水利工程等诸多工程领域。这些领域的研究不仅在全球范围内得到高度认可，还通过提供知识密集型和技术驱动的解决方案，积极应对社会面临的重大挑战，从而提升了学校的社会影响力。

在代大，科学研究与创新实践紧密结合，科学知识的创造与其在社会中的应用并驾齐驱。作为一所顶尖的科研机构，代大不仅致力于解决当前问题，还积极探索未来技术的前沿，不断突破和完善各个领域的研究工作。为了支持高水平的研究和创新，代大配备了世界一流的研究基础设施。这些设施不仅吸引了全球顶尖的科学人才，还为开创性的科学研究和新一代工程师的培养提供了重要平台。其中一些设施在全球范围内都是独一无二的，例如用于航空航天研究的六自由度飞行模拟器 SIMONA，以及量子计算领域的先进实验室 QuTech。这些设施为学校在多个领域保持领先地位提供了坚实的基础。

科技创新是代大的核心，学校拥有三个由荷兰教育、科学和文化部认可和支持的研究所，还与其他大学合作共建了八个研究所，其中六个是荷兰国家级研究单位（Depth Strategy Studies）。这些研究机构为学生提供了宝贵的机会，使他们能够在这些顶尖科研平台中完成部分学业或参与研究工作。这种深度参与科研的经历，不仅提升了学生的学术能力和实践技能，也为他们未来的职业发展奠定了坚实基础，成为该校毕业生高质量就业和获得高薪工作的重要保证。通过这种科研与教育深度融合的模式，代大不仅推动了科学技术的进步，还为社会培养了大批具有创新精神和实践能力的工程人才，为国家科技发展和社会进步做出了重要贡献。

乌得勒支大学

乌得勒支大学建立于 1636 年，是荷兰最古老的大学之一，也是世界顶尖的公立研究型大学，拥有近 400 年的历史。该校以强大的科研实力和高质量的教育水平享誉欧洲，培养了 12 位诺贝尔奖获得者和 15 位斯宾诺莎奖得主。

作为有"欧洲常春藤"之称的欧洲研究型大学联盟成员之一，乌得勒支大学在全球大学排名中表现优异。在泰晤士高等教育杂志的"气候变化和生态环境研究"专项领域排名中，该校地球科学院的可持续性发展研究位居世界第一；在世界大学排名中心发布的排名中，其自然地理学位居全球首位。

德拜纳米科学研究所（Debye Institute for Nanomaterials Science）隶属于乌得勒支大学理学院物理天文系，以诺贝尔奖得主、荷兰物理化学家彼得·德拜（1884~1966）命名。研究所包括六个研究团队：凝聚态物质与界面、物理与胶体化学、无机化学与催化、有机化学与催化、纳米光子学（复杂系统中的光物理）以及软凝聚态物质与分子生物物理。其主要研究领域涵盖催化、胶体科学和纳米光子学，涉及半导体纳米结构的合成、胶体合成与软物质的物理描述、固体催化剂的合成与表征、气体存储与光化学转换过程、均相催化、生物无机化学以及复杂系统中的光物理等前沿研究。

弗赖登塔尔研究所（Freudenthal Institute）隶属于乌得勒支大学理学院数学系，以著名荷兰数学家和数学教育家弗赖登塔尔（1905~1990）的名字命名。该研究所致力于在科学教学实验室的物理和虚拟环境中整合教育，推动高质量的科学与数学教育。其数学教育课程注重更新参与者在数学教育领域的设计与研究理念，涵盖课程开发、课堂实验、建模及评估等方面。弗赖登塔尔研究所在创新型和高质型数学与科学教育的开发与实施方面处于国际领先地位，同时也是中学和高等教育混合学习领域的先驱。

哥白尼可持续发展研究所（Copernicus Institute of Sustainable Development）

隶属于地球科学学院，下设四个多学科研究团队：能源与资源、环境治理、环境科学以及创新研究。该研究所专注于全球能源与环境领域的可持续发展研究，涵盖能源科学、工业能效提升、技术变革、太阳能与生物质能源、创新科学、大气污染物减排、水科学与管理等多个领域。研究所多次参与 IPCC 评估工作，为全球能源与生态环境的可持续发展作出了重要贡献。此外，哥白尼可持续发展研究所与劳伦斯伯克利国家实验室、国际应用系统分析研究所（IIASA）、莱顿大学环境科学研究所（CML）、弗劳恩霍夫协会以及国际工业环境经济学研究所（IIIEE）等国际顶尖研究机构保持密切合作，同时也承担乌得勒支大学的教学任务。

代大拥有历史氛围浓厚的图书馆，其不仅建筑风格引领世界效仿，更有着海量的馆藏图书。校园设施齐全，多元化的学生公寓区，为学生提供了优质的学习和生活环境。学校课程设置全面，开设了 45 个学士课程、138 个硕士课程和 32 个教师训练课程，其中 6 个学士和 89 个硕士课程以英语授课，涵盖了几乎所有学科领域。

阿姆斯特丹大学

阿姆斯特丹大学成立于 1632 年，学校共诞生了 6 位诺贝尔奖获得者、7 位斯宾诺莎奖得主、1 位图灵奖得主，在欧洲乃至世界范围内都享有盛誉。该校培养了欧洲理事会主席夏尔·米歇尔、图灵奖得主艾兹格·迪科斯彻、诺贝尔物理学奖得主范德华、世界国际象棋联合会主席马克斯·尤伟、计算机编程语言 Python 之父吉多·范罗苏姆等。

除了在世界大学排名中排在前 50 名，阿姆斯特丹大学在艺术、人文和社会科学方面的排名十分靠前。该校有 15 个院系，按学科分为神学、法学、文学与哲学；数学与信息学、物理学、天体物理学与化学；经济与计量经济学、政治学与社会文化研究、心理学、教育学与存在空间学；医学与牙科学等 4 大类。本科开设的专业主要包括：经济和商业、国际金融、MBA、商业研究、劳动与组织研究对比、计量经济学、美国研究、圣经和文化、荷兰艺术及欧洲文化背景、全球新闻学和媒体、医药人类学、国际关系、数学、欧洲传播研究、社会科学等。

这所大学提供约 150 个英语授课的学位，吸引了来自 100 多个国家的 3000 多名国际学生。阿姆斯特丹大学拥有五个博物馆，大学特别收藏（Special Collections of UvA）拥有大量早期印刷的书籍、现代书籍的特别版本、手稿、书信、地图、海报、照片等。Allard Pierson 博物馆收藏了大量来自古埃及、中东、希腊和罗马帝国的文物。计算机博物馆收藏有独一无二的早期计算机。另外，学校还拥有上万例的解剖学和胚胎标本，人类和动物的骨骼，头骨和解剖模型等。所有的收藏都免费面向全校师生开放。中央图书馆藏书 400 多万册，学习中心拥有 2600 个学习位，其中 1100 个学习位配备电脑，全馆实现无线网全域覆盖。

阿姆斯特丹大学所在地阿姆斯特丹是荷兰首都，全国信息、财政决策和商业服务中心，谢菲尔机场是国际航空的枢纽港，以信息科学与化学技术为代表的高技术工作在那里发展很快，许多新思想、新观念在此酝酿并传于世。总之，无论从经济、交通、还是科学、技术，或者思想、文化角度看，阿姆斯特丹大学在留学生心中的地位都是极为重要的。

格罗宁根大学

格罗宁根大学创建于 1614 年，是欧洲历史最悠久的著名学府之一，也是全球 100 所大型综合性研究型大学之一，以卓越的学术成就和悠久的历史传统享誉世界。学校培养了 4 位诺贝尔奖获得者、5 位斯宾诺莎奖得主以及众多杰出人才，包括多位市长、皇室成员、欧洲中央银行第一任总裁和北约秘书长等。

格罗宁根大学在生态学、材料科学、化学和天文学领域位居欧洲研究型大学前三名，同时在纳米科学、物理学、分子生物学、微生物学、医学科学、神经科学、社会学、哲学、神学、考古学和艺术等领域也具有强大的研究实力。

格罗宁根大学由 11 个学院组成，涵盖人文科学、社会科学、法律、经济学与商业、空间科学、生命科学、自然科学与技术等多个学科领域。每个学院都提供学士、硕士、博士和交换课程，部分学院还提供短期证书课程。此外，学校还设有一所部分独立的文理学院——格罗宁根大学学院（UCG），为学生提供跨学科的博雅教育。

格罗宁根大学的信息技术中心（CIT）配备了先进的科研设施，包括由 IBM LOFAR 项目使用的 IBM Blue Gene/L 超级计算机和 Target 数据中心，以及虚拟现实和 3D 可视化中心。这些设备为科研工作提供了强有力的技术支持。格罗宁根大学的院系分布在城市各处，其中法律、艺术和哲学学院等位于市中心及其周围，医学科学院则毗邻格罗宁根大学医学中心（UMCG）。经济与商业、空间科学、科学与工程学院位于城市北郊的泽尼克校区，该校区以诺贝尔奖得主弗里茨·泽尼克命名。

格罗宁根大学设有三个图书馆，分别位于市中心的主图书馆、泽尼克校区的 Duisenberg 大楼以及医学院图书馆。这些图书馆收藏了大量书籍和在线资料，为学生的学习和研究提供了丰富的资源。

格罗宁根大学所在的格罗宁根市是荷兰北部的经济、贸易和文化教育中心，历史悠久且经济发达。为了进一步推动科研发展，格罗宁根大学在分子学、进化生物学、纳米科学以及医学与制药革新等专业领域为国际学生设立了全额奖学金，吸引了来自世界各地的优秀学子。

鹿特丹大学

鹿特丹大学，全称为鹿特丹伊拉斯姆斯大学（Erasmus University Rotterdam），以荷兰著名人文主义思想家德西德里乌斯·伊拉斯谟（Desiderius Erasmus von Rotterdam）的名字命名。该校位于欧洲第一大港口、荷兰第二大城市鹿特丹，是一所享有盛誉的公立大学。鹿特丹大学以其顶尖的商学院闻名，其商学院被誉为"欧洲的哈佛"，在国际商学院顶级期刊发表论文的数量长期稳居欧洲第一。根据软科世界大学学术排名，该校的工商管理和公共管理专业均位列世界前三。此外，其医学院和法学院也在欧洲乃至全球处于领先地位。

鹿特丹大学的伊拉斯姆斯法学院（Erasmus School of Law）是荷兰规模最大、实力最强的法学院之一，尤其在商法、国际法和法经济学等领域享有盛誉。法学院与中国的大学和科研机构建立了长期合作关系，开展了多项研究与教育合作项目。伊拉斯姆斯中国法研究中心的成立，标志着中国与荷兰乃至欧盟在法学学术交流方面迈出了重要一步。该中心致力于推动中国法的教学与研究，成为中欧法学比较研究的重要学术平台。

根据泰晤士高等教育（Times Higher Education）的排名，鹿特丹大学的伊拉斯姆斯医学中心（Erasmus Medical Center）在临床和健康学领域位居世界前列，是欧洲最好的医疗机构之一。伊拉斯姆斯医学中心与比利时的鲁汶大学和瑞典的卡罗林斯卡医学院并驾齐驱，跻身世界顶级医学研究机构之列。

鹿特丹医学院的历史可以追溯到 20 世纪 50 年代，当时鹿特丹医学院临床医学高等教育基金会致力于建立一个完整的医药教学体系，并取得了成功。1966 年，荷兰政府正式成立了鹿特丹医学院，其校址毗邻 Dijkzigt

医院。2003 年 1 月 1 日，鹿特丹医学院与索菲亚儿童医院和 Daniel den Hoed 诊所合并，成立了鹿特丹大学附属医院，并命名为伊拉斯姆斯医学中心。这一合并进一步巩固了其在医学研究和教育领域的领先地位。

鹿特丹大学通过参与"欧洲苏格拉底教育计划"与全球约 200 所大学建立了合作关系，提供丰富的英语授课课程，涵盖管理、法律、医学和经济等领域，吸引了大量国际学生和学者，也促进了国际学生和学者的交流。随着英语课程的不断增加，鹿特丹大学的管理学院、法学院和医学院均开设了英语授课的硕士专业及各种暑期课程。学校在教育与研究方面严格执行国际质量标准，其公共管理与商业管理等专业已获得美国公共政策分析与管理学会（NASPAA）和欧洲质量改进体系（EQUIS）等国际知名机构的认证。鹿特丹管理学院的国际 MBA 专业尤为著名，排名位居世界前列。学校还通过参与"欧洲苏格拉底教育计划"与全球约 200 所大学建立了合作关系。

鹿特丹大学培养了众多政界和商界精英，包括世界货币基金组织总裁巴伦德·比舒维尔（Barend Biesheuvel）、世界贸易组织总领事、联合国贸易和发展会议秘书长素帕猜·巴尼巴滴（Dr. Supachai Panitchpakdi）、荷兰前首相扬·彼得·巴尔克嫩德（Jan Peter Balkenende）和吕德·吕贝尔斯（Ruud Lubbers）等。此外，世界上第一位诺贝尔经济学奖得主扬·丁伯根（Jan Tinbergen）也是该校伊拉斯姆斯经济学院的杰出校友。

瓦赫宁根大学和研究中心

瓦赫宁根大学和研究中心（荷兰文：Wageningen Universiteit en Research Centrum）始建于 1876 年，被公认为一所世界顶尖的研究型高等学府，在生命科学、食品科学、环境科学、生态学等诸多学科在全球享有极高的声誉。

瓦赫宁根大学和研究中心包括三个部分：瓦赫宁根大学、研究中心、万豪－劳伦斯坦学院。瓦赫宁根大学主体坐落在荷兰瓦赫宁根市，万豪－劳伦斯坦部分校区在荷兰东部小镇维尔普（Velp），在北部城市吕伐登（Leeuwarden）也设有分校区。从地理位置来看，瓦赫宁根市位于荷兰的中心，离阿姆斯特丹或与德国的边境不远。这所大学对社会和商业问题较为关注，其校训为"探索大自然，提高生活质量的潜力"。

瓦赫宁根大学凭借优质的教育资源与学术实力吸引了大量的国际学生——大约20%的学生来自海外。在环境科学、生态学、农业学科领域，该校的研究机构排名世界第一；同时，也是荷兰食品谷（Food Valley）的中心。此外，大学开设了门类丰富的本科和硕士专业，比如农业和生物资源工程、有机农业、生物技术、分子生命科学、食品安全、营养和健康、食品技术、食品质量管理、感官科学、应用传播学，还包括商科、国际发展及健康科学，等等。本科与硕士课程不仅种类丰富，且全部以英语授课。表3-1显示了与食品科学技术相关的一部分本科及硕士专业相关信息。

表3-1 与食品科学技术相关的一部分本科及硕士专业相关信息

专业名称（中英文）	所在学院	学位等级	学制（年）	学费
食品安全（Food Safety）	健康学院	硕士	2	18700欧元/年
应用食物安全方向（Applied Food Safety）	健康学院	硕士	2	18700欧元/年
供应链安全（Supply Chain Safety）	健康学院	硕士	2	18700欧元/年
食品法与管理事务（Food Law and Regulatory Affairs）	健康学院	硕士	2	18700欧元/年

续表

专业名称（中英文）	所在学院	学位等级	学制（年）	学费
欧洲食品研究硕士学位（European Master's in Food Studies）	健康学院	硕士	2	18700 欧元/年
营养流行病学与公共卫生（在线）[Nutritional Epidemiology and Public Health（online）]	健康学院	硕士	2	18700 欧元/年
营养与健康学（Nutrition and Health）	健康学院	硕士	2	18700 欧元/年
传染病学与公共卫生方向（Epidemiology and Public Health）	健康学院	硕士	2	18700 欧元/年
营养生理及健康状况方向（Nutritional Physiology and Health Status）	健康学院	硕士	2	18700 欧元/年
分子营养学和毒理学方向（Molecular Nutrition and Toxicology）	健康学院	硕士	2	18700 欧元/年
感官科学（Double degree，与哥本哈根大学合办）（Sensory Science）	健康学院	硕士	2	11625 欧元/年
食品消化与健康（Food Digestion and Health）	健康学院	硕士	2	18700 欧元/年
营养流行病学与公共卫生（在线）[Nutritional Epidemiology and Public Health（online）]	健康学院	硕士	2	18700 欧元/年
可持续健康饮食的系统方法（Systems Approach for Sustainable and Healthy Diets）	健康学院	硕士	2	18700 欧元/年
欧洲硕士农业生态学（European Master's Agroecology）	自然与农业学院	硕士	2	18700 欧元/年
食品质量管理（Food Quality Management）	食品学院	硕士	2	18700 欧元/年
质量控制与保证（Quality Control and Assurance）	食品学院	硕士	2	18700 欧元/年
质量与食品物流（Quality and Food Logistics）	食品学院	硕士	2	18700 欧元/年
以用户为导向的食品质量（User-Oriented Food Quality）	食品学院	硕士	2	18700 欧元/年
质量管理与创业（Quality Management and Entrepreneurship）	食品学院	硕士	2	18700 欧元/年

续表

专业名称（中英文）	所在学院	学位等级	学制（年）	学费
动物科学（Animal Sciences）	动物科学学院	本科	3	15700欧元/年
环境科学（Environmental Sciences）	环境学院	本科	3	15700欧元/年
食品技术（Food Technology）	食品学院	本科	3	15700欧元/年
国际土地和水资源管理（International Land and Water Management）	环境学院	本科	3	15700欧元/年

第四章

热爱土地：确保国家粮食安全

荷兰似乎天生就握着一手"烂牌"：国土面积狭小，仅相当于两个半北京大小；土地资源稀缺，到了不得不"与水争地"来扩充土地资源的地步；地势低洼，时刻面临洪水的威胁；光照不足，资源贫瘠，"家中无矿"，自然条件对农业发展形成了严重制约。

然而，荷兰人民对土地和农业的热爱、执着、精益求精，超乎想象。他们对农业生产的每一环节都追求极致，对每一寸土地都精心规划、高效利用。正是这样一个看似不具备农业优势的国家，却创造了令人惊叹的农业奇迹，成为全球农业领域的佼佼者。

统计数据告诉我们，从全球农业的视角来看，荷兰是当之无愧的"世界冠军"。这个面积狭小、资源匮乏的欧洲小国，凭借其卓越的农业技术和创新精神，创造了多项世界农业的"金牌"：农产品出口率世界第一，土地生产率世界第一，设施农业世界一流。荷兰被誉为欧洲的"菜园子"，不仅是农产品净出口额的全球领先者，更是世界上仅次于美国的第二大粮食出口国，而其国土面积仅为美国的 1/270。在马铃薯、洋葱等作物出口量上，荷兰稳居世界第一，而在奶制品、猪肉出口方面，荷兰也不输于美国、澳大利亚等传统畜牧业大国。此外，荷兰的花卉产业更是享誉全球，产量和产值均居世界首位，郁金香成为荷兰的象征之一。不仅年产量居世界首位，还以其强大的玻璃温室技术和整体解决方案，引领全球农业科技的"温室效应"，成为全球花卉交易中心和原材料生产基地。

荷兰的农业奇迹是这个国家对土地和农业热爱的结晶。他们用智慧和汗水，将一手"烂牌"打成了"王炸"，向世界证明了：即使自然条件不利，通过创新、坚持和对土地的敬畏，也能创造出令人瞩目的成就。

荷兰农业的成功经验，为如何在有限的土地资源中创造最大价值提供了宝贵借鉴。尽管荷兰仅有约3%的劳动力从事农业，但其生产效率却令人瞩目。

荷兰的农业奇迹，不仅是对自然条件的挑战与超越，更是对科技创新和精细化管理的完美诠释。这个国家的成功经验，为全球农业提供了宝贵的启示；荷兰的故事，是一个国家的传奇，更是对人类智慧与毅力的礼赞。

荷兰在农业生产中的卓越成就，离不开其对农业科研和先进技术的高度重视、科技创新、精细化管理、可持续发展理念以及农业教育模式。通过机械技术、工程技术、电子技术、计算机管理技术、现代信息技术和生物技术的综合应用，荷兰将农业推向了一个新的高度。这种对科技的依赖和创新精神，也解释了为什么全球领先的半导体设备制造商阿斯麦会诞生于荷兰，这个国家在技术研发和创新方面有着深厚的积淀。

科技感满满：买5亿条线虫

由于"先天不足"，荷兰成功发展起了世界一流的温室农业，成为全球农业科技的领军者。据统计，荷兰的玻璃温室面积达到1.1万公顷（16.5万亩），约占世界温室总面积的1/4。这些温室在采光、稳定性等方面采用了全球最先进的技术，显著提高了透光率，减轻了建筑材料的重量，增强了抗风耐压性能，从而大幅降低了能耗。荷兰的设施农业，正是将资源劣势转化为产业优势的典范。

荷兰人提出了"用一半资源，产翻倍食物"的口号，并许下了发展可持续农业的承诺。在政府的大力支持下，荷兰的农业技术升级之路走上了康庄大道。经过多年的沉淀，荷兰形成了以高科技为支撑的现代农业发展格局，在设施农业、作物育种、病虫害防治等领域遥遥领先。

荷兰的温室农业起步于1903年，荷兰首次建成玻璃温室用于种植蔬菜。20世纪50年代，当时为了克服自然条件的劣势，荷兰开始大力发展玻璃温室技术。而到了20世纪60年代，荷兰研发出了主动加温技术，进一步提升了温室农业的效率。20世纪80年代，荷兰人开始研究无土栽培技术，使用椰糠、岩棉等新型基质替代传统土壤，有效预防了土传病害的发生，同时减少了农药使用和人力成本。

如今，荷兰的温室农业已经实现了高度自动化、智能化和标准化。他们不仅建造了28层的垂直农场，还使用LED生长灯取代阳光，使农作物可以24小时不间断生长，产量提高了30多倍。荷兰的农业生产不再依赖土壤、阳光和杀虫剂，而是通过高度程序化的管理，将农作物从播种到丰收形成了一条生产流水线，每一栋温室就是一座现代化的农业工厂。

荷兰的智能温室技术已经实现了全自动化控制，包括光照系统、加温系统、液体肥料灌溉施肥系统、二氧化碳补充系统、机械化采摘系统及监测系统等。从种植开始，荷兰采用自动化的智能分苗系统，从小钵到大钵，再到苗盘移栽到田间，全部无需人工干预。系统还能自动识别并剔除劣质苗和病苗，确保植株的品质。

荷兰的设施农业不仅大幅提高了生产效率，还显著降低了资源消耗和环境影响。通过精准的控温滴灌和网络化管理，荷兰农业实现了从种植、栽培、施肥到灌溉的全流程机械化。这种高度现代化的农业生产模式，不仅为荷兰创造了巨大的经济价值，也为全球农业的可持续发展提供了宝贵的经验和借鉴。

荷兰的农业奇迹，展现了人类如何通过科技创新和精细化管理，将自然劣势转化为产业优势。这个国家的成功经验，不仅是对农业技术的突破，更是对可持续发展理念的生动诠释。荷兰的故事，向世界证明：即使面对自然条件的挑战，通过智慧与坚持，也能创造出令人瞩目的成就。

在荷兰，模块化农业如同一幅未来主义的画卷，充满了科技的魅力。走进这片现代化的农业天地，仿佛置身于一个精密的生态系统。玻璃温室被巧妙地划分为四大板块：种植系统、灌溉系统、光热系统和收割系统。每一个板块都如同一台精密的仪器，协同运作，共同描绘出一幅高效的农业图景。

荷兰的玻璃温室环境控制已经实现了全自动化。无论是光照系统、温度调节，还是水肥一体化的灌溉系统，甚至是二氧化碳的补充和机械化采摘，都无需人工干预。这些系统如同温室的"大脑"，时刻监测着每一个细微的变化，确保作物在最适宜的环境中生长。

荷兰的温室单栋面积普遍较大，这种设计不仅增强了缓冲能力，还便于实现规模化、机械化管理。例如，温室番茄生产采用热水管道加温，而这些管道同时作为轨道车的行进轨道。热水主要通过天然气锅炉加热，电脑自动控制系统可以随时开启或关闭加温锅炉，确保温室内的温度始终保持在最佳状态。以 Red Harvest 农场为例，这座典型的芬洛（Venlo）型全玻璃温室，脊高较高，不仅满足了吊线栽培系统的需求，还增大了缓冲空间，维持了室内环境的稳定。

荷兰温室的通风降温系统同样充满了智慧。温室天窗、循环风机、内遮阳等设备共同构成了一个高效的降温网络。温室内通风降温主要通过屋顶天窗的开启来实现。现代化的连栋温室可以根据时间、温度、光照和湿度等条件，自动控制天窗的开启角度。为了保持温室内气候的均一性，荷兰温室内还设有空气内循环系统，根据温度变化自动开启或关闭，确保温室内的气候始终处于稳定平衡的状态。而在夏季，内遮阳系统则发挥着双重作用，既能在高温时防止温室内温度过高，又能在冬季充当保温幕。

荷兰温室还配备了 CO_2 增施系统，能够将温室内 CO_2 浓度维持在 900 μmol/mol 左右，从而提高产量 30% 以上。这些 CO_2 主要来自天然气锅炉加热的副产品，甚至荷兰人还会将发电厂产生的 CO_2 运输到温室中，充分利用资源。

自动化灌溉系统更是荷兰温室的一大亮点。精确控制系统不仅可以根据作物不同生长阶段调整灌水量，还能在一天当中根据太阳辐射的变化及时调整供水量。这种智能化的灌溉方式，既满足了作物的需求，又避免了水分的浪费。

荷兰人在农业领域的精益求精令人叹服，他们致力于打造一个可持续发展的农业。虽然温室病虫害发生较为频繁，但在防治方面，他们坚持以生物防治为主，物理和化学防治为辅，几乎不再使用化学杀虫剂。

以温室的番茄生产为例，主要防治对象包括白粉虱、潜叶蝇、蓟马和蚜虫等。针对白粉虱，他们采用盲蝽和丽蚜小蜂等天敌进行防治；潜叶蝇则通过潜蝇姬小蜂来控制；蓟马则利用蓝板诱捕，同时，黄板用于监测和防治白粉虱和蚜虫。这种对细节的极致追求让人折服。

对于防治细节的追求需要专注细分领域。以 Koppert Biological System（科伯特）公司为例，其成立已超过半个世纪，始终专注于生物防治和纯天然种植研究。他们出售瓢虫幼虫作为蚜虫的天敌，还提供装有 5 亿条线虫的盒子，用于消灭破坏蘑菇的苍蝇幼虫。凭借这些创新产品，公司已成为全球生物害虫和疾病控制领域的领跑者。

此外，荷兰人通过加热系统、CO_2 增施系统、通风系统及计算机控制系统的综合运用，实现对温湿度条件的实时精确调控，为植株提供最佳生长环境，从而有效预防病虫害的发生。荷兰番茄生产普遍采用岩棉作为基质，这种由岩石高温熔融抽丝而成的材料质轻多孔，且不含病虫害，能够有效避免土传病害。

监测预警机制也是荷兰农业高效防治病虫害的重要环节。植保专员每周定期监测病虫害情况。例如，白粉虱的监测通过 25cm×10cm 的黄板进行，若两周内同一黄板上的白粉虱数量增加超过 80 头/片，才启动化学防治措施。这种基于数据的精准监测和防治策略，显著提高了病虫害防治效果。

荷兰农业还充分利用高科技手段，将卫星识别、分子识别甚至 DNA 识别技术应用于田间管理。80% 的荷兰农民已使用 GPS（Global Positioning System）系统，政府提供卫星支持以捕捉农田信息并进行科学分析。同时，无人机也被广泛用于田间数据采集。这些高科技手段不仅帮助农民更精准地识别有益和有害行为，还为综合病虫害治理提供了科学依据，进一步推动了荷兰农业的可持续发展。

在科技农业的推动下，荷兰通过系统化的创新，在育种、肥料、生物防治等领域取得了突破性进展，为农业发展提供了全方位的解决方案。这些创新不仅克服了气候和地形等自然条件的限制，还使这个面积仅 4 万平方公里的小国，成功跻身全球农业强国之列，创造了世界现代农业的"荷兰温室效应"。荷兰的农业模式如同一首科技与自然的交响曲，每一个细节都彰显着智慧与创新。在这里，农业不再是传统的体力劳动，而是一场精密的科技盛宴，通过高科技的深度应用，荷兰农业不仅实现了高效生产，还为全球农业可持续发展树立了典范[1]。

---

[1] Ministry of Agriculture, Nature and Food Quality of the Netherlands. Agriculture, nature and food: valuable and connected - The Netherlands as a leader in circular agriculture，https://www.netherlands worldwide.nl/documents/publications/2018/11/19/agriculture nature-and-food-valuable-and-connected.

欧洲菜园子：全球种业巨头

这个拥有面积仅 4 万平方公里贫瘠土地的小国，却是世界第二大蔬菜出口国，欧洲出口的蔬菜中有 1/4 来自荷兰，被誉为"欧洲菜园子"。荷兰从源头入手，通过育种、种业创新和高效生产模式，成就了全球农业强国的地位。

荷兰的种业生态高度发达，仅次于美国和法国，孕育了多家世界级种子公司。例如，埃德瓦塔是世界十大种子公司之一，专注于油菜和向日葵种子；瑞克斯旺在蔬菜种子市场排名全球第五，其"布列塔"茄子、"萨菲罗"菜椒和"塔兰多"五彩椒等产品占据了中国市场的大部分份额；安莎则在甘蓝、胡萝卜和洋葱育种领域处于全球领先地位。如今，荷兰的植物种子和种苗占全球出口总额的 25%，欧洲市场 55% 的蔬菜种子、50% 的花卉种子和 40% 的土豆种子均来自荷兰。

尽管农业产值仅占荷兰 GDP 的 2%，但其发达程度令人瞩目。荷兰是世界上种业产业化程度最高的国家之一，通过市场机制将科研、生产和营销紧密结合，集成现代科研成果、先进设施和设备，实现了种子生产经营的规模化、机械化、标准化和高效化。这种模式不仅推动了种业产业化发展，还培育了一批具有全球竞争力的大型种子企业。全球十大种子公司中，荷兰独占四席，对世界种业发展产生了深远影响。瑞克斯旺公司被誉为"世界上最牛的番茄种子公司"，以雄厚的科研实力和高质量的产品服务享誉全球。为确保种子质量，该公司要求全球加工厂的种子统一运回荷兰总部质检中心检测，种子萌发率必须达到 95%。公司员工中近一半从事科研工作，每年将收入的 30%~35% 投入研发，远超行业平均 15% 的水平。

荷兰农业的成功不仅体现在种业上，还在于其应对市场变化的灵活性和创新能力。随着欧盟农业政策的调整，荷兰农场逐步转向多样化经营，如发展园艺业、有机农业或休闲农业，甚至直接面向消费者销售产品。此外，荷兰在病虫害生物防治领域也处于全球领先地位。科伯特生物系统有限公司（KOPPERT B.V.）是全球农作物病虫害生物防治和生物授粉行业的领航者，其生物防治产品占国际市场的60%，生物授粉产品占70%。科伯特不仅是全球生物防治组织的创始机构之一，还致力于制定行业标准，推动整个行业的规范化发展。

荷兰农业的成功秘诀在于其细分领域的专业分工和持续专注。每个公司都专注于某一领域，尊重自然规律，关注消费者需求，并通过长期的技术攻关和战略定力，逐步发展成为世界级企业。这种对细节的极致追求和持续创新，使荷兰农业在全球范围内树立了标杆，成为现代农业发展的典范。

欧洲花园：制度创新花卉拍卖

荷兰不仅被誉为"欧洲菜园子"，还享有"花卉王国"的美誉。尽管自然条件并不优越，可以说是资源匮乏，荷兰却将花卉业发展成为经济支柱，形成了从育种、育苗、生产到交易和流通的完整产业链，这一成就令其他国家难以企及。提到"郁金香"和"花卉展"，人们自然会联想到荷兰。这里有世界上最大的阿斯米尔鲜花拍卖市场，每天完成成千上万笔花卉拍卖交易，各种花卉被运往世界各地。大片大片的花田种满了郁金香、风信子、水仙花，人们可以尽情地放眼欣赏。每年，无数游客涌入荷兰参观花展，花商们也将荷兰花卉视为经典。这种强大的吸引力和市场认可度为荷兰创造了数十亿美元的经济效益。荷兰通过精品化战略，将花卉产业打造成了一张国际名片（见图4-1）。

图 4-1　欧洲花园（Bollenvelden）

资料来源：https://rederijvanhulst.nl/de-veelzijdige-bollenstreek/。

　　荷兰花卉产业的成功离不开其创新的生产和销售模式。订单农业是其中的重要一环。订单农业，又称合同农业或契约农业，是指企业与农民或农民群体代表签订协议，规定农产品的收购数量、质量和最低保护价，确保双方的权利和义务。这种模式使农产品在生产前就明确了销路，降低了市场风险。荷兰的花卉和蔬菜大多在温室中生产，成本高、价值大，受市场波动影响显著，因此订单生产成为主流。荷兰育苗企业将大规模温室划分为多个区域，每个区域根据订单要求生产特定品种、大小和特性的种苗，买方定期检查订单执行情况。这种模式使生产者只需承担生产风险，经济效益更加稳定。

　　荷兰的制度创新在拍卖制度上体现得尤为突出。拍卖模式是荷兰农产品分销的核心特色之一。以花卉产业为例，约80%的出口额通过拍卖完成，荷兰拍卖的鲜花占全球鲜花交易的40%。荷兰拥有FloraHolland（荷兰花卉拍卖行）和 Plantion（荷兰植物交易中心）两大鲜花拍卖行，其中 FloraHolland 是全球最大的鲜花拍卖市场，年销售额达 45 亿欧元，每天交易超过 2 万个品类的鲜花，并引入上千个新品种。荷兰郁金香占全球出口额的 100%，玫瑰占 24%，主要出口欧洲各国并占据中高端市场，例如荷兰皇家航空每天向美国运送超过 1 万磅鲜花。

荷兰在物流管理和鲜花运输方面也取得了巨大进步。鲜花易腐烂的特性曾是长距离运输和销售的主要挑战，但荷兰通过创新解决了这一问题。如今，鲜花在运输过程中使用定制盒子保护，确保不受损伤；高度发达的物流系统精确控制运输温度，使鲜花从拍卖行到仓库、花店或超市，最终到达消费者手中时依然保持新鲜。荷兰鲜花的运输成本仅占 20%，而像哥伦比亚这样的竞争对手，运输成本高达 90%。

荷兰的花卉拍卖制度历史悠久，起源于 19 世纪末。随着商业规模的扩大，传统的零散交易方式无法满足大批量交易需求，尤其是鲜花和果蔬等易腐烂产品。为此，荷兰人发明了荷兰式拍卖，采用降价形式进行拍卖，从初始价格逐步下降，直到竞拍者满意拍下。这一创新模式降低了花卉和果蔬在运输和储存中的损失，开创了农产品流通的新格局。

荷兰拍卖制度是一种公开、透明的交易机制，为花卉产业注入了活力。其四大价值在于：倒逼上游保证产品质量，拍卖市场制定严格标准，不合格产品无法进入市场；提供一揽子服务，完善流通体系；建立权威价格调节机制，确保产业良性发展；推动产业专业化，降低种植者和销售者的资产投入，避免市场和生产风险。

荷兰拍卖制度不仅深刻影响了本国农业，还为全球农产品流通体系建设提供了新思路。例如，中国云南昆明斗南国际花卉拍卖交易中心就是荷兰模式的成功本土化实践的典范。该中心作为亚洲最大的鲜切花交易市场，其交易量占全国 70%，产品出口至 40 多个国家和地区，成为全球第三大花卉拍卖市场。荷兰的创新模式不仅推动了本国农业的发展，也为全球农业提供了宝贵经验。

农业合作社：极强的集成能力

荷兰农业合作社具有极强的技术集成能力，这种能力不仅推动了农业生产的现代化，还显著提升了农产品的附加值和市场竞争力。荷兰合作社的技术集成能力体现在多个方面，从育种、种植到加工和销售，每一个环节都融入了先进的科技支持，形成了高效、可持续的农业生产体系。

首先，荷兰农业合作社的技术集成能力得益于其强大的科研支持体系。荷兰拥有一流的农业大学、研究机构和农业企业，这些机构不断推出创新的农业技术和装备。例如，荷兰瓦赫宁根大学是全球农业科研的领军者，其研究成果直接应用于合作社的生产实践。此外，荷兰的种子公司如瑞克斯旺和安莎，在蔬菜和花卉育种领域处于全球领先地位，为合作社提供了优质的种苗资源。这种产学研紧密结合的模式，使荷兰合作社能够迅速将最新的科研成果转化为生产力。

其次，荷兰合作社在农业生产中广泛应用智能化技术和精准农业设备。通过 GPS、传感器和无人机等技术，合作社能够实时监测土壤、气候和作物生长状况，实现精准施肥、灌溉和病虫害防治。例如，荷兰的温室农业通过计算机控制系统，精确调节温度、湿度和 CO_2 浓度，为作物提供最佳生长环境。这种高度自动化的生产方式不仅提高了资源利用效率，还显著降低了生产成本。

荷兰合作社在农产品加工和物流环节也展现了卓越的技术集成能力。合作社通过先进的分选、包装和冷链技术，确保农产品在加工和运输过程中保持高品质。例如，荷兰的鲜花拍卖市场利用高效的物流系统，将鲜花从田间迅速运送到全球市场，运输成本仅占 20%，远低于其他国家的90%。这种技术集成不仅提升了产品的市场竞争力，还延长了农产品的保鲜期，减少了损耗。

荷兰合作社的技术集成能力还体现在其全产业链的协同创新上。合作社不仅关注生产环节，还延伸到加工、销售和售后服务，形成了完整的产业链条。例如，荷兰的乳制品合作社通过整合牧场、加工厂和销售网络，实现了从牛奶生产到成品销售的全程质量控制。这种全产业链模式不仅提高了产品的附加值，还增强了合作社的市场议价能力。

荷兰是全球合作社发展最早的国家之一，拥有超过 150 年的历史。其合作社体系以稳定性强、对农业发展的支撑作用持续增强而著称。农地实行单子继承制，家庭农场代际传承稳定，这不仅避免了土地细分，还增强了对合作社的组织忠诚，为合作社的稳定运行奠定了基础。长期的市场经济制度培养了农场主较强的契约意识，他们很少违反与合作社的销售合约，这种诚信行为进一步巩固了家庭农场与合作社的依存关系，促进了合作社的长期稳定发展。

荷兰农业合作社的极强技术集成能力是其成功的关键之一。这种能力不仅推动了农业生产的现代化，还为全球农业提供了宝贵的经验。

荷兰农业的高效增长得益于科技创新的贡献，科技创新对农业增长的贡献率超过 80%，这一成就的核心在于政府、企业和大学的紧密合作。政府在其中扮演"媒婆"角色，通过资助科研机构、农业 PPP（Public-Private Partnership，共私合作制）项目和提供税收优惠，推动企业需求与院校研究的对接，加速技术落地。例如，荷兰合作银行的"Banking for Food"（粮食金融）计划为农业领域提供了超过 923 亿欧元的贷款，覆盖 85% 的农民和40% 的农业企业。

　　大学是创新的源头，瓦赫宁根大学作为荷兰农业科研体系的枢纽，主导基础理论研究、应用理论研究和应用技术研究。企业研究所则专注于解决生产中的具体问题，如新品种育种和温室节能。这种分层科研体系确保了从理论到实践的全面覆盖。

　　荷兰农业的另一特点是将第二、第三产业融入农业产业链，形成协同效应。例如，温室园艺产业由众多细分领域的专业公司组成，每个环节都有"隐形冠军"企业专注深耕。这种分工体系使荷兰在全球农业技术领域保持领先地位。

　　农业合作社和拍卖市场是荷兰农业一体化发展的重要机制。合作社不仅制定种植计划，还提供技术支持，甚至跨区域合作。拍卖市场则通过"降价拍卖"方式稳定价格，帮助农户实现以销定产。例如，FloraHolland拍卖合作社已成为全球最大的花卉交易平台，年销售额达 45 亿欧元。

　　荷兰的城市体系以小城镇为主，65% 的人口居住在人口低于 10 万的小城镇。国家战略《NL2040》明确将农业和小城镇作为未来发展重心。通过绿港农业和都市农业，荷兰实现了城市群、都市圈和小城镇的协同发展。绿港农业将农业全产业链聚集在特定区域，如 Dune and Bulb 绿港专注于球茎植物，覆盖育种、种植、科研、交易等环节。都市农业则以城市为中心，推动现代农业生产与城市生活的融合，如阿尔梅勒市的 Agromere计划，将农业融入城市规划，提升城市生活质量。荷兰通过科技创新、一体化发展和城乡协同，实现了农业的高效与可持续发展。

牧场之国：超强存在感的荷兰奶牛

　　荷兰的畜牧业在其农业格局中占据核心地位，产值份额超过 55%，在国民经济中占据主导地位。凭借优越的自然条件、先进的科技支持和高效的产业链管理，荷兰畜牧业在全球范围内享有盛誉，尤其是在奶牛养殖和小牛肉生产领域表现突出。荷兰的气候温和，降雨量充沛，地势平坦，土壤富含适宜牧草生长的淤沙土，为畜牧业提供了理想的环境。尽管荷兰人多地少，但其牧场面积甚至超过了耕地面积，草地畜牧业几乎遍布全国，其中北布拉班特、海尔德兰、上艾瑟尔和弗里斯兰等省份尤为突出，集中了山羊、绵羊、牛和马等多种牲畜的生产，形成了多样化的畜牧业格局。

荷兰的养牛业以奶牛养殖为主。全国 11.97 万个农场中，约有 6 万个专门饲养奶牛。基于如此庞大的产业规模，荷兰"牧场之国"的称号实至名归。其主要品种的荷斯坦牛也是奶牛中的明星品种。荷兰奶牛养殖业的高度发达得益于现代化的科学管理和技术应用。例如，机械化挤奶、人工授精育种和优质饲料的广泛应用，极大提升了养殖效率。数据显示，每头奶牛的年均产奶量从 1950 年的 3800 升大幅提升至如今的 7000 升；1970 年至今，奶牛的平均产奶量也从 4323 公斤上升到 6890 公斤，展现了其高效的生产能力。与此同时，荷兰奶牛场的平均规模也在持续扩大。荷兰的乳业不仅注重产奶量，还通过科学的育种技术提升奶牛的产肉性能。荷兰发达的犊牛育肥体系使得奶公犊得以充分利用，生产出高品质的小白牛肉，占据了荷兰牛肉市场的 50%。这种对奶业副产品的充分利用，形成了完整的小白牛肉产业链，从生产、加工到营销环节紧密结合，极大地提升了资源利用效率和经济价值。

荷兰在小牛肉生产领域处于全球领先地位，其小白牛肉和小牛肉产量占世界总量的 60% 左右，是欧洲最大的牛肉和小牛肉出口国。小白牛肉是由犊牛在 100 天内完全用全乳或代用乳饲喂而成，肉质细嫩、营养丰富，蛋白质含量比普通牛肉高 63.8%，而脂肪含量低 95.9%，是高档宴席上的名贵食材。小牛肉则是指 1 周岁内犊牛在特殊饲养条件下育肥生产的牛肉，以鲜嫩多汁、风味独特而备受青睐。荷兰的小牛肉产业不仅依赖于优质的自然条件，还得益于严格的监管体系和高效的产业链管理。例如，犊牛农场受当地机构小牛肉行业质量保障基金会（Small Ruminants Quatity Assurance Fund）监察，定期进行突击检查，确保犊牛的健康和产品质量。这种从源头到餐桌的全程质量控制，使荷兰小牛肉在国际市场上具有极强的竞争力。

荷兰畜牧业的技术集成能力在全球首屈一指。大型育种公司如 CRV（Coöperatieve Rundveeverbetering）为奶农提供全方位的服务，包括胚胎产销、人工授精、胚胎移植和繁殖咨询等。CRV 还制定了荷兰奶牛育种指数 NVI（Net Merit Value Index，净遗传值指数），为奶牛的选育提供了科学依据。此外，荷兰拥有世界上最大的乳品公司菲仕兰康柏尼（Friesland-Campina），以及食品巨头联合利华，这些企业在乳制品加工和市场推广方面发挥了重要作用。荷兰的畜牧业还广泛应用自动化技术。例如，一台自动挤奶机可以在一小时内挤 150 头牛，而一个养鸡场能同时饲养 15 万只鸡，几乎完全实现自动化管理。这种高效的生产模式不仅降低了成本，还显著提高了产品质量和市场竞争力。

荷兰还是真正的奶酪王国，每年出口超过 40 万吨奶酪，产量高居世界第一。奶酪在荷兰不仅是一种日常食品，更是文化的重要组成部分，甚至荷兰人在拍照时都会说 "Cheese"。这种深厚的奶酪文化在阿尔克马尔、豪达和艾登等城市留下了深刻的痕迹，成为了解传统荷兰的绝佳途径。

荷兰奶酪的历史可以追溯到公元 400 年，9 世纪时，奶酪主要出产于里斯兰省，专供莎琳马格宫廷享用。到了中世纪，荷兰的奶酪产业已日趋成熟，哈勒姆、林登和里沃登等地建起了专门的奶酪称量市场，用以规范奶酪的大小和质量。几个世纪以来，荷兰奶酪的出口从未间断，最远销往西印度群岛和南美洲。荷兰因此被誉为"奶酪之国"，对很多人来说，荷兰与奶酪几乎是同义词。

荷兰奶酪最具代表性的品种是黄波奶酪，它像车轮般大小，表面覆盖一层标明口味的薄蜡，乳味浓郁，深受欢迎。黄波奶酪占荷兰总奶酪产量的60%以上，是荷兰奶酪的象征。另一种著名的奶酪是红波奶酪，其口感相对较软，风味温和。红波奶酪与黄波奶酪均属原味奶酪，营养丰富，口感独特。

除了黄波奶酪和红波奶酪，荷兰还有其他著名的奶酪品种。豪达奶酪（Gouda）占荷兰奶酪总产量的50%以上，是荷兰奶酪的支柱产品；艾登奶酪（Edam）以其球形外观闻名，占总产量的27%；莱登奶酪（Leiden）则因添加孜然香料而独具风味。这些奶酪品种各具特色，共同构成了荷兰奶酪的多样性。

阿尔克马尔奶酪博物馆附近的广场是世界上最大且最古老的奶酪市场之一。14世纪以来，这里就形成了专门的奶酪交易市场，迄今已有600多年的历史。夏季，每周五是奶酪市场开张的日子，小镇因此变得热闹非凡。荷兰政府近年来注重打造奶酪文旅产业，将奶酪市场与旅游结合，吸引了大量游客前来体验荷兰的奶酪文化。

荷兰奶酪不仅是美食，还隐藏着荷兰人200年里平均身高增长20厘米的秘密。奶酪富含蛋白质、钙和维生素，是荷兰人日常饮食的重要组成部分，为他们的健康和成长提供了重要支持。荷兰奶酪是荷兰文化的瑰宝，它不仅代表了荷兰农业的精湛技艺，还承载了深厚的历史和文化内涵，以及将农业与旅游文化相结合的创新模式。

荷兰畜牧业的成功经验为全球提供了宝贵的借鉴。各国在畜牧业发展中可以参考荷兰的全产业链管理模式，特别是在育种、养殖、加工和销售环节的协同创新。同时，各国应加大对农业科技的投入，推广智能化设备和精准农业技术，提升畜牧业的生产效率和产品质量。此外，还可采用将农业与旅游文化相结合的创新模式推动畜牧业发展。

漂浮牧场：与水共舞

"可持续、碳减排、绿色发展"已成为各行业关注的热点。对于资源密集型的奶业而言，是否高效利用能源、水、土壤和饲草等资源，决定了产量能否长期稳定增长。当前，世界人口的快速增长导致对食品特别是高蛋白食品的需求不断增加，环境、自然与气候承受着巨大压力，化石燃料和其他原材料面临枯竭，全球大部分人口缺乏营养充足的食品。这一系列变化为全球奶业带来了极大挑战。

在鹿特丹港的水面上有一座巨大的船屋——这就是世界上首座漂浮农场。这座巨型船屋漂在海上，由两条走廊与陆地相连，分为上、中、下三层，总面积约为900平方米。漂浮农场自2018年夏天开始建造，2019年农场的第一批住户——32头奶牛正式入住，农场也正式开始运营。

这一创新源于科学家们提出的水上漂浮农场构想，荷兰几家公司迅速响应。自古以来，荷兰一直在努力填海造地，而这次他们选择直接搬到海上漂浮。这座农场名为Floating Farm（漂浮农场），由荷兰房地产公司Beladon设计建造，为世界上第一个浮动农场。整个牧场面积相当于三个标准篮球场，能容纳40头奶牛生活。农场的上层是奶牛饲养区，设有铺着柔软橡胶地板的牛厩区和高度自动化的挤奶区，奶牛可以自由散步，也可以通过斜坡通道到陆地上休憩。中层设计多元，用于加工牛奶、收集排泄物、淡化海水和生成能源，实现农场的能源自给自足。下层是由混凝土浇筑而成的浮动基座，确保农场不受海水涨潮落潮的影响，甚至可以随时移动到别处的水面上。除了可移动性，漂浮农场的绝大部分设备都可以自动运行，最大限度地节省了人力成本。这种创新不仅是在水面上制造新的土地，还创造了一种全新的农业景观。未来，漂浮养鸡场等农业生产模式预计将陆续出现。

荷兰近 31% 的土地用于奶牛养殖，奶业产值占其农业总产值的 17%。荷兰每头奶牛的终生产奶量位居全球前列，但生产每升牛奶的温室气体排放量却是世界上最低的。荷兰仍在开展与可持续奶业生产相关的研究，重点关注如何可持续利用土地、水和空气，减少营养物、化学药品和植物蛋白的投入，降低温室气体排放。同时，荷兰也在着力发展精准奶业，关注动物福利和生物多样性等前沿问题。荷兰瓦赫宁根大学积极参与其中，持续开展与循环可持续奶业生产相关的研究，包括如何可持续利用土地、水和空气，减少营养物、化学药品和植物蛋白的投入，降低温室气体排放。此外，瓦赫宁根大学还致力于关注动物福利和生物多样性等奶业前沿问题。通过这些努力，荷兰不仅在全球奶业中保持领先地位，还为全球农业的可持续发展提供了宝贵经验。

漂浮农场不仅是农业技术的一次创新，更是应对全球资源短缺、环境压力和气候变化挑战的一种解决方案。漂浮农场将农业生产搬到水面上，在多个方面体现了可持续发展的理念。

漂浮农场充分利用水面资源，减少了对陆地土地的依赖。随着全球人口的增长和城市化进程的加快，可耕地面积日益减少，土地资源变得愈发紧张。漂浮农场通过在水面上建造农业生产设施，有效缓解了土地资源短缺的问题。这种模式特别适合像荷兰这样土地资源有限但水域丰富的国家，为农业生产的空间扩展提供了新的可能性。

漂浮农场在设计上注重资源的高效利用和循环利用。农场的中层设有能源生成和海水淡化系统，能够实现能源的自给自足，减少对化石燃料的依赖。同时，农场还配备了排泄物收集和处理系统，将奶牛产生的粪便转化为肥料或能源，实现了废弃物的资源化利用。这种循环经济模式不仅降低了农业生产的环境负担，还提高了资源利用效率，符合可持续发展的核心理念。

漂浮农场在减少碳排放方面具有显著优势。传统农业生产往往伴随着大量的温室气体排放，尤其是畜牧业。而漂浮农场通过高度自动化的设备和清洁能源的使用，显著降低了生产过程中的碳排放。此外，农场的设计还考虑到了动物福利，为奶牛提供了舒适的生活环境，这不仅有助于提高牛奶产量，还减少了因动物疾病和压力导致的资源浪费。

漂浮农场的可移动性为应对气候变化提供了灵活性。气候变化导致的海平面上升和极端天气事件频发，传统农业面临着巨大的风险。漂浮农场能够根据气候条件和水位变化进行调整，甚至可以通过移动位置来避免自然灾害的影响。这种灵活性使得农业生产更具韧性，能够更好地适应未来的环境变化。

漂浮农场还为城市农业和本地化食品供应提供了新的思路。随着城市化进程的加快，食品的长距离运输不仅增加了碳排放，还导致食品新鲜度的下降。漂浮农场可以建在城市附近的水域，直接为城市居民提供新鲜的牛奶和其他农产品，减少运输环节的碳排放和资源消耗。这种本地化生产模式不仅有助于降低碳足迹，还能提高食品供应链的可持续性。

漂浮农场通过创新的设计和技术应用，在资源利用、环境保护、碳排放减少和应对气候变化等方面展现了强大的可持续性潜力。它不仅为农业生产的未来提供了新的方向，还为全球可持续发展目标的实现贡献了重要力量。通过推广漂浮农场等创新模式，农业可以在满足人类食品需求的同时，最大限度地减少对环境的负面影响，实现经济、社会和环境的协调发展。

靠海吃海：马车夫的兼职

俗话说"靠海吃海"，荷兰的崛起正是从渔业资源开始的。每年夏季，大量的鲱鱼随着洋流游向荷兰海岸。这种自然资源并非荷兰独有，但荷兰人将其发挥到了极致。在荷兰确立世界海上贸易地位之前，捕鱼业就已经成为荷兰经济的重要支柱。

早在中世纪，荷兰的泽兰省就有无数渔船出海捕捞鲱鱼，尤其是以弗利辛恩为代表的渔村。随着时间的推移，更多的渔村如马斯勒伊斯和弗拉尔丁恩也逐渐兴起。英格兰国王爱德华一世在 1295 年授予荷兰、弗里斯兰和泽兰三地在英格兰水域捕鱼的权利，特别是雅茅斯海岸。这一特权主要涉及鲱鱼捕捞，因每年秋天英国海岸附近会出现大量鲱鱼。历史档案还显示，14 世纪时，英格兰国王曾从泽兰租用船只运送士兵，这表明泽兰的船队已经具备相当的规模和载量，足以支持大规模的鲱鱼捕捞。

在勃艮第尼德兰时期，荷兰省有五分之一的人口是渔民。每到渔季，北海便呈现出壮观的景象，1500 条渔船在这里捕捞，每年收获超过 1000 万公斤的鲱鱼。鲱鱼不仅成为荷兰经济的支柱，还成为推动贸易扩展的动力。为了支持长途航行，渔民们开始学习制作腌鲱鱼，这种食物不仅便于保存，还能为远航提供充足的能量。荷兰渔民的足迹远至印度乃至世界各地，鲱鱼也因此成为荷兰贸易网络中的重要商品。

据统计，1562 年泽兰省的船队拥有约 200 条渔船，略少于荷兰省。到了 16 世纪末，荷兰省的渔业逐渐繁荣，生鲱鱼业也不断扩展。鹿特丹、代尔夫特和布里埃尔等城市为捕鱼业的发展做出了重要贡献，甚至一些偏北的渔村如霍恩和恩克森也因渔业而繁荣起来。恩克森曾是17世纪荷兰最大的渔村，其城市徽章至今仍让人回想起那段辉煌的历史。荷兰省设立了专门机构来控制鲱鱼加工质量，进一步推动了鲱鱼行业的发展。由于荷兰鲱鱼舰队面临外部威胁，政府还特别派遣舰队为其护航。

荷兰渔业的成功离不开渔民创新的渔船设计。他们发明了"大帆船"，这种船不仅能一次性捕捞30万桶鱼，还能让水手在甲板上直接加工和腌制渔获。凭借这种先进的渔船，荷兰渔民垄断了鲱鱼和鲸鱼的捕捞。到17世纪下半叶，荷兰拥有1500条渔船，从业人员多达12000人，对英国形成了压倒性的竞争优势。

渔业的繁荣不仅带动了荷兰经济的整体发展，还促进了其他产业的提升。例如，大量鲸油的获取推动了荷兰制造业和化学工业的发展，而化学工业的进步又加速了制糖业、制革业、啤酒酿造业等行业的壮大。这种完善的工农商体系使荷兰成为17世纪的世界经济强国。荷兰的渔业发展不仅展示了其利用海洋资源的智慧，还体现了其在技术创新和产业扩展方面的卓越能力。

海上马车夫的缰绳：金融屡次创新

荷兰有着悠久的贸易和创新历史。早期的海上霸权地位为后来的经济发展奠定了基础。在 17 世纪，荷兰被誉为"海上马车夫"，其航运业和贸易网络遍布全球。荷兰的阿姆斯特丹成为世界金融中心，为现代金融体系的形成奠定了基础，也为其在芯片战争中的角色提供了肥沃的土壤。

在美国独立战争爆发之后，邦联议会面临破产危机，约翰·亚当斯临危受命，被任命为赴欧洲特使，首要任务之一是筹集资金。荷兰共和国是当时世界上为数不多的几个共和国之一，亚当斯努力使荷兰和法国这两个主要欧洲大国支持为独立而奋斗的美国。凭借出众的能力和极佳的口才，亚当斯说服荷兰同意向美国提供 500 万荷兰盾贷款，为当时不被绝大多数国家承认的美国争取了极其宝贵的物质和道义援助。1782 年的这笔贷款相当于 125 万两白银，解了美国的燃眉之急。亚当斯是《独立宣言》起草委员会的五个成员之一，被誉为"美国独立的巨人"，并于 1797 年成为美国第二位总统。

自 17 世纪的"黄金时代"以来，荷兰一直是全球贸易和科技创新的中心之一。荷兰以高效率的工农业为起点，紧抓对外贸易的契机，获取巨额利润后，转化为金融领域的优势，最终确立了世界经济霸主的地位。如果说荷兰是一驾马车，那么金融就是车夫手中的缰绳。

荷兰独立后，将发展商业贸易确立为基本国策。在农业资源和粮食生存问题方面，荷兰面临复杂的局面。荷兰的陆地资源匮乏，为了活下去唯一的生存逻辑和必须擅长的生存模式是发展商业贸易。然而荷兰也具备显著的战略位置优势：位居大西洋沿岸，处于北海、波罗的海至地中海的商业要道上，地处内陆河莱茵河、马斯河、斯海尔德河三大河流的北海入海口上，成为交通和物流的中枢，也正是欧洲商业革命的贸易中心。

荷兰的崛起，离不开其在金融领域的多次创新。站在海权时代来临的风口上，荷兰大展宏图，开展各项商业模式创新和金融改革，这使荷兰成为领先全世界的资本主义先行国家，或者说是现代资本主义的发源地。

金融体系创新不仅为荷兰的经济繁荣提供了强大的动力，还为全球金融体系的形成奠定了基础。荷兰的金融创新可以从多个方面来理解，包括股票交易所的创立、现代银行制度的建立、股份公司制的引入以及全球性储备货币的出现。

首先，荷兰在1609年成立了世界上第一家股票交易所——阿姆斯特丹证券交易所。这个交易所具有流动性、投机性和公开性，与今天的股票交易所一样。它为资本流动和投资提供了平台，使得投资者可以通过买卖股票来分享企业的利润和风险。这一创新极大促进了资本的集中和流动，为荷兰的贸易和商业活动提供了充足的资金支持。阿姆斯特丹证券交易所的成立，标志着现代资本市场的雏形初现，后人甚至将其称为"17世纪的华尔街"（见图5-1）。

图 5-1　阿姆斯特丹证券交易所

资料来源：https://www.iex.nl/Artikel/786182/Nederlandse-beurs-op-de-goede-weg.aspx。

　　同年，荷兰还成立了世界上第一家国家银行——阿姆斯特丹银行。这家银行不仅规范了货币市场，遏制了商业投机，还凭借其储备的各种贸易货币推动了荷兰贵金属贸易的扩张。阿姆斯特丹银行的成立，标志着现代银行制度的诞生。它通过提供稳定的货币环境和信贷支持，进一步促进了荷兰的商业和贸易发展。在阿姆斯特丹银行成立的 100 年内，其储备金从不足 100万弗罗林增长到 1600 万弗罗林，充分显示了其在荷兰经济中的核心地位。

　　荷兰东印度公司的成立则是另一个重要的金融创新。作为世界上第一家股份制公司，荷兰东印度公司通过发行股票筹集资金，分散了贸易风险。这种股份公司模式不仅为荷兰带来了巨额利润，还为全球企业提供了新的融资模式。荷兰东印度公司的成功，使得股份制公司成为全球企业的主流形式，进一步推动了资本主义的发展。

　　为了鼓励全民参股，分享商业风险和利益，荷兰在阿姆斯特丹建立了世界上第一家股票交易所；为了促进商业经济的发展，加速货币流通，荷兰开创了世界上最早的银行制度；为了分摊贸易风险，开创了股份公司制。这些金融创新不仅充实了荷兰的经济实力，也增强了其国际影响力。

荷兰的金融创新并未止步于此。随着荷兰海上霸权时代的到来，荷兰盾也成为全球最早的世界性储备货币。荷兰的商贸业蓬勃发展，货币制度成为其继续发展的阻力。此前荷兰各省自治程度相当高，流通货币都不同，在荷兰共和国成立后，随着商贸经济越来越繁荣，这个痛点就越来越痛。荷兰整个高度发展的 17 世纪都在痛苦地摸索进行着金融改革，最终荷兰盾被确立为荷兰统一的标准货币。

据统计，17 世纪的荷兰资本积累量比欧洲其他国家的总和还多，对外投资规模相当于 15 个英国。欧洲、东印度群岛、美洲等许多地区的国家债券中都有荷兰的投资，资金规模超过 3.4 亿荷兰盾。英国、法国、西班牙、俄罗斯、瑞典和德意志等国家的国债中都有荷兰人相当程度的投资，荷兰每年从这些国家获得的股息收入都有数千万荷兰盾。正因为荷兰如此巨大的投资影响力，荷兰盾也成为世界上第一种全球性储备货币。

通过股票交易所、现代银行制度、股份公司制和全球性储备货币等一系列金融创新，荷兰确立了其在世界经济中的霸主地位。这些创新不仅推动了荷兰的经济发展，也为全球资本主义和现代金融体系的形成提供了宝贵的经验和启示。荷兰的金融创新，正如马车夫手中的缰绳，牢牢掌控着荷兰经济的命脉，引领其走向繁荣与辉煌。

商业帝国：横跨四海

用了三百年，荷兰人完成了从鲱鱼渔夫到欧洲"海上马车夫"的华丽变身，荷兰也从一个吃不饱饭的低地小国，一跃成为横跨四海的商业帝国，完成了一个看似不可能的大国崛起。300年里，荷兰屡次在军事上被英国、德国打败，多次成为欧洲战争的主要战场，如四次英荷战争、大同盟战争、法荷战争、西班牙王位继承战争、六次反法同盟战争、第二次世界大战等。欧洲强权之间的几乎每一次战争，荷兰都被拖下了水，多次成为主要战场，但每次战败后数十年，荷兰都能重新崛起，屹立于发达国家之列。这种韧性正如寒冬里的梅花，总是在百花凋零后绽放，傲然屹立于风雪之中，惊艳了时光。

荷兰之所以能够在多次战争中迅速恢复，与其经济结构的多样性和创新能力密不可分。今天的荷兰不仅拥有阿斯麦这种芯片生产中心，还是世界上最大的花卉出口国，占据国际花卉市场的40%~50%，也是世界第二大农产品净出口国。此外，荷兰的化工产业发达，是欧洲最大的炼油中心，也是油漆涂料、化纤、工程塑料、维生素和功能性化学品世界级生产中心。此外，荷兰的科技产业也极为发达，是小家电、光学设备、医疗设备、半导体设备的生产中心。服务业方面，荷兰的银行、保险、法律、物流和旅游业都拥有众多知名机构，形成了完善的经济体系。除了拥有欧洲第一和第二的港口——鹿特丹和阿姆斯特丹外，荷兰还拥有斯希波尔航空港，这一交通枢纽进一步巩固了其作为全球贸易中心的地位。荷兰的开放经济和创新精神，使其在世界贸易格局中始终占据重要地位。无论是金融创新，还是多元化经济，荷兰都以其独特的智慧和韧性，为全球经济发展提供了宝贵的经验和启示。

这里值得一提的是打造人设、营造环境的重要性。荷兰人口少、劳动力资源相对短缺。荷兰通过将自己打造成和平团结、营商环境优越且极具包容性的形象，对外招徕人才。大批的新教徒、工人、商人、银行家、工业家等带着技术和资金来到荷兰避难定居。比如阿姆斯特丹，从1585年到1622年，其城市人口由最初的3万人激增到10.5万人。造船科技创新，作为以海上贸易作为支柱产业的国家必须发达。造船技术在当时世界一流，技术迭代快，造船速度快，几乎一天造一艘，这是那个年代的天文速度。船舶不仅满足了自身需要，还出口到欧洲各国。俄国的彼得大帝曾极为谦虚地两次亲身来到荷兰学习造船技术。技艺高超的造船业，是其崛起于海权时代的必要条件。科技创新让造船业这一实体产业蓬勃发展，让荷兰几乎成了"世界船厂"。据统计，17世纪初期，荷兰的商船总吨位占到全欧洲的4/5，早已超过英国、法国、葡萄牙和西班牙等四大强国的总和。荷兰的商船规模相当于英国的5倍、法国的7倍。

如此庞大的商船规模代表着同样庞大的商贸规模。荷兰的商贸能够成长到如此规模，得益于荷兰在技术和商业模式上的创新，为其对外竞争提供了强大的底气。荷兰的对外贸易和竞争关系遍及全世界的大多数海域，从欧洲的波罗的海、莫斯科、德意志西部和北部、土耳其、英国、法国等，到北冰洋的巴伦支海、新地岛等，再到南半球的合恩角、澳大利亚，又到非洲的好望角，直到亚洲的印度、东印度群岛、中国等地。荷兰的商人们开着大船跑遍了全球，既有对商业利益的贪婪，又有为此敢于冒险的精神，更有巧妙应对和化解风险的手段，他们甚至与以前的世仇——西班牙都建立了良好的贸易关系，由此可见荷兰商人们的斡旋能力，堪称一绝。

濒临北海的荷兰瞄准了航运业，搞航运离不开船只。17世纪，荷兰赞河两岸集中着约60家造船厂。这些造船厂普遍采用风力锯木机、动力运料器、滑车、绞轳、重型起重机等机械化装备，提高了工厂的劳动生产率，几乎一天就能生产一条船。荷兰的商船数目超过欧洲所有国家商船数目总和，被誉为"海上马车夫"。荷兰在世界各地建立殖民地和贸易据点。这段时期在荷兰被称为"黄金年代"。此时的英国，这个天然具有海权基因的国家，还只是一个欧洲二流国家，其国内的资产阶级并没有成长到像荷兰资产阶级那样强大，国内的商业制度设计也无法和荷兰相比。同样是东印度公司，当时的英属东印度公司就比荷属东印度公司的资本小很多，因为荷属东印度公司动员了全国的资本参股，其商业竞争力自然比英国公司要强很多。荷兰东印度公司采用股份制，可以动员全社会的资本来参股，而阿姆斯特丹银行又可以广泛地收集社会闲散资金，使得荷兰全国上下所有阶层的力量都被集中投入了海上贸易的商业大潮中。

在造船设计、船体部件等环节，实行标准化管理，政府在阿姆斯特丹专门成立了研发航海装备、制造航海仪器和绘制航海地图的部门。社会化的造船模式，减少了生产和使用成本。这一模式还包括三个方面：一是销售策略。造船厂既接受消费者定制，又对外销售，盘活了整个造船市场的资金。二是降低成本。17世纪中期，荷兰产的船只比英国产的船只价格便宜40%~50%。三是种类多样。运输用的"大肚船"、速度较快的"飞船"以及捕鱼用的"大帆船"等船型风靡欧洲。荷兰造的船只设计合理、船身坚固、工艺先进，而且船只操作人员要比其他国家的少20%，这对于当时仅有150万人口的荷兰来说至关重要（见图5-2）。在荷兰发展的黄金时期，全世界有2万艘船只，3/4属于荷兰，比其他国家的总和还要多。得心应手的交通工具点燃了马车夫的勃勃雄心。

尽管工农业实力不俗，荷兰仍然将外贸利益放在首位。15~17世纪，荷兰的船队规模扩大了10倍。到1670年，荷兰拥有的船只吨位是英国的3倍，数量相当于欧洲所有国家的总和。荷兰商船的航迹遍及波罗的海、美洲、非洲和亚洲等地。地处西欧的荷兰将波罗的海视为传统贸易区。每年，当地至少组织800艘船在波罗的海沿岸国家进行多边贸易。交易货品包括谷物、木材和金属等，其中谷物占用荷兰流动资金的60%，巨大的谷物吞吐量使阿姆斯特丹享有"欧洲谷仓"的称号。仅1618年，荷兰承担的谷物贸易量就高达2亿多公斤。

图 5-2　工程师仿制的东印度公司时期古船

资料来源：作者摄。

14世纪时，鲱鱼价格低廉，而渔船造价高昂。在英国，一艘70吨渔船的造价约为1000英镑，而1拉斯特（约1.8吨）鲱鱼的毛价仅为10英镑，除去人员和船只损耗，利润微薄。此外，处理鲱鱼所需的食盐价格昂贵，制作木桶的木料还需从北欧进口，对于其他国家的渔民来说，需要多年捕捞才能用鲱鱼赚出一条新渔船。然而，荷兰人采取了不同的策略。一些专职捐客将渔民与投资者甚至普通市民联系起来，大家集资购买渔船和耗材，通过捕鱼赚取分红。购买渔船不再是渔民的事，渔民逐渐从船主转变为雇员，这导致荷兰渔船数量暴增，最多时达到1500艘，比欧洲其他国家所有渔船加起来还要多。

荷兰人还发现渔船在往返路上耗费的时间是完全浪费的，运输工作完全可以由专业的运输船队完成。于是，数量庞大的"快船"应运而生。这些运输船不具备捕鱼能力，只是定期前往捕鱼区，从渔船转载装满鲱鱼的木桶，然后运回港口，渔船则可以继续在捕鱼区作业。这种方法直到今天仍被远洋捕捞业广泛采用，例如中国的远洋金枪鱼捕捞船和前来转运货物的"快船"。有的远洋捕捞船会在渔业区连续作业两三年，其间的货物运输和补给由这些"快船"完成。鲱鱼产业的蓬勃发展不仅解决了荷兰的粮食问题，还产生了大量富余，荷兰人开始将鲱鱼卖到其他国家。从15世纪末开始，荷兰商船队往返于北海与波罗的海之间，运输桶装鲱鱼。由于产量惊人，荷兰鲱鱼的市场占有率极高。据统计，1500年，但泽地区进口的鲱鱼有50%来自荷兰；到1660年，波罗的海地区进口的鲱鱼有82%来自荷兰。在南方，荷兰鲱鱼成功打进了法国和英国市场。尽管法国和英国自己也捕捞鲱鱼，但由于产量少、口味差，本国百姓更青睐荷兰鲱鱼，荷兰人因此有恃无恐地提高了价格。

荷兰人在做鲱鱼生意的过程中，还不断发现其他商机。他们注意到波罗的海地区谷物产量丰富，而南欧地区谷物短缺。于是，荷兰商船从荷兰运送鲱鱼到波罗的海，再从波罗的海运输谷物到南欧，接着从南欧运输食盐回荷兰。鲱鱼加工后，又被运到波罗的海贩卖。这样，原本简单的荷兰—波罗的海单向贸易，变成了遍布欧洲的关联贸易。波罗的海的地主通过谷物出口赚了大钱，对荷兰商船格外依赖，纷纷抢着预订商船档期，甚至后来承担了商船从波罗的海到南欧的往返运费。对于荷兰人来说，从南欧运食盐到荷兰、从荷兰运鲱鱼到波罗的海的费用得以节省，里外一算，荷兰人又赚得盆满钵满。

1600年，荷兰商人出现在日本九州，1605年，印尼安汶岛成为荷兰人第一个东方据点，此后，荷兰人陆续在巴达维亚（今印尼雅加达）、中国台湾、马六甲、锡兰等地建立据点。1622 年，荷兰人在哈得逊河口建立了纽约的前身"新阿姆斯特丹城"。17 世纪上半叶，荷兰人在非洲几内亚、圣保罗·德罗安达岛和圣多美建立了立足点。荷兰的贸易触手北上延伸至莫斯科，南下涉及地中海，将整个欧洲贸易纳入自己的商业版图。

荷兰商业上的巨大影响力很快转化为实际的霸权争夺。在 17 世纪的全球商业和军事扩张中，荷兰展现了强大的实力，这一时期被称为荷兰的"黄金时代"。荷兰的成功得益于其强大的海上力量、先进的商业网络以及高效的金融体系。以下是荷兰在商业和军事霸权争夺中的几个关键方面。

荷兰与葡萄牙的对抗是这一时期的重要标志。葡萄牙在 16 世纪主导了亚洲贸易，控制了印度洋和东南亚的许多重要据点。然而，到了 16 世纪末，葡萄牙国内政治和经济状况恶化，荷兰趁机介入。从 1603 年开始，荷兰东印度公司开始进攻葡萄牙在亚洲的据点，先后攻占了安汶岛、帝利岛、班达岛和雅加达等地，逐步削弱了葡萄牙在印度洋和东南亚的势力。到 17 世纪上半叶，荷兰几乎完全取代了葡萄牙在亚洲的贸易地位。

荷兰与英国的竞争同样激烈。英国在 17 世纪初期也开始积极扩张其海外贸易和殖民地，与荷兰形成了直接竞争。荷兰利用其庞大的商船队和海军力量，在波罗的海、北海和英吉利海峡等地对英国进行封锁，限制了英国的贸易活动。特别是在英国资产阶级革命期间（1642~1651 年），荷兰趁机夺取了北海和英吉利海峡的制海权。此外，荷兰在地中海、西非沿岸和印度尼西亚等地也对英国进行了压制，最终将英国在印度尼西亚的最后一个据点——万丹——彻底清除。

荷兰与西班牙的对抗也是其霸权争夺的重要部分。西班牙曾是 16 世纪的海上霸主，拥有庞大的殖民帝国和强大的海军力量。然而，17 世纪，西班牙国力逐渐衰落，荷兰趁机挑战其霸权。荷兰不仅在亚洲和非洲与西班牙争夺殖民地，还直接进攻西班牙的殖民地菲律宾，并在南美与小安地列斯群岛展开争夺。荷兰海军在多次海战中击败西班牙舰队，特别是在古巴马坦萨斯港、斯拉克、敦刻尔克港和英格兰当斯港等地的胜利，彻底动摇了西班牙的海上霸权。

荷兰的成功离不开其强大的商船队和海军，能够迅速调动资源并在全球范围内进行军事行动。荷兰在金融领域的创新，如股票交易所和现代银行体系，为其海外扩张提供了充足的资金支持。荷兰东印度公司和西印度公司在全球建立了广泛的贸易网络，控制了香料、糖、奴隶等的贸易。

最终，荷兰通过控制全球贸易路线和关键商品，积累了巨大的财富，成为 17 世纪最富有的国家之一。荷兰的崛起挑战了传统的欧洲霸权国家（如西班牙和葡萄牙），并推动了新的国际秩序的形成。荷兰在 17 世纪的商业和军事扩张中展现了强大的实力和战略眼光，成功地在全球范围内建立了自己的霸权地位。然而，随着英国和法国等国的崛起，荷兰的霸权地位在 18 世纪逐渐衰落。

世界第一家跨国公司：荷兰东印度公司

阿斯麦（ASML）虽然在全球半导体行业中占据重要地位，为全球芯片制造商提供关键设备，但是其历史地位和全球影响力远远难以企及另外一家公司——荷兰东印度公司（Vereenigde Oostindische Compagnie，简称 VOC）。

VOC 是世界上第一家跨国公司，也是历史上最强大的商业实体之一。它不仅改变了全球贸易格局，还深刻影响了世界历史进程。成立初期它主要从事亚洲的贸易活动尤其是香料贸易，后期却不仅拥有庞大的船队，还在亚洲建立了多个贸易站和殖民地，包括印度尼西亚、斯里兰卡和南非等地。

它是第一家发行股票的公司，还拥有自己的军队和行政机构，甚至有权与其他国家签订条约。这种规模和影响力在当时是前所未有的。

荷兰东印度公司的历史地位不仅体现在其商业成就上，还体现在其对全球贸易和殖民历史的影响上。它的成功为荷兰带来了巨大的财富，但也伴随着殖民剥削和暴力。这段历史至今仍然是研究全球化和资本主义起源的重要案例。

荷兰东印度公司崛起的背景，是在 15 世纪末，葡萄牙人主导了香料贸易，但随着需求的增加，葡萄牙无法满足市场需求，导致香料价格上涨。1580 年，葡萄牙与西班牙合并，而荷兰共和国当时正与西班牙交战，这促使荷兰人寻求独立的香料贸易路线。

1602 年，荷兰政府为稳定香料贸易的利润，成立了联合东印度公司，并赋予其 21 年的垄断权。公司被授予了广泛的权力，包括建造堡垒、维持军队、签订条约、发动战争、起诉罪犯等，几乎相当于半个政府机构。

荷兰东印度公司迅速扩张，1603 年在印度尼西亚的万丹建立了第一个永久贸易站。随后，公司在亚洲各地建立了贸易站和殖民地，包括印度尼西亚的香料群岛、锡兰（今斯里兰卡）、印度、马六甲、暹罗（今泰国）等地。1652 年，公司在非洲南部的好望角建立了一个前哨站，后来发展成为开普省殖民地。

17 世纪中叶，荷兰东印度公司已经成为全球商业霸权，拥有 15000个分支机构，贸易额占全世界总贸易额的一半。公司拥有庞大的船队，商船数量超过 10000 艘，远超其他欧洲国家。

1621 年，荷兰西印度公司（West-Indische Compagnie，简称 WIC）成立，主要负责非洲西海岸至美洲东海岸的贸易。公司在美洲建立了新阿姆斯特丹（今纽约），并在加勒比地区从事奴隶贸易和殖民活动。然而，由于利益纷争和经营不善，荷兰西印度公司于 1790 年破产。

尽管荷兰东印度公司在 17 世纪达到了巅峰，但随着时间的推移，公司面临着越来越多的挑战：英国、法国等欧洲国家逐渐崛起，与荷兰争夺殖民地和贸易市场。公司的庞大规模和复杂的运营导致了腐败和效率低下。荷兰卷入了多次战争，尤其是与英国的冲突，导致财政压力巨大。随着殖民地的反抗和独立运动的兴起，荷兰东印度公司的控制力逐渐减弱。最终，荷兰东印度公司在 18 世纪末陷入困境，并于 1800 年正式解散，其殖民地和资产被荷兰政府接管。

荷兰东印度公司拥有先进且复杂的管理模式和组织结构，这种结构不仅在当时具有创新性，而且对现代企业的管理和架构产生了深远影响。公司由两类股东组成，分别是参与者和受托人。参与者是非管理合伙人，通常是富有的商人或投资者，他们为公司提供资金，但不直接参与日常管理。受托人则是管理合伙人，负责公司的日常运营和决策，通常来自荷兰的主要商业城市，并且在公司中拥有较大的权力。这种股东结构使得荷兰东印度公司能够有效地筹集资金，同时确保管理层的专业性和决策效率。这种分离所有权和管理权的模式，是现代公司治理结构的雏形。

公司由六个城市的商会组成，每个商会都有自己的代表和管理机构。这些商会分别是阿姆斯特丹、代尔夫特、鹿特丹、恩克赫伊森、米德尔堡和霍恩。每个商会都负责为公司筹集资金，并且根据其出资比例在公司事务中拥有相应的投票权。这种分权结构使得公司能够在荷兰各地获得广泛的支持，同时也确保了各地区利益的平衡。

因此，荷兰东印度公司被认为是现代有限责任公司的先驱之一。股东的责任仅限于其投资金额，这意味着他们不会因为公司的债务或损失而承担个人财产的风险。这种有限责任的概念在当时是非常先进的，并且为后来的公司制度奠定了基础。荷兰东印度公司是世界上第一家真正意义上的跨国公司，其业务遍及亚洲、非洲和欧洲。公司不仅从事贸易，还拥有军事力量，能够进行殖民地的管理和防御。VOC 通过其强大的舰队和贸易网络，垄断了香料贸易，特别是胡椒、丁香和肉豆蔻等珍贵香料的贸易。

荷兰东印度公司在其鼎盛时期是全球最富有的公司之一，掌控着全球一半的贸易，拥有庞大的船队和殖民地，在全球贸易和殖民历史上的影响深远。公司在亚洲的扩张不仅仅是经济上的，它还带来了欧洲的思想、技术和文化。公司在亚洲建立了许多贸易站和殖民地，如巴达维亚（今雅加达）和锡兰（今斯里兰卡），这些地方成为欧洲与亚洲文化交流的重要节点。荷兰东印度公司的成功不仅在于其商业模式的创新，还在于其开拓了新的贸易路线和殖民地。公司通过探索和征服新的领土，扩大了欧洲的全球影响力，并为后来的殖民帝国奠定了基础。

尽管荷兰东印度公司在 17 世纪和 18 世纪初取得了巨大的成功，但由于管理不善、腐败、战争和竞争加剧，公司在 18 世纪末逐渐衰落，最终在 1799 年破产。然而，其组织结构和商业模式对现代企业的影响是深远的，特别是在公司治理、跨国经营和有限责任方面。总的来说，荷兰东印度公司不仅是一个商业实体，更是一个历史现象，它的成功和失败都为后来的全球贸易和公司制度提供了宝贵的经验和教训。

全球贸易投资枢纽：做好加法减法

荷兰作为全球贸易和投资的重要枢纽，凭借开放、包容和友好的政策，吸引了大量国际企业和投资者。尽管荷兰没有设立专门的自贸区，但其自由贸易政策和便利化措施使其成为欧洲乃至全球最具竞争力的经济体之一。荷兰通过一系列贸易便利化措施，为企业提供了高效、灵活的通关和税务环境，极大地降低了贸易成本。例如，荷兰设立了大量的保税仓库，进口商品在保税仓库内暂存期间可以免缴关税、增值税和消费税，这一政策为进口商节省了现金流，特别适合需要长期存储或分批销售的商品。此外，进口商品在荷兰海关监管下运输时，在到达最终消费地前可以不缴纳关税和增值税，这为进口商提供了更大的资金灵活性。荷兰海关还对进出口货物的加工提供了优惠政策，原料或半成品进入欧盟境内加工后再出口，可以免缴进口关税、增值税或享受退税。商品在欧盟外加工或修理后再次进入欧盟，也可以申请关税减免或零关税。这些政策对制药、医疗和信息通信等高技术行业尤为有利，因为这些行业的原材料关税通常较高，而成品关税较低或免税。

荷兰通过"减法"和"加法"相结合的方式，为企业投资提供了优越的环境。在"减法"方面，荷兰对外资几乎没有任何行业或审批限制，外资企业享受国民待遇，可以平等参与政府采购、公共招标和创业创新扶持项目。在荷兰，注册企业门槛低、程序简便，通常只需数天即可完成。在"加法"方面，荷兰税务部门允许企业通过预先谈判确定未来的缴税金额和方式，减少了企业经营成本的不确定性。荷兰海关为通关企业指定"客户经理"，提供上门咨询和合理化建议，甚至与业务量较大的客户合作优化报关流程。荷兰外商投资局为外国投资者提供法律、税收等公共信息服务，以及企业选址、物流方案等个性化咨询服务，并组织实地考察和对接活动。

荷兰的金融开放政策为外资企业提供了极大的便利。在外汇管理方面，外资企业的利润、资本、贷款利息和其他合法收入可以自由汇出，不受任何限制。外国投资者可以选择任何一种货币作为支付币种，并可以在荷兰开设外汇账户，不受外汇管理限制。与进出口业务相关的外汇交易无需特别许可证。在融资条件方面，外资企业在荷兰融资享受国民待遇，可以通过阿姆斯特丹纽约泛欧交易所的主板市场、创业板、快速通道和替代投资工具上市融资。外资企业还可以通过银行抵押贷款、引进投资基金等非公开渠道进行融资。

荷兰以其高度开放的贸易和投资政策，成为全球企业进入欧洲市场的重要门户。其贸易便利化措施、引资优惠政策和金融开放政策，不仅降低了企业的运营成本，还为其提供了高效、灵活的商业环境。这些政策使荷兰在全球经济中保持了强大的竞争力，吸引了大量跨国企业和投资者。荷兰的成功经验表明，开放、包容和友好的政策是推动经济增长和国际合作的关键因素。

荷兰以开放的投资环境和便利的贸易政策闻名，其保税仓制度和税务缓缴政策为进口商和投资者提供了极大的灵活性。例如，荷兰的保税仓制度允许进口商品在保税仓内暂存期间免缴关税、增值税和消费税。

荷兰的成功经验表明，开放、包容和友好的政策是推动经济增长和国际合作的关键因素。

现代新型科技企业：21世纪的生物医药

除了显微镜，心电图、人工肾脏、人工心肺机、人工心脏以及微生物学上的突破性进展都在荷兰发生。数个世纪以来的科学创新、发明和发现为全球的健康和福祉做出了重要贡献。荷兰作为世界上生命科学和健康活动最集中的地区之一，展现了其在生物医药领域的强大实力和独特优势。

以荷兰的阿克苏诺贝尔公司（Akzo Nobel N.V.）为例，这一跨国医药和化工集团，1994年由荷兰阿克苏公司和瑞典诺贝尔公司合并而成。公司主要有药品、涂料和化学3个部门，共有员工约3.3万人，分布在全球

150 多个国家和地区，主营盐、碱、塑料、添加剂、工业及纺织用纤维、各种薄膜、医疗设备、药品及药品生产用原料等。根据荷兰经济事务与气候政策部的《荷兰卫生》报告，荷兰是 420 家生物制药公司和 2900 家创新生命科学企业的所在地，这些企业得到了 12 所从事生物医学研究的大学和 8 所大学医疗中心的支持，形成了一个密集的创新网络。这种规模与英国剑桥地区的生命科学园区相当，进一步凸显了荷兰在全球生物医药领域的重要地位。

2019 年，随着英国脱欧，欧洲药品管理局（European Medicines Agency，简称 EMA）从伦敦迁至阿姆斯特丹，这一事件进一步巩固了荷兰在生物医药领域的国际地位，并为生物制药企业和服务提供商带来了巨大的机遇。荷兰的生命科学产业展现出其在本土和国际专业知识方面的显著优势。

荷兰在构建国际合作关系和提供优越的商业环境方面也表现出色。大约 70% 的荷兰生命科学公司与外国公司合作，这种开放的合作模式为行业带来了更多的创新机会和资源。此外，荷兰的多语言环境和高水平的英语普及率使其成为国际企业的理想选择。大多数荷兰国民都能流利地使用英语，且荷兰大学的科学和技术课程大多以英语授课，这为来自世界各地的生命科学和生物制药公司提供了便利。例如，丹麦生物技术公司 Genmab 在乌得勒支设立了研发基地，专注于开发用于肿瘤适应症的单克隆抗体。强生旗下的杨森制药，以及凯特药业等国际巨头也在荷兰进行了大规模投资，进一步推动了荷兰生命科学产业的发展。

荷兰人建立了良好的设施和公司，能够有效应对行业中的潜在风险。例如，2010 年默克公司关闭了位于阿姆斯特丹以南 70 英里的 Oss 市的欧加农研发设施，但这一事件催生了一个基于公共和私人合作伙伴关系的新生命科学园区——Pivot Park 创新园区。该园区配备了先进的筛查设施，包括机器人药物筛选和生物分析系统，及包含 30 万种药物化合物库的资源。这些设施对资金紧张的初创企业和不断壮大的生物制药公司极具吸引力，因为它们可以以开放获取的方式进行研究，降低了进入门槛。

莱顿生物科学园是荷兰最大的生命科学和健康园区之一，也是欧洲五大生命科学园区之一。荷兰在生命科学领域的投资环境极具吸引力，其背靠 5 亿消费群体，拥有优越的物流基础设施和交通网络，以及高质量的教育体系和科研水平。荷兰在癌症研究、心血管疾病、预防性保健、医学成像和保健系统等领域具备高水平的研发产出和专长，形成了一个富有吸引力的生物制药生态系统。2018 年 10 月，杨森疫苗与预防在莱顿开设了新的一次性疫苗生产设施，用于生产晚期候选疫苗的临床试验用品，包括 HIV 预防性疫苗。这一设施利用了杨森基于人胚胎视网膜细胞的 PER.C6 细胞系等先进技术，展现了荷兰在疫苗研发和生产领域的领先地位。凯特药业也在荷兰设立了新的生产设施，专注于癌症细胞疗法的生产，进一步巩固了荷兰在细胞治疗领域的影响力。

在细胞治疗领域，荷兰的生物技术公司 Gadeta 和 AIMM Therapeutics 正在积极推进创新技术。Gadeta 公司位于乌得勒支，开发了一种技术，通过设计 αβT 细胞来表现 γδT 细胞受体，创造出称为 TEG 的超动力 T 细胞。这些 TEG 细胞结合了 αβT 细胞的高度细胞毒性和丰富性，以及 γδT 细胞无需主要组织相容性复合物（MHC）蛋白质即可识别靶点的优势，能够靶向固体肿瘤。Gadeta 已经开发出两种 T 细胞产品：TEG001，目前处于治疗急性髓性白血病和多发性骨髓瘤的第一阶段剂量递增安全性试验；以及 TEG002，处于临床前开发阶段。这两种产品都可靶向改变构象的 CD277，使其能够识别并消灭承压的肿瘤细胞。Gadeta 的技术引起了美国细胞治疗公司凯特药业的兴趣，并于 2018 年 7 月与其建立了战略合作伙伴关系。

AIMM Therapeutics 则是一家位于阿姆斯特丹的生物技术公司，专注于开发基于抗体的疗法。该公司采用了一种与传统方法不同的"逆向方法"，通过挖掘治愈的癌症患者的 B 细胞库，筛选出功能性抗体，并确定这些抗体所针对的肿瘤靶点。这种方法使得 AIMM 能够发现新的肿瘤特异性靶点，并开发出针对这些靶点的抗体。AIMM 已经在传染病领域取得了显著进展，开发了针对巨细胞病毒、呼吸道合胞病毒、流感病毒和耐甲氧西林金黄葡萄球菌的抗体，其中呼吸道合胞病毒抗体 MEDI8897 的效力是市场上任何一款产品的 100 倍，目前正在进行第二 / 第三阶段的关键试验。此外，AIMM 还在开发用于肿瘤治疗的抗体，如 AT1412，这是一种从成功接受 T 细胞免疫治疗的黑色素瘤患者中筛选出的抗体，能够识别改性 CD9 抗原表位，在消灭多种肿瘤细胞中显示出潜力。

荷兰的生命科学产业不仅限于人类健康领域，还涵盖了兽用疫苗等农业生物技术领域。例如，兽用疫苗公司 Vaxxinova 将其国际总部从德国迁至荷兰奈梅亨，这一决策部分得益于荷兰的开放性和多边合作环境。奈梅亨位于德国与荷兰交界处，人员可以自由流动，这使得 Vaxxinova 能够充分利用两国的基础设施和资源，推动其在农业生物技术领域的发展。开放的合作模式、优越的商业环境以及政府的政策支持，使得荷兰不仅在欧洲范围内占据了重要地位，还在全球生物医药领域展现了强大的竞争力。

第六章

阿斯麦所在地：小村的烦恼

阿斯麦公司的全球总部位于荷兰的费尔德霍芬（Veldhoven），这是一个与埃因霍温市相邻的小村子。尽管费尔德霍芬规模不大，但如今它因阿斯麦的存在而成为全球半导体产业的重要中心之一。

阿斯麦（ASML）的创业历程始于 1984 年，当时它是由科技巨头——飞利浦公司和先进半导体材料国际公司共同成立的合资企业。公司最初在埃因霍温的飞利浦办公室旁的一个简陋棚子里起步，条件非常艰苦，甚至棚子还会漏雨。然而，正是在这样的环境中，ASML 开始了其在光刻技术领域的探索。

1985 年，随着公司业务的扩展，阿斯麦搬到了费尔德霍芬的新建办公室和工厂。这里距离飞利浦研究实验室仅几公里，为阿斯麦提供了良好的技术支持和合作机会。尽管费尔德霍芬与埃因霍温相邻，许多人误以为阿斯麦的总部位于埃因霍温，但实际上，费尔德霍芬才是阿斯麦全球总部所在地。

随着时间的推移，阿斯麦在费尔德霍芬的规模不断扩大，建筑和附属机构几乎遍布了整个村子。阿斯麦的持续扩展不仅推动了公司在光刻技术领域的领先地位，也带动了费尔德霍芬这个小村子的发展。如今，阿斯麦已经成为费尔德霍芬经济和社会发展的核心驱动力，为当地创造了大量就业机会，并吸引了全球顶尖的技术人才。

阿斯麦的技术创新，对费尔德霍芬乃至整个荷兰经济和社会产生深远影响。如今，阿斯麦成了芯片行业巨头，早已超越飞利浦。作为全球半导体产业链中的关键企业，阿斯麦的存在使得费尔德霍芬这个小村子成为全球科技版图上的一个重要节点。

虽然阿斯麦的飞速发展为费尔德霍芬带来了巨大的经济收益和就业机会，但同时也引发了一些社会问题，导致部分市民对现状感到不满。这种矛盾在许多快速发展的科技中心都很常见，尤其是在一个小村庄突然转变为全球科技枢纽的情况下。

公司的扩张吸引了大量员工和外来人口，导致费尔德霍芬的交通压力急剧增加。原本宁静的小村子现在面临着严重的交通拥堵问题，尤其是在上下班高峰期。这对于习惯了宁静生活的本地居民来说，无疑是一种巨大的生活干扰。此外，阿斯麦的高薪岗位吸引了大量外来人才，导致当地的住房需求激增，房价和租金也随之大幅上涨。这使得许多本地居民难以承受，甚至被迫搬离他们世代居住的地方。

随着阿斯麦的扩张，费尔德霍芬的基础设施和自然环境也承受了更大的压力。建筑工地的噪声、空气污染以及绿地的减少，都让市民感到生活质量下降。原本宁静的乡村环境逐渐被现代化的工业园区取代，这让许多市民感到失落。阿斯麦的国际化发展还带来了大量外来人口，这使得费尔德霍芬的社会结构发生了显著变化。本地居民可能会感到他们的社区文化和生活方式正在被稀释，甚至被取代。这种文化冲击也让部分市民感到不适。

尽管公司为当地创造了大量就业机会和经济收益，但并非所有市民都直接受益。对于那些不从事科技行业或相关服务业的普通市民来说，公司的发展可能更多地意味着住房等生活成本的增加和生活质量的下降。他们可能更怀念之前那种宁静惬意的生活。

阿斯麦的发展为其所在地费尔德霍芬带来了巨大的变化，同时也引发了一系列冲突与问题：如何控制房价？如何通过政策手段限制房价过快上涨？如何保障本地居民的住房需求？如何保护环境？如何让市民更多地参与到城市规划和发展决策中，确保他们的声音被听到？如何在发展的同时保留更多的绿地和公共空间？这些都是亟待解决的问题。

"绿心"战略：新型城镇化发展

深入探讨如何解决阿斯麦的发展给当地带来的诸多问题，离不开空间规划这一领域的知识。实际上，荷兰作为世界上人口密度最高的国家之一，却能够通过科学的空间规划实现高效的土地利用、宜居的城市环境和可持续的发展模式。

荷兰是目前欧洲社会住房比重和社会住房千人拥有量最高的国家，虽然人口密度高，但是当你身在其中却丝毫感觉不到拥挤嘈杂。这些离不开荷兰的空间发展规划，荷兰堪称"规划出来的国家"。荷兰的空间规划体制使其成为科学安排空间布局的典范，也是社会和环境协同发展的先进代表。

荷兰的规划经验对于解决阿斯麦在费尔德霍芬发展带来的问题具有重要的借鉴意义。环境压力是快速发展的城市普遍面临的问题。荷兰的空间规划注重绿色空间的保留和建设，费尔德霍芬可以在 ASML 园区和住宅区之间规划更多的绿地、公园和生态走廊，既改善环境质量，又为市民提供休闲空间，例如，借鉴荷兰的"绿色心脏"理念，将城市发展与自然保护相结合。此外，可持续建筑也是一种重要的解决方案，可鼓励ASML和其他企业在新建建筑中采用绿色建筑标准，例如使用可再生能源、节能材料和雨水回收系统，减少对环境的负面影响。

房价上涨是费尔德霍芬面临的另一个挑战。荷兰的社会住房政策提供了有益的参考，其社会住房比例高达30%。费尔德霍芬可以借鉴这一模式，由政府或非营利机构主导建设更多社会住房，确保中低收入群体能够负担得起住房。同时，可以通过政策限制房价过快上涨，例如对房产投机行为征税。此外，混合社区建设也是一种有效的策略。在规划新住宅区时，采用混合收入社区模式，将社会住房、市场租赁房和商品房混合建设，避免形成贫富分化的社区。这不仅能缓解住房压力，还能促进社会融合。

社会结构变化是费尔德霍芬需要应对的另一个问题。荷兰的空间规划强调公众参与，费尔德霍芬可以建立社区参与平台，让市民在规划和发展决策中拥有更多话语权。例如，定期举办市民会议或在线调查，了解居民对ASML发展的看法和建议。同时，文化保护与融合也是不可忽视的。在快速发展的同时，注重保护费尔德霍芬的本地文化和历史遗产。可以通过建设文化中心、举办本地文化活动等方式，增强市民的归属感。同时，促进外来人口与本地居民的交流，例如组织跨文化活动和社区志愿服务。

荷兰以其高效的公共交通、自行车道和步行网络闻名，这种多模式交通系统值得费尔德霍芬借鉴。通过优先发展公共交通（如轻轨、公交专用道）并完善自行车道和步行网络，可以减少对私家车的依赖，缓解交通拥堵问题。ASML可以与政府合作，为员工提供公共交通补贴或共享出行服务，进一步减轻交通压力。此外，紧凑型城市设计也是一种有效的解决方案。通过高密度、混合用途的开发模式，将居住、工作、商业和休闲功能集中在同一区域，可以减少通勤需求。例如，在 ASML 园区附近规划住宅区和商业设施，让员工能够就近生活和工作。

长期规划是确保可持续发展的关键。费尔德霍芬可以与埃因霍温及其他周边城市协同规划，形成区域发展网络。例如，通过区域交通规划、产业分工和资源共享，减轻单一城市的压力。此外，将 ASML 的发展纳入荷兰整体的可持续发展框架中，例如减少碳排放、保护自然资源和促进社会公平。荷兰的"三角洲计划"和"环境愿景 2040"等国家级规划可以为费尔德霍芬提供指导。

对于费尔德霍芬来说，ASML 的发展既是挑战，也是机遇。通过借鉴荷兰的规划模式，结合本地实际情况，费尔德霍芬可以在保持经济发展的同时，创造一个宜居、可持续和包容的社区环境。

回顾历史，从西班牙获得独立后，荷兰一路狂飙迅速发展成为世界贸易强国。其运输业极为发达，渔业和纺织业也位居欧洲领先地位。商业的繁荣推动了城市化进程，300 多个城市如雨后春笋般建立起来，荷兰省的城市化率超过 50%，成为欧洲城市密度最高的地区，也因此获得了"城市国家"的称号。19 世纪下半叶，工业化和城市化促使荷兰人口从农村涌向城市，为工业发展提供了大量廉价劳动力，但也导致了城市住房的严重短缺。19 世纪末，霍乱、肺炎等传染病的暴发引起了荷兰政府对工人和低收入人群居住条件的关注，开始对社会住房建设进行干预，着手构建统一的住房保障体系。

荷兰的居住形式以联排别墅为主，这种建筑形式不仅高效利用了土地资源，还为居民提供了舒适的生活环境。联排别墅通常为 2~3 层楼，附带后花园，既满足了家庭生活的私密性需求，又保留了与自然的联系。这种居住模式与荷兰的空间规划理念密切相关，体现了城乡平衡发展的核心思想。

西部兰德斯塔德（Randstad）集合城市区以其独特的"绿心"战略在全球范围内享有盛誉。"城市绿心"这一概念特指在城市中心区域打造的具有显著生态效益和绿化规模的综合性绿地系统。它不仅是城市中的"绿色心脏"，还为城市居民提供了重要的生态服务、休闲空间和景观价值[①]。

兰德斯塔德这一"绿心"区域由阿姆斯特丹、鹿特丹、海牙和乌特勒支四大核心城市及周边众多小城市组成，形成了一个多中心的城市群。兰德斯塔德"绿心"面积约400平方公里，是横跨四个省的农业地带。这一战略的核心在于保持"绿心"的开放性，集约化使用城市土地，营造紧凑的城市空间，从而确保该地区的生活空间及生活质量，在城市可持续发展中发挥关键作用。

兰德斯塔德的"绿心"战略不仅是对城市扩张的有效控制，更是对可持续发展理念的深刻实践。通过保护农业用地和自然景观，该地区在城市化进程中保持了生态平衡，避免了城市无序蔓延带来的环境问题。这种发展模式与全球范围内日益重视的可持续发展观不谋而合，强调从追求发展速度向追求精明增长理念的转变，倡导人类与自然和谐共处。

这种发展理念与中国的"天人合一"哲学思想有着异曲同工之妙。"天人合一"强调人与自然的和谐统一，主张人类活动应顺应自然规律，追求人与自然的平衡。在当今生态文明建设的背景下，这一思想成为指导城市建设和生产活动的重要哲学基础。兰德斯塔德的"绿心"战略为我们

---

① 谢盈盈：《荷兰兰斯塔德"绿心"——巨型公共绿地空间案例经验》，《北京规划建设》2010年第3期。瑞克·德·菲索：《荷兰"绿心"——国家景观中基于适应气候变化的景观设计》，《风景园林》2019年第12期。

提供了一个成功的范例，展示了如何在城市化进程中实现生态保护与经济发展的双赢。通过对兰德斯塔德战略规划和建设管理的深入分析，我们可以汲取宝贵的经验，更好地推进中国的生态文明建设和新型城镇化发展。首先，集约化使用土地和紧凑型城市空间的营造可以有效减少城市扩张对自然环境的破坏，提升城市的生活质量。其次，保护农业用地和自然景观不仅有助于维持生态平衡，还能为城市居民提供休闲和娱乐空间，增强城市的宜居性。最后，多中心城市群的发展模式可以缓解单一中心城市的人口压力，促进区域经济的均衡发展。

城市"绿心"置于城镇的中心，是具有一定绿量与显著生态效果的综合性城市绿地。一方面"绿心"作为城市中的森林，既可以调节城市中心地区的小气候，消除中心地区的热岛效应，又可降低城市噪声，净化城市空气与水环境，维护生态安全格局，使城市的生态环境得到优化；另一方面"绿心"被赋予的多样化功能可以满足人们的休闲娱乐需求，可为大家提供一处茶余饭后的好去处，促进城市社会、经济与文化发展，为城市发展带来前进的动力，是生态效益、经济效益以及文化效益的多重结合。宏观意义上的城市"绿心"可以是城市与区域层面的生态型绿地，微观层面可以是位于城市中心区的市级综合公园。城市"绿心"概念的提出代表着城市公园从单纯强调场地空间塑造到强调以生态理念造园的转变，城市绿地从重视园艺美学到综合性多元化发展的转变，从单一的公园概念到城市功能系统思维的转变。

自20世纪50年代以来，荷兰政府为保持绿心的开放性和提升兰斯塔德地区的空间质量，对绿心地区进行了多次国家空间规划。1956年，"绿心"概念首次被明确提出，并在荷兰的区域规划中得以体现。随后，1958年制定了兰斯塔德发展计划（Randstad Development Plan），进一步推动了绿心理念的落实。1960年，荷兰在编制的实体规划中明确提出了绿心保护战略和实施策略，严格限制城镇化的肆意发展与蔓延。然而，1960 年至 1970 年间，由于战后经济快速发展，绿心内的发展诉求强烈，绿心保护面临严峻挑战。

1966 年，荷兰第二次制定实体规划，延续了对绿心地区的保护战略，试图通过政策手段控制城市化对绿心的侵蚀。1972 年至 1988 年，荷兰再次编制实体规划，继续强调绿心保护战略，并在绿心地区内划定了许多具有生态价值的区域，旨在引导绿心的适度开发建设。这一阶段，荷兰采用了区划政策管理城市增长，强调发展"紧凑城市"，以减少对绿心的侵占。然而，在此期间，农业地区的保护失控，绿心内的人口和建设用地增长较快，绿心保护的压力进一步加大。

1990 年，荷兰政府明确划定了绿心的边界，规定边界范围内 70% 为农业用地，15% 为自然地带，15% 为其他用地。这一举措旨在通过明确的边界管理，进一步强化绿心保护。然而，1990 年以后，绿心战略的实施面临越来越多的质疑，尤其是绿心地区内各城市对限制政策的抵触情绪日益强烈。为应对这一挑战，1995 年，荷兰规划部组织开展了绿心发展与保护讨论会，会议提案获得了极高的市民认同。自此，绿心战略性管理的导向开始发生转变，重点聚焦于三个方面。

首先，限制政策仍然延续，但不再像过去那样整体严控。荷兰政府继续限制无序的工业和住房发展，防止城镇化对绿心的侵蚀，但政策执行更加灵活。其次，激励政策被引入，鼓励绿心功能向更加绿色的方向发展。例如，提供更多的游憩和自然空间，提升农业质量，强化水管理及小尺度的休闲活动，改善乡村居住环境等。最后，景观提升成为绿心保护的重要方向。荷兰政府划定了国家地景区，强调任何开发建设活动，包括基础设施建设，都应充分考虑对地景的保护。例如，通过高成本建设铁路隧道来降低铁路廊道建设对周边景观环境的不利影响，从而全面提升绿心的景观价值。

  总体而言，荷兰绿心战略的演变反映了政府在城市化与生态保护之间的平衡努力。从早期的严格限制到后期的激励与景观提升，荷兰通过不断调整政策，试图在保护绿心的同时满足城市发展的需求。这一经验为其他国家和地区的可持续发展提供了重要借鉴，尤其是在推进生态文明建设和新型城镇化进程中，如何实现人与自然的和谐共处，荷兰的绿心战略无疑具有重要的参考价值①。

管理模式制度：冲突与变迁

  兰斯塔德绿心的整个规划建设管理过程并非一帆风顺，而是充满了冲突与变迁，它跨越多个行政区界，面临诸多挑战，在"发展"与"保护"两派势力之间的激烈交锋中不断推进。综观其管理制度的变迁，可以看到其经历了从管理委员会到协调管理平台，再到独立管理区的逐步演进。最终，独立管理区的模式被实践证明是相对成功的绿心地区管理模式。

  兰斯塔德绿心规划自提出以来，虽然为荷兰人展现了一幅人居环境的新图景，但其发展模式和作用长期饱受质疑。支持派认为，绿心是兰斯塔德地区闻名于世的核心特征，也是区域可持续发展的基础。他们强调，绿心不仅是该地区的生态屏障，更是其独特城市结构的象征。兰斯塔德的多中心城市群布局由核心城市环绕绿心而形成，在全球范围内被视为城市规划的典范。支持者认为，只有继续推进绿心战略，才能保持这一独特的

---

  ① 邓慧燮：《荷兰兰斯塔德"绿心"城市开放空间研究》，东南大学硕士学位论文，2019 年。

空间结构，避免城市无序扩张带来的生态破坏和社会问题。他们认为在一个人口不断增长、城镇化快速发展的地区，如果没有强有力的绿心控制模式，土地市场将主导空间组织，农业与自然地带将迅速被城市建设用地吞噬。绿心被视为应对自由土地市场和城市无序蔓延的解药，通过限制城市扩张、保护农业用地和自然景观，绿心战略为城市发展设定了明确的边界。支持者主张，绿心不仅有助于维持生态平衡，还能为城市居民提供宝贵的休闲空间，提升生活质量。此外，支持派认为，绿心战略是区域可持续发展的重要保障。通过集约化使用城市土地和营造紧凑的城市空间，绿心战略能够有效减少资源消耗和环境污染，促进低碳发展。同时，绿心的保护也为农业和自然生态提供了发展空间，有助于维持生物多样性和生态系统的稳定性。

然而，反对派认为绿心战略提高了区域发展成本。保护绿心抑制了内部工业和住房发展，阻碍了经济与交通联系，增加了交通成本。同时，大面积保护农业用地减少了土地供应，推高了住房成本，导致住房短缺。批评者认为，绿心战略违背了经济规律，人为提高了发展成本。其次，反对派指出农业地区保护失控。绿心居民在享受生态效益的同时，追求现代生活，而外部房地产和工业发展不断侵蚀农业用地。城镇化不可逆，发展与保护的冲突加剧，批评者认为绿心战略过于理想化，甚至是一种空想。绿心的限制发展模式被认为有悖于荷兰地方自治传统。中央政府通过规划控制绿心内地方行政单元的发展，损害了地方自治，导致国家与地方的矛盾不断。此外，反对派批评绿心景观质量低下，缺乏统一特征。绿心内自然区域和游憩地仅占 3.8%，远低于城市环的 16%，且保护价值有限。批评者认为，保留如此大面积的绿心既不现实，也无必要。

随着时间的推移，1965 年空间规划法案的弊端逐渐显现。荷兰政府严格限制在"绿色心脏"区域建造楼宇，但规划仅标注了大致轮廓，具体限制由各省设置。各省需在地区性规划中明确新房屋的数量和选址，规划细化到城镇和乡村。这一体制逐渐暴露出问题，对各行业的干扰引发了对老法案的厌烦情绪，影响了未来空间规划工作。2002年，基于老法案的国家规划报告首次被国会驳回。新城镇建设和周边城市扩张逐渐侵蚀"绿色心脏"，绿心内的小城镇和村落也开始无视法案，扩大地盘。开放空间人口密度上升至每平方公里450人，成为争议焦点。

兰斯塔德绿心的空间规划所体现的思想精髓对其他国家不同层面的区域规划有着重要的借鉴意义。兰斯塔德绿心的管理模式变迁反映了在发展与保护之间的复杂博弈。独立管理区的模式虽然在一定程度上取得了成功，但其推行过程中面临的挑战和争议也揭示了绿心战略的局限性。荷兰的经验为我们提供了宝贵的启示，即在推进生态文明建设和新型城镇化进程中，如何在保护生态环境的同时满足发展需求，仍是一个需要深入思考和探索的问题。

中国近年来在绿心规划与保护方面取得了显著进展，强调休憩、开敞空间及生态功能，并借鉴国际经验推动城市群和单个城市的绿心建设[①]。例如，2008年提出的长株潭城市群生态绿心，已成为世界最大的城市群绿心；北京城市副中心绿心、武汉东湖绿心等也相继落地。

成都"城市绿心计划"在2024年9月荣获世界绿色城市奖"绿色植物促进生物多样性与城市生态系统恢复"类别单项奖。该项目以1275平方公里的龙泉山城市森林公园为核心，通过控制开发强度、提升森林覆盖率、增加生物多样性，累计新增造林7060万平方米，记录动植物增加800多种，腾挪植绿空间2404万平方米，捐赠4万吨林业碳汇，助力绿色低碳发展。这一计划不仅改善了城市生态环境，还为居民提供了更宜居的自然空间。

---

① 李燕、张垒、赵星烁：《美丽城市视域下促进国土空间格局绿色低碳转型的国际经验与启示》，《城乡规划》2025年第1期。

拿破仑的军营：繁荣 – 废弃 – 再开发

阿姆斯特丹东部港区（Eastern Docklands）再开发项目是一个成功的城市更新范例，将曾经的繁荣港口转变为高密度、紧凑布局的住宅区，对欧洲近代住宅区发展产生了深远影响。

东部港区位于市中心东北角，毗邻中央火车站，区位优势显著。18 世纪，东部港区南边的住宅和办公楼曾是拿破仑的军营。19 世纪，随着大型远洋船的涌入，港口规模急剧扩大，东部港区码头逐渐无法满足需求。20 世纪 60 年代，阿姆斯特丹政府在西部新建了专为集装箱和大型货运服务的港口，导致东部港区航运经济衰落。随着货运转移至西部港区以及航空业的冲击，东部港区逐步失去活力，成为船民、流浪汉和非法移民的聚居地。20 世纪 70 年代，航运公司废弃了东部港区码头，数以千计的非法占据者在此建立了庞大的社区。

1975 年，阿姆斯特丹市政委员会决定将东港区改造为住宅区，这一决策体现了"紧凑城市"的理念，规划密度高达 100 户 / 公顷，可供 17000 人居住。1985 年，政府正式启动改造计划，将东部港区定位为毗邻市中心的生活居住区。在规划设计中，政府邀请了著名建筑师和未来社区居民共同参与，创造了风格多样的建筑立面和丰富的景观小品，不仅提升了区域品质，打造了特色鲜明的人居环境，还赋予该片区独特的艺术气息，吸引了大量观光客。这一改造项目成为城市更新的典范，成功将衰落的工业区转变为充满活力的居住和文化中心。

通过富有创造性的规划布局，东部港区成功转型为高密度、小街道组织的住宅区，保留了历史风貌的同时，注入了现代居住功能。该规划方案的核心理念体现在并排的低层公寓设计上，每户都有独立的户外空间，且公寓的前门直接向街道敞开。这种低层高密度的空间组织模式实现了对有限空间的高效利用。规划方案进一步深化，形成了由80%的低层建筑和3幢雕塑般的高层建筑共同构成的空间形态。这种设计不仅满足了高密度居住需求，还创造了宜人的街道环境和丰富的城市景观，成为现代城市设计的经典案例。其中，Borneo Sporenburg 住宅区是东部港区住宅建筑的亮点，堪称城市规划师与建筑师合作最成功的"荷兰式"当代城市设计样本之一。2002年，该项目荣获美国哈佛设计学院的 Veronica Rudge 城市设计创新绿色大奖。

在建设管理过程中，公私合伙制（PPP）的引入确保了东部港区改造的成功。政府与私人投资者共同参与规划与建设，政府主要负责监控环境绿化、公共设施配置、社会住宅建设等方面，并提供公共工程统筹管理和通信队伍组建等基本服务。这一开发机制吸引了大量私人资金，不仅缓解了政府资金紧张的问题，还提供了多样化的住宅选择，解决了住房短缺问题，同时兼顾了社会融合和公共利益的实现。这种合作模式为城市更新提供了可持续的解决方案，成为全球城市设计的典范。

东部港区改造强调了对有限土地资源的高密度开发。相比同期的其他项目，该地区建筑密度很高，几乎每公顷土地容纳了100个住房。为此，连续的"联排背靠"、窄面宽、长进深式的小体量低层住宅，节省了大量住宅间距空间，使外部公共空间只为公共交通服务，提高了整个片区的住宅密度。同时，对这类内向型的住宅在其内容空间上强调了弹性的设计手法。为了提升功能的多样性，增强片区活力，市政府强调应为家庭式办公、小型的商业企业、艺术工作等发展提供更多空间上的可能性。

东部港区的开发是阶段性的，规划设计师结合了各片区的具体情况以及当时的城市发展需求，制定了不同的实施策略。例如，前期开发的 KNSM 岛利用原有的一部分仓储建筑改建成多样的住宅，保留了原有的多阶层混居的状态；而之后开发的 Java 岛在保证住宅类型多样的同时，又关注了城市空间的多样化，创造出更为复合多元的城市形象（见图 6-1）。

图 6-1　东部港区改造工程新貌（Oostelijk Havengebied Zeeburg）
资料来源：作者摄。

现代主义在设计领域占有支配地位，东部港区的街道立面虽然没有尖顶山墙、壁柱、柱式及柱顶线盘等元素，展示的几乎全是新格罗皮乌斯主义风格的街景特色，但其形式富于变化，鲜有雷同，流露出一种浓郁的现代主义情怀和对立统一的空间关系。这种设计不仅满足了功能需求，还赋予了城市空间以独特的艺术魅力，成为现代城市设计的经典之作，成功将衰落的工业区转变为充满活力的居住和文化中心。

阿姆斯特丹市南部的泽伊达斯（Zuidas）开发项目是城市发展的又一亮点。作为交通要道，从泽伊达斯出发，乘坐公共交通前往阿姆斯特丹中心火车站仅需15分钟，至史基浦机场仅6分钟，高速公路、铁路、地铁等交通线路在此交汇，使其不仅成为连接布鲁塞尔、巴黎、科隆和柏林的重要国际站点，更成为面向欧洲市场的前沿窗口。优越的交通可达性使泽伊达斯成为建设高品质办公环境的理想地点。

泽伊达斯地区的规划涵盖了基础设施建设、住宅和商业开发以及文化和公共空间的创造，旨在打造一个具有国际魅力、可持续且成功的城市环境。规划兼顾了阿姆斯特丹传统的紧凑与活力特质，为国家和国际机构提供了空间上最具竞争力的区域，同时创造了一个充满吸引力和多样性的城市区。混合使用开发策略贯穿了整个开发过程，成为规划的核心。规划将中心地区的主要道路和铁路等基础设施移至地下，不仅加强了南北地区的联系，还为打造多功能、高品质的城市街道空间提供了便利。这种"城市街道"不仅为自行车和行人提供了高品质的环境，还为路边咖啡店、零售店等多样业态创造了更多空间。

在功能定位上，泽伊达斯强调居住、办公、文化、娱乐等功能的混合使用和均衡开发。每个建设区必须包含居住、办公和公共娱乐设施，且居住功能的比例控制为25%~75%。建筑设计上，规划强调了功能的适应性，要求新建建筑考虑未来使用功能的可变性，例如住宅建筑未来可能改建为办公建筑。

泽伊达斯已成为金融和法律枢纽，聚集了荷兰前五大律师事务所以及波士顿顾问集团、埃森哲等多家咨询机构。区域内一座以地质学为设计灵感、被植物覆盖的"山谷"建筑尤为引人注目。这座由 MVRDV 建筑工作室设计的 7.5 万平方米绿色露台综合体，宛如一座大峡谷，集设计感与功能性于一体，致力于在自然与城市氛围之间寻求平衡。建筑由三座高度分别为 67 米、81 米和 100 米的棱角分明的"山峰"组成，阳台和窗户突出，形成独特的石材贴面。这座建筑仿佛是梦想中的世界，拥有凹凸不平的"岩石"结构和绿意盎然的生态风貌，其复杂的细节和疯狂的造型令人惊叹。所有的社区功能，如居住、办公、消费、文化和互动设施，都在垂直空间中展现。2021 年，该建筑被 Emporis Skyscraper Awards 评为"全球最佳新建摩天大楼"。

在东部港口的改造过程中，公共空间的设计不仅注重功能性，还巧妙融入了历史与艺术的元素。码头、街道、步行道和绿化带构成了公共空间的基础，而港区特有的设施，如栈桥和步行桥，则被精心保留并赋予了新的生命。设计方案特别保留了北码头上原有的栈桥，使新的住宅区在一定程度上延续了船坞的氛围，保留了历史记忆。这些栈桥原本是运输设施，如今被改造为步行通道，成为连接过去与现在的纽带。此外，两座纤细的步行桥也被完好保留。它们长约 100 米，采用单拱或双拱设计，跨越水面连接着东港区的两个半岛，成为公共空间中欣赏景观的最佳观景点。这些桥梁不仅提供了便捷的通行方式，还为人们提供了独特的视觉体验。连接斯波伦堡和婆罗洲岛的三座桥梁在总体规划中发挥了至关重要的作用。这些桥梁和栈桥的设计，不仅体现了东部港口改造中对历史与文化的尊重，还展现了现代城市设计中的创新与艺术性。它们不仅是交通设施，更是城市公共空间的重要组成部分，为居民和游客提供了丰富的空间体验，成为阿姆斯特丹城市魅力的重要象征。

其中，蜿蜒的巨蟒桥（Pythonbrug）以别具一格的造型和现代感十足的风格，成为阿姆斯特丹最现代的桥梁之一。巨蟒桥艺术化的设计不仅注重功能性，还极具美学价值，提升了城市的景观价值。桥身蜿蜒如蛇形，全长约300英尺，桥两侧装饰有铝制的海鸥造型，为阿姆斯特丹的城市景观增添了一抹别样的艺术风情。桥身横跨水面，连接着城市的不同区域，不仅为行人和骑车人提供了方便，还成为欣赏城市水景的绝佳观景点。巨蟒桥还展现了设计与自然的完美融合。桥上的海鸥装饰不仅呼应了阿姆斯特丹作为水城的特色，还为桥梁增添了一丝灵动与活力。它的独特设计和创新理念，使其在全球范围内享有极高的知名度，成为现代桥梁设计的典范之一。

此外，城市政府和规划建设者尊重阿姆斯特丹的历史文化和地理特征，以传承运河房屋文化为目标，同时倚重科技创新，创造性地开发了代表前沿技术的海上浮屋。如今，这一再开发项目已成为"水上城市"未来居住的样板。

位于阿姆斯特丹IJburg区的水上住宅Sluishuis，是水与城市交融的又一杰作。这座建筑如同一座漂浮在湖面上的城市街区，巧妙地回应了其水中的位置，展现了建筑与自然的和谐共生。Sluishuis的设计不仅延续了阿姆斯特丹因水而兴的城市特色，还为居住在湖畔的人们提供了全新的生活模式。

建筑的一侧抬高，让湖水自然流入庭院，另一侧则降低，以开放的绿色露台迎接居民和游客。这种设计不仅创造了独特的景观体验，还为人们提供了丰富的公共空间。Sluishuis共包含442套公寓，出租和自住的房屋在建筑中交替分布，为不同群体提供了多样化的居住选择。

作为最可持续的建筑之一，Sluishuis的能源性能系数（Energy Performance Certificate，简称EPC）达到了0.00（零能耗标准），实现了建筑运行的净能源消耗为零。建筑的供暖、热泵、通风和LED照明的能源消耗完全由约

2200平方米的太阳能电池板提供。此外，建筑还从通风系统和淋浴器中回收热量，结合优秀的绝缘技术和三层玻璃，将供热需求降到了最低。

建筑的正面、侧面和庭院里都设有由当地植物品种组成的花园，绿色植物通过内置的花盆穿过屋顶露台向上延伸，为屋顶营造了绿意盎然的氛围。这种垂直绿化的设计不仅提升了建筑的生态价值，还为居民提供了亲近自然的空间。

Sluishuis的设计不仅展现了建筑与水的交融，还通过创新的可持续技术和高品质的居住环境，为现代城市生活提供了新的可能性。这座建筑不仅是阿姆斯特丹城市发展的象征，也是全球可持续建筑设计的典范。

The Couch建筑是位于阿姆斯特丹东部IJburg的网球俱乐部，由MVRDV设计。它不仅是一个运动场所，更是一个开放且充满活力的社区中心。这座俱乐部拥有1100名会员、10个红土球场和1所网球学校。但该建筑的设计理念远超出了传统的体育设施范畴。MVRDV为其打造了一座地标性的功能性建筑，包括一个可以观看比赛的平台和一座能够远眺水面的会所。

这座俱乐部的核心理念是开放与包容。它一年365天免费向公众开放，打破了传统私人俱乐部的界限，成为一个真正的社区聚会场所。无论是年轻人还是老年人，都可以来到这里喝一杯咖啡、享用甜点，或是与朋友约会。俱乐部的目标是为IJburg地区提供一个聚会的场所，成为社区的"客厅"，使其像街道上的一件家具般自然融入居民的日常生活。

建筑的设计充分考虑了功能性与美观性的结合。观看比赛的平台为观众提供了绝佳的视野，而会所则通过大面积的玻璃窗将湖景引入室内，营造出开阔而舒适的氛围。俱乐部的开放性和多功能性使其不仅是一个运动场所，更是一个促进社区互动、增强邻里关系的公共空间。

通过这一设计，MVRDV 成功地将网球俱乐部转化为一个充满活力的社区枢纽，为 IJburg 注入了新的生命力。这座建筑不仅是运动爱好者的天堂，更是社区居民的共享空间，体现了现代城市设计中开放、包容和可持续的理念。

泽伊达斯和东部港区的改造项目，不仅展现了阿姆斯特丹在城市规划中的创新与智慧，也为全球城市更新提供了宝贵的经验。这些项目在保留历史记忆的同时，注入了现代功能与艺术气息，创造了充满活力的城市空间，成为现代城市设计的典范。

骑自行车上班的首相：捡垃圾的小伙

荷兰空间规划极为注重绿色空间的保留和建设。阿斯麦的发展在费尔德霍芬引发的问题，可以借鉴荷兰"绿色心脏"理念，将城市发展与自然保护相结合。例如，通过在园区和住宅区之间规划更多的绿地、公园和生态走廊，既改善环境质量，又为市民提供休闲空间，同时注重保护费尔德霍芬的本地文化和历史遗产，注重可持续发展。

可持续发展价值观深深植根于荷兰文化，其强大、环保的交通基础设施只是荷兰可持续生活方式的一个侧面。荷兰铁路公司在 2017 年决定 100% 使用风能运行列车，同时荷兰还拥有世界上密度最高的电动汽车充电站，并承诺到 2030 年全面禁止燃油车。此外，荷兰政府不断为可持续项目"慷慨解囊"，或注入投资资金，或予以津贴帮助，还与工业、知识机构、民间社会组织等机构合作，为实现可持续经济的宏伟目标共同努力。

荷兰，这个被誉为"自行车王国"的国家，以其独特的自行车文化闻名于世。1700 万人口大约拥有 1800 万辆自行车，超过人均一辆。

如果闪回到 17 世纪，荷兰拥有全球最庞大船队，2 万艘船中有 1.5 万艘属于荷兰，那时的曼哈顿是荷兰人建立的新阿姆斯特丹，荷兰曾是海上霸主。然而，大潮退去，昔日的叱咤风云早已成为历史，取而代之的是阿姆斯特丹运河边回荡的自行车铃声。这种简单而纯粹的声音，成为荷兰现代生活的象征。

这种对自行车的热爱，早已融入了荷兰人的日常生活，成为一种根深蒂固的生活哲学。在阿姆斯特丹，自行车无处不在。中央火车站、运河边、主街道、商铺外，自行车如蚁群般密集分布。清晨的城市乐章，是在车铃声中奏响的。骑着黑色二八式自行车的上班族，上桥、下坡、加速前行，旁边的汽车则慢悠悠地爬行、停下、等待、启动，一切都以自行车为先。即使是兰博基尼，速度也与自行车相当。自行车手们在汽车周围自如穿梭，犹如一群鲱鱼包围了一条蓝鲸。自行车穿梭在阿姆斯特丹的 2500 座桥间，仿佛一场复杂的舞蹈，每个人都天生知道自己的舞步（见图 6-2）。

荷兰拥有长达 33000 公里的自行车道系统，这一数字在全球范围内遥遥领先。每一寸公路都配备了独立的自行车道，展现了荷兰基础设施的精细与人性化设计。自行车不仅是荷兰人日常出行的主要工具，更是其生活方式和国家文化的象征。

荷兰的自行车不仅是一种出行方式，更蕴含一种生活态度。它体现了荷兰人对环境保护、健康生活和社会和谐的追求。通过完善的自行车道系统和全民骑行的习惯，荷兰为全球城市提供了一个可持续发展的典范，展示了如何通过基础设施建设和文化倡导，实现绿色出行的愿景。在阿姆斯

图 6-2　小桥流水中的自行车

资料来源：作者摄。

特丹的运河边，听着自行车铃声回响在巷子里，或许正是荷兰人心中最美好的生活图景。

　　前首相马克·吕特便是这一自行车文化和生活态度的典型代表。无论是会见国王、商议国家大事，还是日常上下班，吕特都选择骑自行车出行。据荷兰媒体报道，吕特常骑的是一辆 Gazelle Primeur（羚羊牌）自行车，被记者戏称为"老奶奶自行车"，估价仅 80 欧元。这种低调俭朴的出行方式不仅体现了吕特个人的生活态度，也传递出荷兰社会对环保与可持续发展的重视。

　　即便是在接待外国领导人时，吕特也常常选择骑自行车，以实际行动践行低碳出行的理念。这种独特的风格不仅为荷兰赢得了国际社会的赞誉，也进一步巩固了其作为全球自行车友好国家的地位。

荷兰人为何如此钟情于自行车？原因众多：环保意识深入人心，狭窄的运河街道适合骑行，随处可见的自行车停靠点，国家基础设施对自行车骑手的友好，划分明确的自行车道，以及全社会对自行车优先于机动车的默认契约。更重要的是，自行车作为一种零污染且简单的交通工具，在荷兰社会中占据了重要地位。甚至在自行车与汽车相撞时，法律默认汽车负全责。这种对自行车的推崇，或许正是流淌在荷兰人血液中的重要生活哲学。

如果荷兰首相骑自行车上下班还不能让你感受到荷兰人环保意识强，钟情于自行车，那么普通荷兰小伙博彦·斯拉特（Boyan Slat，1995 年出生）的故事，或许可以体现出荷兰人的创新精神和社会责任感。

13 岁时，斯拉特对火箭产生了浓厚兴趣，制作了一个水火箭，成功拿到了吉尼斯世界纪录。然而，真正改变他人生轨迹的，是 16 岁时在希腊潜水度假的经历。那次潜水让他目睹了满目疮痍的沙滩和比鱼还多的垃圾，这深深触动了他。回到荷兰后，尚在读高中的他做了一个关于清除海洋塑料污染的学科项目，但这仅仅是他环保事业的起点。

17 岁时，斯拉特在 TEDx 演讲中分享了他的想法。尽管 TEDx 每年有众多新科技、新项目的演讲，但最终能实现的寥寥无几，更何况一个高中生的项目。然而，斯拉特并没有止步。他本已被代尔夫特理工大学航空工程专业录取，前途无量，但他毅然中断学业，成立了非营利机构"海洋清理组织"（The Ocean Cleanup），全身心投入海洋塑料污染的治理。

他坚信"科技是变革最有力的推动剂"，招募了一批志同道合的科学家和工程师，对地球上最大的垃圾岛——太平洋垃圾带（the Great Pacific Garbage Patch）进行了史上最大规模的研究。2015 年，海洋清理组织开展了名为"The Mega Expedition"的科研项目，使用30条船和更大的网同时采样，并首次使用军用飞机进行空中测量。结果触目惊心，太平洋垃圾带面积已达160万平方千米（大于3个四川省面积），塑料垃圾重达8万吨，是之前估计的4~16倍。这些塑料垃圾最终会分解成微塑料，危害267个生物物种，并通过食物链回到人类的餐桌上。

他没有退缩，其设计思路是创造一个漂浮的人工海岸线，此设计曾获得代尔夫特理工大学的最佳科技设计奖。根据他的设计，海洋塑料回收装置长达600米，形状像簸箕，可以兜住垃圾。装置还配备了3米深的围嘴，以捕捉海面下的塑料，同时允许海洋生物从下方通过。装置依靠太阳能、洋流、海浪和风的推动，能够以更快的速度赶超并包围塑料垃圾。

2018年9月，第一个设备（System 001）诞生，但在首次清理操作中因速度过快而断裂。他不畏困难，不断改良，设计了一个类似于降落伞的锚，以减缓设备速度。2019年6月，改良后的设备（System 001/B）在加拿大温哥华附近入海运行，并于10月成功从太平洋垃圾带中捞出了第一批塑料垃圾。到2019年末，团队已成功清理了相当于1.4万个足球场大的海洋面积，回收了60立方米的垃圾，包括塑料包装、汽车轮胎、渔网等。

他发现80%的海洋塑料垃圾源自1%的河流。为此，又设计了全自动河流塑料垃圾截留趸船（Interceptor），利用太阳能驱动，每天可收集5万千克的河流垃圾。目前，趸船已在印尼雅加达、马来西亚等地部署，并计划在未来5年内在全球1000条最受污染的河流上部署。

为了维持项目的运转，团队将回收的塑料垃圾转化为商品，如小书包和太阳眼镜，销售利润用于支持海洋清理计划。然而，他的终极目标是让项目因无垃圾可收而"破产"。

他敢想、敢做、有创造力，被喻为"环保界乔布斯"。鉴于他在环保领域的卓越贡献，2014年11月，联合国环境署授予他"地球冠军奖"。

他的故事充分展现了荷兰人敢于创新、勇于实践的精神，也用行动告诉我们，科技创新与坚持不懈可以改变世界，而每一个个体的努力，都能为地球的未来带来希望。

能源转型的领导者：手握好牌怎么打

能源是一个国家发展的命脉。当前，能源科技创新进入持续高度活跃期，可再生能源、核能、储能、氢能、智慧能源等一大批新兴能源技术正以前所未有的速度迭代，成为全球能源向绿色低碳转型的核心驱动力，推动能源产业从资源、资本主导向技术主导转变，对世界地缘政治格局和经济社会发展带来重大而深远的影响。

荷兰不仅是半导体科技创新大国，还凭借强大的科研创新能力跻身国际能源转型领导者的行列。荷兰的可再生能源领先全球，不但拥有欧洲最大的离岸风电场之一和欧洲最大的浮动太阳能公园，在材料再利用率、废物管理和食品系统可持续性方面也都排名世界第一。其能源产业拥有世界一流的研发设施，提供有支持刺激创新的杰出激励计划。

与前面描述截然不同，荷兰在能源方面可以说是握着一副好牌，有着丰厚的天然气储备，是西欧最大的天然气产地。格罗宁根（Groningen）气田是欧洲最大天然气储备，1963 年以来，格罗宁根一直是欧洲天然气供应的中流砥柱。目前有约 4500 亿立方米的可开采天然气储备——价值约 1 万亿美元。据项目运营合作伙伴壳牌公司称，格罗宁根每年的开采量可比目前多出约 500 亿立方米。因俄乌战争导致无法从俄罗斯进口天然气，荷兰可以选择立即上线的额外流量，足以填补进口缺口。

尽管有足够的开发产能完全可以填补天然气需求，但是荷兰拒绝增加产量，即使面临二战以来最艰难的冬天。由于钻探导致多次地震，荷兰官员不愿冒遭到居民强烈反对的风险，因此这个气田正被关闭。据荷兰广播公司 NOS 报道，自 2012 年以来，该地区已有 3300 多座建筑物被拆除，因为地震使它们变得不安全。从 2014 年开始，荷兰政府对该气田的产量设置了越来越严格的限制，产量从 2013 年的 540 亿立方米下降到现在的 45 亿立方米。

于是，荷兰凭借其"风车王国"的特色，在清洁能源领域走在了欧洲前列。位于北部的 TopDutch 地区（包括格罗宁根）被誉为欧洲"氢能之都"，凭借其清洁能源优势，成为欧洲"氢能中心"的创新高地。这一地区由格罗宁根、弗里斯兰和德伦特三个省组成，吸引了谷歌、IBM 和壳牌等大型国际公司，同时也汇聚了大量智能科技和绿色能源领域的中小型企业和初创企业。荷兰不仅在绿色能源规划上具有前瞻性，还在科技创新和市场化的模式中积累了丰富经验，形成了良好的生态，不仅早早打造了欧洲"氢能中心"，还在创新思维中加速发展。

荷兰能源研究中心（Energy Research Center of the Netherlands，ECN）作为荷兰最大的能源研究机构，有效连接了行业、政府机构和研究机构，专注于太阳能、风能、生物质能、煤和环境研究、氢燃料和清洁化石燃料、工业能源效率及政策研究。在研发方面，荷兰企业和研究机构正在开发新能源技术，包括基于植物的食品生产、降低能耗的光子 IT 解决方案、合成燃料和电动汽车充电基础设施，同时也在研究如何大幅提高工业流程、基础设施和建筑中的能源效率。

在碳捕获与储存方面，荷兰政府推出可持续能源转型计划。例如，通过计划为 Porthos 项目提供了 20 亿欧元的补助。Porthos 项目是鹿特丹港二氧化碳运输枢纽和海上储存项目，于 2024 年投入运营，每年将储存 250 万吨 CO_2，约占鹿特丹港区工业源 CO_2 排放量的 10%。

在余热发电领域，荷兰穆尔代克港口建造了全球首台连接大型储能单元的空气分离装置（Air Separation Unit，简称 ASU），储能能力高达 40 兆瓦时，相当于 4000 户家庭的日用电量，大大增加了电网的灵活性，并减少了约 10% 的工厂用电量。

在离岸风电方面，荷属北海海域开展了多个大型国际离岸风电项目，如沃旭能源的博尔瑟勒 1 号项目和瑞典大瀑布电力公司的荷兰海岸南部项目。荷兰北部的双子座离岸风电场是全球最大的离岸风电场之一，埃姆斯哈文能源港提供了荷兰 1/3 的能源，代尔夫宰尔则拥有荷兰规模最大的光伏太阳能园区。鹿特丹港及其扩建区域马斯弗拉克特二期港区已建立起欧洲第一个离岸风能中心，吸引了大量国际企业开展离岸及航运项目合作。

此外，荷兰还在风能水处理方面取得了进展。日本富士胶片自 2011 年起与荷兰能源公司 Eneco 合作，在其蒂尔堡工厂中部分使用风能供电，并于 2016 年实现全面依靠风能供电。同时，还与 Agristo、可口可乐、美国国际香料公司等合作，安装了联合净水装置。

荷兰正在成为欧盟 2050 年碳中和承诺的关键物流中枢，加快推进离岸风能、氢能和能源储存等领域的脱碳进程。其氢能战略包括 H-Vision 和 Hydrogen 2 Magnum 等大规模倡议，旨在推动低碳氢的生产和使用。荷兰政府还通过可持续能源转型计划，向所有脱碳倡议开放申请，进一步刺激了这一领域的创新。

荷兰凭借先进的政策和对创新的热忱，吸引了众多可再生能源行业的领军者，包括离岸风力支柱产业知识与创新联盟（TKI Wind op Zee）、荷兰能源研究中心（ECN）、代尔夫特理工大学（TUD）和荷兰国家应用科学研究院（TNO）。TNO 的能源转型部门为荷兰商界提供了引领潮流和出口创新产品的机会，其使命是加速能源转型并加强荷兰的竞争地位。为此，TNO 发起了四项创新计划，涵盖可再生电力、碳中和工业、可持续地下资源利用和系统转型等领域，这些计划与能源转型议程和政府协议紧密匹配。TNO 秉持创新在于合作的原则，每年与约 3000 家机构建立合作关系，包括荷兰境内外的跨国公司、中小企业、大学和公共部门等。其在能源转型领域的合作伙伴包括 VOLTACHEM 项目和新能源联合（New Energy Coalition）等。

　　能源转型是实现《巴黎协定》气候目标的关键环节，需要用可持续能源逐步替代化石能源，同时确保能源供应的安全性、可靠性和经济性。这一转型不仅依赖技术支持，还需要社会的广泛参与和推动。

第七章

社会制度：怎么分配蛋糕

荷兰拥有较为完善的社会保障制度，涵盖养老金、失业救济、疾病和残疾福利等多个方面，旨在确保每个人都能平等地生活于社会之中。其首部社会立法制定于 1800 年，规定了关于雇佣年轻人和妇女的条款，为后来全球广泛的社会立法奠定了基础。荷兰的社会保障体系覆盖每一个在荷兰生活或工作的人，保险费用由雇主和雇员共同承担。失业保险条例确保雇员免遭失业带来的财政危机，根据工作年限，申请人可以得到为期六个月到五年的失业津贴。病残保险条例确保工人不会因长期疾病或残疾而失去收入来源。按照规定，一般病残救济金支付五年，五年后可以根据实际情况继续提交新的申请。此外，救济金的多少取决于病残的程度、收入和年龄。这一系列举措，为荷兰员工提供了安全和稳定的工作环境。

荷兰政府通过各种措施确保每个人都有住房，对于低收入群体，政府提供住房补贴和廉租房，确保没有人因为经济原因而无家可归。政府还为有子女的员工提供一定的子女补贴，以减轻员工的家庭负担。针对低收入的居民，政府提供住房补贴，以确保他们有一个安全舒适的居住环境。此外，政府为员工提供了一定的公共交通补贴，以鼓励员工使用公共交通工具。荷兰的残疾人福利制度非常完善，残疾人可以领取一笔资金，用于支付照料和护理所需的费用，这种制度不仅保障了残疾人的基本生活，还赋予他们更多的自主权和尊严。

荷兰的医疗保险制度也非常完善，每个人都必须参加医疗保险，无论是荷兰公民还是外籍居民。医疗保险费用由雇主和员工共同承担，荷兰政府对医疗保险也提供了一定的补贴。根据疾病补贴条例的规定，雇主必须向员工支付其工资的 70% 作为第一年病假工资，妇女有权利得到 16 周的全薪产假。荷兰的养老金制度由政府和私营企业共同实施，雇员每月缴纳养老金，以确保在退休时能够获得基本的养老金待遇。荷兰法律规定，每个员工都有权享受带薪休假和假期，每年的带薪休假时间至少为 4 周。此外，员工还有权享受一些特殊的假期，例如病假、产假、陪产假、育儿假、丧假等，这些假期的具体时长和薪酬待遇都有严格的法律规定。

荷兰的医疗水平一直排在世界前列，因此是个名副其实的"长寿之乡"。二战之后，荷兰人的寿命就一直在增加，1950 年能活到 90 岁的人仅占到全国人口的 9%，而如今这个比例则是 31%。荷兰拥有高水准的居民医疗保健系统，甚至优于英国。荷兰站在医疗保健前沿的是家庭医生或全科医生，基本上是按照每个城市的居住区域划分的，在预防护理方面发挥了重要的作用。人们生病必须首先去看家庭医生，并且需要事先打电话预约。如果需要进一步的化验检查或求诊于专科医生，需要得到家庭医生的许可和推荐。

荷兰的药品供应管理非常严格，由各个专门的药房管理经营。病人需要拿着家庭医生开的药方去药房拿药，不可私自购买。病人所取的每个药盒上都会贴上一个专门的标签，上面注明病人的姓名、生日及住址。医疗保健制度是建立在全民与私人医疗保险的基础上。在荷兰，医疗费用极其昂贵，几乎是私人无法承受的，所以买医疗保险在荷兰是极其重要的，建议每一位前往荷兰的人士在抵达后及时买一份医疗保险。似乎荷兰人对自己的未来抱有一种悲观态度，或者是充满一种不可预测之感，荷兰人会常说"你必须要买保险"。一般荷兰人会买各种各样的保险，除了前面说的医疗保险外，有汽车保险、事故保险、房屋保险、财产保险、火灾保险、失窃保险、残疾保险、养老保险、死亡保险、葬礼保险等，甚至为自己的宠物猫也不会忘记买一份健康保险。这样，荷兰人的生活保障可以从国家和自己购买的各式各样的保险中得到。如果房屋在一夜间被烧为平地，或者因交通事故致残，你不需要自己的家族成员或亲朋好友伸出援手，通过保险公司就能获得相应的解决办法。

随着人口老龄化的加剧，荷兰政府鼓励老年人继续参与社会活动，这不仅有助于减轻国家的养老负担，还能预防老年人被社会忽视，保持他们的社会参与感和心理健康。荷兰的社会保障制度覆盖了失业、年老、残疾等多种情况，当公民因为各种原因无法通过自己的收入维持生活时，可以依赖社会保障金来保障基本生活需求。荷兰的全民健康保险制度确保每个公民都能获得高质量的医疗服务，政府通过补贴和保险制度，确保每个人都能负担得起医疗费用。荷兰政府还为有孩子的家庭提供儿童福利金，帮助家庭抚养孩子，确保每个孩子都能健康成长。对于无法通过其他社会保障措施维持生活的人，荷兰政府提供社会救济金，确保他们的基本生活需求得到满足。

荷兰女性地位较高。自16世纪荷兰国家形成之前的勃艮第公国时期起，连续有三位女总督统治。1890年以来，荷兰连续有三位女王统治，一直持续到2013年，女王累计在位时间比国王长，这在世界历史上是绝无仅有的。荷兰女性多被描述为具有男性特点，没有多少女人味，或者说女性化程度不高，与她们的地位相匹配的是荷兰女性的坚韧。荷兰女性产前、产后的护理全部免费，所有产妇产后都有资格享受为期7天、每天5个小时的免费家政服务，相关部门会派专业人员到产妇家为她洗衣服、打扫房间、教她如何照看新生儿。荷兰政府鼓励妇女生育后能继续工作或回到工作中，鼓励地方机构扩建育儿机构。在荷兰，不存在"未婚生子""婚外生子"之说，每个孩子都有平等的权利，在他们的观念里，不结婚并不代表不重视家庭。

荷兰的社会福利制度强调公平公正，确保每个人都有同等的机会参与社会事务，享受社会保障。这种制度设计不仅提高了社会整体的幸福感和安全感，还促进了社会的和谐与稳定。总的来说，荷兰的社会福利保障制度以其全面性、高质量和公平性著称，为公民构建起从摇篮到坟墓的全方位保障体系。这种制度不仅提高了公民的生活质量，还增强了社会的凝聚力和稳定性。

不少人非常羡慕荷兰人的社会福利好，但是实际上高福利也就意味着高税收，这笔庞大的费用支出是来源于国家的税收政策。荷兰的税收高得惊人，原则上是多得多付，高工资高税收，赋税前和赋税后工资的差别很大。

政府的税务部门有一套综合复杂的系统来控制税收，每个公民都有一个专门的税务号码，必须按时按量地缴税。每个公民的工资和房产在税务局都可以查到，如果一个人胆敢逃税漏税，必将受到严惩。一般由于控制严格，很难作弊，如果侥幸得逞，躲过了寅时，躲不了卯时，电脑都有记录，随时可能被查处。这里对诸位读者的忠告是：一定要乖乖缴税，否则后果不堪设想。

其实理解了道理，自然会遵守法律。荷兰人也知道自己国家赋税很高，但这一政策获得全民理解和支持，不仅仅由政府高压政策控制。

荷兰纳税申报单上的收入分为三类：以表格上的勾选方框命名为方框1、方框2和方框3。每个方框适用于不同种类的收入并具有不同的税率。年收入低于一定数额的荷兰人被划定为第一级缴税者，要缴纳36.55%的税；第二级要缴纳 40.85% 的税；第三级则要缴纳 51.95% 的税。除了缴纳个人所得税，还有其他五花八门的税，比如宠物税、垃圾税、资产税、下水道处理税、旅游税，等等。

荷兰人食品的价格不算高，为方便对比，这里把价格换算成人民币。如 1 升有机牛奶 9 元，1 升有机酸奶 8 元，1 公斤橙子 15 元，1 公斤土豆 10 元，3~4 个苹果 9 元，2 小盒青提子 23 元，半斤口蘑 10 元，1 个青椒 6 元，1 棵大白菜约 10 元，半斤有机菠菜 17 元。肉类价格亲民，1 斤牛肉 40 元，1 斤猪肉 15 元。相对食物来说，在荷兰租房成本较高，一间公寓的房租大约需要 8000 元人民币，在某些城市可能要翻倍。荷兰的地铁、电车和公交的票可以按小时收费，也可以按天收费。如果在一天之内频繁乘坐地铁、电车或公交，那么最好购买按天收费的票。

福利效应：“平台”文化

荷兰的工作文化以相对轻松的氛围和充足的假期而著称。虽然用“没有工作压力”来形容可能容易引起误解，但与美国和中国相比，荷兰的工作节奏确实更为舒缓，这一点从假期安排中可见一斑。

全职雇员每年至少享有 24 个工作日的带薪假期，有些公司甚至提供 27 到 28 天的假期。过去，荷兰的工作安排更为宽松，全职雇员每周只需工作 36 小时，五天工作制下每天工作约 7.2 小时。如果按每天工作 8 小时计算，每周多出的 4 小时可以积攒为额外的假期，每两周多出一天，一年下来又可积累约 25 天假期，从而使每年的总假期可达 49 天左右。

弹性工作制为员工提供了更多选择。例如，许多商店和小企业在周一上午 11 点甚至下午 1 点才开始营业，员工可以在周末后享受一个悠闲的早晨。此外，荷兰员工每周工作时间为 38 到 40 小时，一些公司允许员工通过每天加班来攒出一个额外的休息日。

荷兰的咖啡文化也体现了其轻松的工作氛围。通常，上午 10 点到 10 点半和下午 3 点到 3 点半是固定的咖啡时间，有时甚至长达一小时。在这段时间里，员工可以放松闲聊，而老板通常也会参与其中，营造出一种轻松的工作氛围。有人调侃说，荷兰人是在喝咖啡中工作，而不是在工作中喝咖啡。这种文化不仅让员工感到放松，也增强了团队的凝聚力。

当天气晴朗时，许多荷兰人会特意请假一天，带着家人出门享受阳光。这种对阳光的珍惜源于荷兰变幻莫测的天气，因此一旦遇到晴天，荷兰人便会毫不犹豫地抓住机会，尽情享受户外时光。

典型的场景是，人们坐在街头酒吧的露天平台（Terras）上，点上一杯 Amstel 或 Palm 啤酒，或者一杯 Capucino 或 Koffie verkeerd 咖啡，甚至各式各样的软饮料。英国人则更倾向于点一杯茶。Terras 一词源自法语，意为“平台”，在这里特指街道商店外的露天座位区。人们坐在平台上，有的热烈交谈，有的则静静观察来往的行人，形成了一种独特的荷兰“平台”文化。这种日光浴文化不仅让人放松，还能呼吸新鲜空气，对健康大有裨益（见图 7-1）。

荷兰人之所以如此珍惜阳光，很大程度上是因为他们的天气实在让人捉摸不透，可以用“变幻莫测”来形容。天气预报在荷兰几乎成了一种“玄学”，预报员常常被骂得狗血淋头，因为预报的晴天可能突然变成暴雨，而预报的雨天却可能阳光普照。

从另一个角度来看，荷兰的天气预报又异常简单。每天的天气图标基本上由太阳、云朵和几滴雨点组成，几乎成了固定的模式。这种天气的多变性也让荷兰人习惯了随时应对变化。一天之内，太阳、风和雨可能轮

图 7-1 "平台"文化

资料来源：作者摄。

番登场，甚至出现冰雹和雪花也不足为奇。笔者曾在荷兰经历过在 15 分钟内，天气三次晴雨交替的"折腾"。这种多风多雨的气候让人哭笑不得，但也让荷兰人更加珍惜每一个阳光明媚的日子。

每年 4~8 月，荷兰的晚春和夏季气候温暖宜人，是享受户外活动的最佳时节。考虑到西欧的日照时间，荷兰在地理位置上是一个相对理想的选择。因此，每当阳光出现，荷兰人会毫不犹豫地放下工作，走到户外，享受难得的日光浴。日光浴的地点多种多样，除了街头酒吧的露天平台，邻近的公园、草坪和街头长椅也是热门选择。有些人甚至会在自家花园或门前街巷摆上一把椅子，戴上墨镜，悠闲地晒太阳。行人看不清他们，但他们却可以毫无顾忌地观察路人。文雅一点的人还会捧上一本书，作为日光浴的"道具"，至于是否真的在阅读，倒也无人在意。

原动力：养懒汉

充足的假期和悠闲的咖啡时间，这波操作下来难免让人产生疑问：在这样的环境下，荷兰人是如何高效完成工作的？他们的工作动力又是从何而来呢？尤其是在高收入和高税收的背景下，工作与不工作的收入差距并不显著，这是否会催生更多的"懒汉"？

事实上，荷兰确实存在一些依赖社会福利而不愿工作的人，但与此同时，也有许多人热爱自己的工作并勤勤恳恳地投入其中。从整体来看，荷兰人其实和中国人一样，都是一个勤劳的。这种勤劳并非源于外部的压力，而是更多来自内在的动力和选择自由。

从第三章介绍可以看出，荷兰的教育制度为年轻人提供了多样化的职业选择和发展路径。从青少年时期开始，荷兰人就可以根据自己的兴趣和能力选择不同的教育方向，并在不同的阶段调整自己的职业规划。这种灵活性使得他们能够更好地找到自己真正热爱的工作。正如那句老话所说，"做自己爱做的，就不会觉得累。"荷兰人选择的工作往往是他们感兴趣的领域，这种内在的动力驱使他们勤勉工作，而不是单纯为了生计。

荷兰的工作文化强调工作与生活的平衡。充足的假期和灵活的工作时间不仅没有降低工作效率，反而让员工在工作和休息之间找到平衡，从而在投入工作时更加专注和高效。喝咖啡不仅是一种放松，也是同事之间交流想法、增进合作的机会，这种轻松的氛围反而有助于激发创造力。

高税收和高福利制度虽然缩小了工作与不工作之间的收入差距，但也为社会提供了稳定的保障，减少了人们因生计压力而被迫从事不喜欢的工作的可能性。这种制度设计让更多人有机会追求自己真正热爱的事业，而不是为了生存而奔波。

荷兰的工作文化并不是在"养懒汉"，而是通过提供选择自由、工作与生活的平衡以及内在动力的激发，创造了一个高效且充满活力的工作环境。荷兰人的勤劳源于他们对工作的热爱和自主选择，这种文化值得我们深思和借鉴。

高税收高福利的社会制度、稳定的社会环境和良好的治安，人们在这里可以安居乐业，生活富足。虽然社会福利制度为居民提供了全面的保障，但其复杂的行政流程和官僚主义也成为一个不容忽视的问题。

荷兰的文件和规章制度繁多，尤其是在社会福利和行政管理方面。例如，领取保障金涉及的法律条文就包括《失业保障法》《疾病保障法》《全民补助法》《一般养老金法》《一般孤寡保障法》《一般残障保障法》《保健保障法》《一般救济法》等，种类繁多且复杂。此外，日常生活中的许多琐事也需要填写大量表格，比如申请住房、开通电话、银行开户、请假等。居民需要时刻准备好自己的个人信息，如生日、地址、电话号码等，以应对频繁的表格填写。

这种烦琐的文件处理不仅拖延了工作时间，还降低了整体效率。尤其是在每年 6~8 月的度假高峰期，许多政府部门和机构的工作人员减少，导致处理速度进一步放缓。对于刚到荷兰的人来说，这种低效的行政流程可能会带来不小的困扰。例如，申请居留证的过程往往耗时较长，如果只是短期居住，很可能在居留证获批之前就不得不离开荷兰。如何在高效管理和简化流程之间找到平衡，或许是荷兰未来需要进一步改进的方向。

除了文件繁多，会议的数量也同样令人印象深刻。以笔者的经历为例，平均每周至少要参加两到三次会议，有时甚至高达五次，那就是几乎每天都有一次会议。这些会议的名目和内容五花八门，涵盖了工作的方方面面：有整个工作部门的例会，每周一次；有整个行政部门的例会，每周一次；有按工作地点划分的区域会议，每两周一次；还有按工作内容划分的专题会议，每周一次等。

会议中，大家畅所欲言，讨论氛围热烈，但常常讨论内容微末琐碎。例如，笔者曾亲身经历的会议议题包括：工作环境中的温度调节、为一位患有糖尿病的同事制定应急护理方案、为一位腰肌劳损的同事更换特殊办公椅、为一位患有渐冻症的同事更换工作电脑智能键盘等。

这些看似琐碎的事情，在荷兰的工作文化中却需要通过正式的会议来解决。尽管这些会议有时显得冗长且效率不高，但它们也反映了荷兰社会对员工意见的尊重和对工作细节的关注。这种"事无巨细皆开会"的文化，虽然可能让习惯了高效决策的人感到不适应，但也为员工提供了一个表达意见和参与决策的平台。如何在民主讨论和高效执行之间找到平衡，或许是荷兰工作文化未来需要进一步优化的方向。

安居工程：社会住房拥有量欧洲最高

荷兰的社会住房政策起源于19世纪下半叶，当时工业化和城市化推动了大量农村人口涌入城市，为工业发展提供了廉价劳动力，但也导致了城市住房短缺和恶劣的居住条件。19世纪末，传染性疾病如霍乱和肺炎的暴发促使政府开始关注工人和低收入群体的居住问题，并着手构建统一的住房保障体系。1901年，荷兰颁布了第一部《住房法案》，这标志着社会住房政策的正式诞生。该法案规定，政府有责任为低收入群体提供租金低廉、条件较好的社会租赁住房，并允许建立社会住房协会和地方政府所属的建筑公司，为其提供补贴和低息贷款，同时由地方政府对社会住房的质量进行监管。

第二次世界大战后，荷兰每年平均建成 10 万套新住宅，其中大部分依靠政府补贴，使得租金保持在较低水平。到了 20 世纪 70 年代，住房政策的重点从数量转向质量，政府推出了住宅津贴政策，进一步减轻了承租人的经济负担。荷兰政府通过大规模的城市改造和低收入住房建设，确保了每个人都能住进体面且价格适宜的住宅。目前，荷兰共有约 700 万套住宅，平均每 2.4 人居住一套，其中社会住房协会管理的可出租房屋约 230 万套，占全国住房总量的 33%。这使得荷兰成为欧洲社会住房比重和千人拥有量最高的国家，远超奥地利、丹麦、英国和瑞典等发达国家[①]。

荷兰的社会住房政策覆盖面广，效果显著。其住房不足率仅为 0.5%，远低于欧洲 6% 的平均水平，甚至低于北欧发达国家如芬兰、挪威和瑞典。相比之下，中东欧国家的住房条件较差，住房不足率较高，如罗马尼亚、拉脱维亚和保加利亚等国。荷兰社会住房政策的另一个特点是，所有低收入和中等收入居民均可申请社会租赁住房，但低收入群体享有优先权。根据欧盟委员会的要求和荷兰社会住房条例，2011 年后，社会租赁住房的主要目标群体是年收入不超过 33614 欧元的低收入家庭，社会住房协会需将至少 90% 的住房出租给这一群体。此外，领取政府救济金或月工资仅达国家最低工资水平（1469.4 欧元）的荷兰公民也享有优先权。目前，约有 1/3 的荷兰家庭居住在社会租赁住房中。

---

① B. Wind, P. Lersch, C. Dewilde, The Distribution of Housing Wealth in 16 European Countries: Accounting for Institutional Differences, *Journal of Housing and the Built Environment*, 2017, 32(4):625-647.

荷兰社会租赁住房的分配制度经历了从以需求为基础到以选择为基础的转变。二战后，荷兰政府通过《住房分配法案》确立了以需求为基础的分配原则，但由于各地标准不统一，存在不公平和作弊现象。1990年，代尔夫特市率先推行以选择为基础的分配模式，即通过媒体公布房源信息，由符合条件的申请者自主选择。这一模式迅速被其他城市采纳，并沿用至今。在住房分配时，荷兰政府还给予老年人、残疾人、外来移民、失业者等特殊群体特殊照顾和优先权 [1]。

荷兰特有的房租补贴制度也极有效地减轻了低收入群体的住房开支负担。政府制定针对低收入群体的房租补贴，切实使低收入家庭能住得起社会住房，保证低收入者获得合适的住房，真正享受到社会福利的好处。房租补贴额度受申请者的年收入、存款地址、年龄、是否有子女、身体是否有残疾等多重因素的影响。

不仅是荷兰籍公民，外籍公民也可以申请房租补贴。租户可以永久居住，甚至有权以市价的七五折到九折购买所租住房。社会租赁住房的租金一般为每月300~600欧元，最高不超过763.47欧元。目前社会租赁住房占荷兰全国住房存量的33%，占租赁市场的75%。在大城市如阿姆斯特丹、鹿特丹、海牙和乌得勒支，这一比例更高。这种以租为主的制度不仅保证了社会住房协会的稳定房源和租金收入，也确保了社会住房政策的持续性，有效解决了城市低收入群体的住房问题。同时，荷兰政府还通过房租补贴和特殊群体的优先政策，进一步保障了低收入家庭的住房权益，使其真正享受到社会福利的好处（见图7-2）。

---

[1] K. Hamers, N. Moor, M. Mohammadi. A Typology of Clustered Housing for Older Adults Towards Opportunities for Social Interaction: A Case Study of Dutch Social Housing, *Frontiers of Architectural Research*, 2024(3):561-574.

图 7-2　典型小镇住房

资料来源：作者摄。

敞开窗帘：一只橘猫的肖像画

漫步在荷兰城市的街道上，仿佛走进了一幅静谧的水彩画：一边是蜿蜒的运河，河水在阳光下泛着粼粼波光，小桥横跨其上，连接着两岸的生活；另一边则是错落有致的房屋，红砖灰瓦，窗明几净，透着一种质朴的温馨。

然而，最引人注目的，却是那些敞开的窗帘。荷兰人虽以注重隐私著称，但他们的客厅却常常毫无保留地向路人敞开。只需一瞥，便能透过窗户看到整个客厅的全貌，甚至能望见后院花园里摇曳的花草。有时，主人正慵懒地躺在沙发上看电视，或是与客人围坐闲谈，生活的片段就这样毫无遮掩地展现在路人眼前。

夜晚的街道更是别有一番韵味。当外面的世界被夜色笼罩，路灯投下昏黄的光晕，而那些敞亮的客厅却像一盏盏温暖的灯笼，吸引着路人的目光。从黑暗中望向明亮的室内，仿佛在窥探另一个世界。这种行为似乎有些不礼貌，甚至带着一丝诡异的好奇心。然而，荷兰人似乎并不在意。他们的窗帘常年敞开，仿佛在无声地邀请路人："来看吧，来看吧。"久而久之，这种"看一眼"的习惯成了一种自然而然的行为，甚至可以说是荷兰人与生俱来的一种勇敢——一种对生活的坦然与自信。

窗台上常常摆放着一些装饰品，有的带有异国风情，有的则充满了生活气息。这里说说我通勤路上的一段小插曲。一只肥胖的猫，懒洋洋地趴在那里，一动不动，仿佛一幅静止的画。我曾一度被一户人家窗台上的这一"猫景"所迷惑——日复一日，月复一月，这只橘色的猫总是以同样的姿势坐在那里。直到有一天，我端详后才发现那竟是一幅栩栩如生的肖像画。这个小小的"骗局"让我忍俊不禁。

荷兰的街道，因这些敞开的窗帘而充满了生活的气息。每一扇窗户背后，都是一个独特的世界，每一处布置，都透露着主人的品位与情感。这种开放与坦然，不仅让荷兰的街头充满了温馨与趣味，也让路人感受到了一种无声的邀请——来欣赏，来感受，来融入这份独特的生活美学。

这种开放的态度或许与荷兰社会的历史和文化息息相关。据说，过去的税收是根据房屋门面的大小来计算的，因此许多房屋的门面设计得较小，而窗户则开得很大。拉上窗帘不仅会影响室内光线，还可能让人感到压抑。于是，荷兰人选择了敞开窗帘，让阳光和空气自由流动，也让生活的气息与外界相连。

或许，他们也以此为傲，愿意让路人欣赏他们精心布置的家居——书架上的层层书籍、窗台上的异国风情摆件，还有那些点缀在角落的花卉，仿佛一个小小的植物园，为生活增添了一抹生机。荷兰人这种独立自主和热爱家庭生活的特质在他们的日常生活中得到了充分体现。无论是修理自行车还是装修房屋，荷兰人都喜欢亲力亲为。例如，一位女士自己补自行车轮胎在荷兰是司空见惯的事，而在国内，女孩们更倾向于将自行车送到修车铺。这种自己动手的习惯不仅体现在小事上，也延伸到家庭装修和布置中。

荷兰人热衷于亲手打造自己的家，从刷墙、铺地板到整修厨房、装潢浴室，甚至种植草坪和设立栅栏，他们都乐在其中。许多同事会自豪地分享他们如何利用周末时间修剪花园草坪，或者用年假粉刷窗户。这种对家庭生活的热爱让我也学到了不少装修手艺，比如自己粉刷墙壁和糊墙纸。虽然这些技能在荷兰人看来只是雕虫小技，但对我来说却是一种全新的体验。

荷兰人喜欢利用业余时间一点点布置自己的家，他们通常自己设计，而不是依赖装修公司。虽然摆设并不豪华，但独具特色，充满韵味。书架和书籍是客厅的常见装饰，许多普通家庭的客厅都摆满了层层书籍。花卉也是荷兰人喜爱的装饰品，有时多得像一个小型植物园。我曾拜访一位荷兰朋友的家，一进门仿佛进入了一个植物温室，花卉遍布书架和窗台，最令人印象深刻的是沙发后面摆满了一排植物，像屏风一样将客厅一分为二。

除了用植物点缀家居，荷兰人还热衷于饲养各种宠物，最常见的是狗和猫，但也有不少人养兔子、鸽子、豚鼠等小动物。主人与宠物之间的关系极为亲密，甚至到了无拘无束的地步。比如荷兰人并不介意被自己的狗舔脸，认为这是一种亲昵的表达；猫也可以自由地在床上打盹，或是优雅地跳上餐桌，仿佛它们才是这个家的真正主人。我曾与一位医学领域的教授聊起这个话题，他从免疫学的角度解释道，过于干净的环境反而不利于人体免疫系统的锻炼，适度的"不卫生"或许能让人体更健康。

荷兰人对宠物的关爱不仅体现在日常的亲密互动中，还反映在他们为宠物提供的精致生活上。在普通的超市里，宠物食品专区总是占据着一片显眼的位置。这些宠物食品包装精美，价格不菲，对于不懂荷兰语的外国人来说，稍不留神就可能误将其当作人类的食物放入购物车。好在猫粮和狗粮的包装上通常印有巨大的猫狗头像，仿佛在提醒你："这里是宠物的地盘，请勿混淆。"除了超市，荷兰宠物商店里面琳琅满目地陈列着各种宠物用品。从舒适的狗窝、猫厕所，到五花八门的宠物玩具，应有尽有。如果带着爱犬走进这样的商店，它很可能会像孩子一样兴奋，被那些色彩斑斓的玩具吸引得目不转睛。最终，你可能会在它期待的眼神中，忍不住买下一堆它"心仪"的物品。

随着现代生活节奏的加快，许多荷兰人因工作繁忙而无暇照顾宠物，于是"遛狗师"或"宠物陪伴者"这一职业应运而生。他们的主要任务是帮助主人遛狗、喂食、清洁，甚至陪伴宠物玩耍。这一职业不仅解决了宠物主人的后顾之忧，还为那些热爱动物的人提供了就业机会。当然，成为一名合格的遛狗师并不简单，他们需要深入了解宠物的习性和需求，确保在遛狗过程中宠物的安全和舒适。在荷兰的街头，常常可以看到遛狗师牵着几只狗悠闲地散步，形成了一道独特的风景线。

荷兰人对宠物的热爱和细致入微的照顾，不仅让宠物们过上了"奢华"的生活，也反映了他们对生命的尊重和对生活的热爱。无论是与宠物亲密无间的互动，还是为它们精心挑选的食物和玩具，抑或是专门为它们提供的职业服务，都让人感受到荷兰人与宠物之间那份深厚的情感，这种人与自然和谐共处的文化。

第八章

《论语》：第一次被翻译成的外文

荷兰，这个位于西欧的小国，常常被游客匆匆掠过，成为"欧洲八国游"中的一个短暂停留点。在大多数人的印象中，荷兰等于郁金香、风车和木鞋的组合。然而，这个国家的魅力远不止于此。对于文学和艺术爱好者来说，荷兰是梵高（Van Gogh）、伦勃朗（Rembrandt）和蒙德里安（Mondrian）的故乡；对于足球迷来说，荷兰是"三剑客"古立特、范巴斯滕和克鲁伊夫的传奇之地，也是罗本、范佩西和斯内德等新一代球星的摇篮。而对于那些在荷兰生活过的人来说，荷兰则是海堤、水坝和自行车的代名词，是一个现代化、社会稳定、治安良好、福利制度完善的国家。

然而，荷兰的魅力远不止于此。早在 17 世纪，荷兰就对中国文化、历史和哲学表现出了浓厚的兴趣。与其他欧洲国家相比，在荷兰学者、艺术家等的生活与想象中，中国有着重要的位置。

1655 年，荷兰人约翰纳斯·布劳出版了第一本详细的中国地图册；

1667 年，荷兰诞生了第一个完全以中国为背景的欧洲戏剧《崇祯皇帝》；

1675 年,《论语》首次被翻译成外文——荷兰语。

这些历史事件不仅反映了荷兰人对中国的浓厚兴趣，也展示了荷兰作为一个文化大国的开放与包容。荷兰，这个充满历史、文化和趣味的国家，正等待着读者去书中慢慢品味、细细感受。这里推荐几本荷兰语书目：

1. 约翰纳斯·布劳,《中国地图册》(Atlas Sinesis),阿姆斯特丹出版,1655 年

2. 约斯特·范登·冯德尔,《崇祯皇帝》(Zungchin of ondergang der Sineesche heerschappye),阿姆斯特丹出版, 1675 年

3. 彼得·范·霍恩,《中国孔子的真善美：审慎、智慧和丰富》(Eenige voorname eygenschappen van de ware deugdt, voorzichtigheyde, wysheyt en volmaecktheydt, getrocken uyt den Chineschen Confucius),阿姆斯特丹出版,1675 年

《论语》首次被翻译成外文是荷兰语，这不仅是中荷文化交流史上的重要里程碑，也标志着中国哲学思想首次以系统的方式进入欧洲的学术视野。这一翻译工作由荷兰学者彼得·范·霍恩（Pieter van Hoorn）完成，他将孔子的思想精髓带入了欧洲，尤其是荷兰的知识界。

这部翻译作品名为《中国孔子的真善美：审慎、智慧和丰富》，内容主要围绕孔子的道德哲学和治国理念展开。范·霍恩的翻译并非简单的语言转换，而是试图将孔子的思想与欧洲的哲学传统相结合，尤其是与荷兰当时盛行的启蒙思想相呼应。

这一翻译的出现，反映了 17 世纪荷兰对中国文化的浓厚兴趣。荷兰作为当时欧洲的贸易强国，通过与中国的贸易往来，不仅带回了丝绸、瓷器和茶叶，也带回了中国的思想和文化。荷兰的学者、艺术家和思想家们对中国的哲学、历史和艺术表现出了极大的热情，孔子的思想在荷兰得到

传播正是这种文化交流的产物。

《论语》被翻译成荷兰语，不仅为欧洲人打开了一扇了解中国文化的窗口，也为荷兰的学术界提供了新的思想资源。孔子的"仁""礼""中庸"等思想，与荷兰当时的社会价值观产生了共鸣，尤其是在强调个人道德修养和社会和谐方面。这种思想的传播，也为后来的启蒙运动提供了重要的思想素材。

值得一提的是，荷兰人对中国文化的兴趣并非仅限于学术领域。在艺术、建筑和日常生活中，中国元素也深深影响了荷兰社会。例如，荷兰的代尔夫特蓝陶（Delft Blue）就受到了中国青花瓷的启发，而荷兰的园林设计中也能看到中国园林的影子。

荷兰人对中国文化的尊重与吸收，也为今天的跨文化对话提供了宝贵的启示。

揭秘：有趣味的荷兰姓氏

与中国文化颇为相似，荷兰人在正式场合通常以姓氏介绍自己，这一点与许多其他西方国家更倾向于使用名字的做法有所不同。无论是商务会议还是学术交流，姓氏往往是荷兰人身份的核心标识。这种习惯体现了荷兰人对家族和传统的重视，也反映了他们对个人成就的尊重。例如，艺术界的巨匠梵高、伦勃朗和蒙德里安，以及足球界的传奇球星古立特（Gullit）、范巴斯滕（Van Basten）和克鲁伊夫（Cruijff），他们的姓氏已经成为他们身份的代名词，象征着他们在各自领域的卓越成就。

荷兰的姓氏多样且富有故事性。许多姓氏直接反映了祖先的职业，比如"Bakker"（面包师）、"Visser"（渔夫）和"Smit"（铁匠），这些姓氏像是一张张职业名片，记录着家族历史上的职业传承。还有一些姓氏与地理位置相关，如"Van Dijk"（来自堤坝）和"Van den Berg"（来自山丘），这些姓氏不仅揭示了家族的起源地，也让人联想到荷兰独特的地理环境——低地、堤坝和风车。此外，像"De Vries"（弗里西亚人）和"De Jong"（年轻的）这样的姓氏，则反映了家族的族群背景或代际特征，为荷兰的姓氏文化增添了更多的层次和深度。

在非正式场合，荷兰人的命名习惯通常会同时提到名字和姓氏。例如，在朋友聚会或家庭活动中，荷兰人可能会说"我是约翰·克鲁伊夫"（John Cruijff），而不是仅仅提到姓氏。在大学和科研机构中，学生和老师之间通常以名字相称，即使是教授或上级，也常常被直接称呼名字。这种习惯体现了荷兰社会的平等和开放，也让人感受到荷兰人之间的亲切与随和。

荷兰的姓氏文化不仅充满了历史和文化的厚重感，还蕴含着丰富的趣味性和想象力。从"有钱人"到"没钱人"，从动物组合到美食爱好，再到引人深思的"从未想到"，这些姓氏不仅反映了荷兰人的幽默感和创造力，也为我们提供了一个独特的视角，去了解荷兰社会的多样性和文化深度。

1."有钱人"和"没钱人"

-Schuddebeurs（摇钱包）：这个姓氏让人联想到一个摇晃钱包的动作，仿佛在暗示家族的财富或经济状况。它可能源于某个祖先以理财或经商闻名，或者仅仅是一个有趣的绰号。

-Zondergeld（没钱）：与"摇钱包"形成鲜明对比，这个姓氏直译为"没钱"，可能反映了某个祖先的经济困境，或者是一种自嘲的幽默。

-Goodkoop（便宜）：这个姓氏直译为"便宜"，可能与某个祖先以节俭或物美价廉的交易方式闻名。

-Daalder（两块五）：这个姓氏源于荷兰的一种古老货币单位，可能暗示家族与金融或贸易的渊源。

2. 特别的动物组合

-Kattenwinkel（猫商店）：这个姓氏让人联想到一个专门卖猫的商店，可能源于某个祖先与猫有关的职业或爱好。

-Muiswinkel（老鼠商店）：与"猫商店"相呼应，这个姓氏可能暗示某个祖先与老鼠有关的职业，比如捕鼠人或动物商人。

-Vliegendehond（飞狗）：这个姓氏充满了奇幻色彩，可能源于某个传说或家族故事，也可能仅仅是一个有趣的绰号。

-Kalfsvel（小牛皮）：这个姓氏可能反映了某个祖先与皮革加工或畜牧业的关系。

3. 吃货的乐趣

-Groenekaas（绿色奶酪）：这个姓氏让人联想到荷兰著名的绿色奶酪（如草本奶酪），可能源于某个祖先与奶酪制作或销售的渊源。

-Hetebrij（热粥）：这个姓氏直译为"热粥"，可能反映了某个祖先以烹饪或提供食物为生。

-Pannekoek（煎饼）：这个姓氏直译为"煎饼"，可能源于某个祖先以制作或售卖煎饼闻名。

4. 引人深思的姓氏

-Griep（流感）：这个姓氏直译为"流感"，可能源于某个祖先与医学或疾病相关的职业，或者是一个有趣的绰号。

-Sint Nicolaas（圣诞老人）：这个姓氏让人联想到圣诞老人，可能源于某个祖先与圣诞节或慈善活动的关系。

-Vroegindeweij（早到牧场）：这个姓氏直译为"早到牧场"，可能反映了某个祖先与农业或牧场工作的渊源。

-Nooitgedacht（从未想到）：这个姓氏充满了哲学意味，可能源于某个祖先的深思熟虑或意外事件。

荷兰的姓氏文化不仅是个人身份的象征，更是荷兰历史和文化的重要组成部分。每一个姓氏背后，都隐藏着一段家族的故事，或是一段职业的传承，或是一段地理的记忆，或是展现了荷兰人的幽默感和创造力。这些姓氏像是一本本打开的历史书，记录着荷兰社会的变迁和发展；是一扇扇窗口，让我们得以一窥荷兰社会的多样性与文化深度。正如荷兰的风车、运河和郁金香一样，荷兰的姓氏也是这个国家独特魅力的一部分，值得我们去细细品味和探索。

入其俗，从其令：交往礼仪禁忌

"入其俗，从其令"，在跨文化交流中，尊重当地的文化和风俗都至关重要。那么，与荷兰人交往中有哪些需要注意的禁忌礼仪呢？了解并尊重这些禁忌礼仪，有助于建立良好的跨文化关系，避免不必要的误解和冲突。

独特的打招呼方式：电视是开还是关？

荷兰人的社交礼仪和文化习惯有其独特之处，尤其是在身体语言和人际交往方面。朋友之间见面时，荷兰人通常会在对方的脸颊上亲吻三次（左右左），并伴随着嘴唇嚅动发出的"噔噔"声。这种礼仪虽然看起来非常亲热，但实际上更多是一种表面上的礼节，并不代表深层次的亲近。初次见面时，荷兰人通常行握手礼，握手时通常等女士或年长者先伸出手来。与一般朋友相见时，荷兰人通常行拥抱礼。

荷兰人在谈话时身体语言不多，坐下后通常不怎么移动身体，但可能会通过扬眉毛、挤眼睛、咧嘴巴、耸肩膀等表情来表达情感。荷兰人之间的关系相对淡漠，互相保持一定的距离。如果按照中国人的习惯与荷兰人交往，可能会被荷兰人视为侵犯。荷兰人在交谈中如果后退一步，通常是因为觉得站得太近而感到不舒服。

在公共场所，如火车上或车站等车时，荷兰人通常不和陌生人交谈，而是保持沉默，独自看报纸、看书、用笔记本电脑或睡觉。如果车厢很空，人们往往会选择离其他人最远的地方坐下，保持均匀的分布。荷兰人在交谈中很少进行身体接触。

在大街上遇到邻居或熟人时，荷兰人一般会主动打招呼，即使隔着一条马路，他们可能会用荷兰语问："Alles goed？"（一切都好吗？）这通常只是一种问候方式，类似于中国的"你好"。

荷兰人在家中接待客人时有一些独特的礼仪和习惯，这些细节反映了他们对礼貌和尊重的重视。在荷兰，客人来访时，主人通常会提前将电视关闭，而不是让电视作为背景音继续播放。在荷兰，开着电视可能会被视为对客人的不尊重，甚至让客人觉得主人不欢迎他们的到来。如果主人和客人都想观看某个重要的节目，比如世界杯足球赛，主人应事先征求客人的意见，得到同意后再打开电视。即便如此，音量也应控制在适当的范围内。在荷兰，播放音乐是一个很好的选择，可以作为交谈的背景。但同样需要事先询问客人对音乐类型的偏好，并控制音量，以免影响交谈。

荷兰人非常注重个人空间和隐私，因此在交谈中应避免过于靠近对方，尤其是与女性交谈时，保持适当的距离尤为重要。初次见面时，荷兰人通常使用敬语"U"（相当于中文的"您"），以示尊重。在熟悉之后，双方会改用"Jij"（相当于中文的"你"）。平时朋友和熟人之间使用"你"

即可，使用"您"反而显得见外。这种语言上的细微差别体现了荷兰人对礼貌和尊重的重视。

荷兰人在家中接待客人时，注重营造一个安静、舒适的交谈环境，避免电视或其他噪音干扰。同时，他们在交谈中也非常注重礼貌和尊重，尤其是在倾听和表达意见时。

人手一本日程本：做客是否送礼物？

荷兰人在时间管理和家庭关系方面也有其独特之处，人们习惯使用日程本记录所有的活动和安排，几乎人手一本。幽默地说，若需要在荷兰做人口普查，恐怕只要统计今年卖出了多少日程本就解决了。无论是工作、社交还是家庭活动，荷兰人都会提前计划并严格遵守日程安排。这种习惯使得荷兰人的生活非常有规律，但也意味着如果没有预约，很多事情都无法进行，无论是看医生、去市政厅办事，还是剪发。

在荷兰，几乎所有的社交活动都需要提前预约，即使是与亲密的朋友或家人见面。如果你想去探访朋友或亲戚，一定要提前打电话预约，而不是突然造访。这种习惯在中国可能难以想象，但在荷兰却是非常普遍的。

那么，提一个略为刁钻的问题：和自己孩子见面要提前预约吗？在荷兰，父母拜访子女也需要提前预约，即使是单身子女。父母通常会打电话询问是否可以过来，子女则根据自己的时间和心情决定是否同意。如果子女说不方便，父母就不会去。这种习惯表面上看似家庭观念"淡漠"，但实际上反映了荷兰人对个人空间和隐私的尊重。尽管荷兰人注重个人空间，但他们也非常重视家庭关系。祖父母虽然很少接送孙辈上下学，但他们享受与孙辈的亲情时光，经常安排单独与孩子们的度假时间。有的荷兰人会固定每隔一段时间，开车几个小时去探望父母，保持亲密的家庭联系。

荷兰人强调个人独立性和责任感，家庭成员之间的行为被视为个人选择，而不是家庭整体的责任。因此，荷兰父母不会因为子女或兄弟姐妹的犯罪行为感到羞耻或愧疚，他们认为这是个人的事情，与家庭无关。荷兰人重视诚实和直接沟通，如果子女或父母拒绝见面，通常不会被视作不礼貌，而是被视为一种诚实的表达。这种文化习惯体现了荷兰人对个人自由和尊重的重视，同时也反映了他们在家庭关系中保持的平衡——既重视亲情，又尊重彼此的独立性。

与人手一本的日程本类似，细心的朋友可能会发现在荷兰人家里常常会有一个特别的挂历：生日挂历，上面密密麻麻地记下了亲朋好友、家人同事的生日。有意思的是，荷兰人喜欢把这种生日日历挂在卫生间里，上边写着朋友的生日这一特别重要的事项。忘记朋友的生日在荷兰被视为不可原谅的事情，荷兰人或许是想通过这种方式在"方便"时温习生日信息。

在荷兰，生日是一个非常重要的日子，人们会寄生日卡或礼物。在职场中，同事和老板会花费工作时间庆祝生日，通常会有三次亲吻脸颊的礼仪，过生日的人则需要带蛋糕给大家分享。有时会收到集体礼物，但无论如何，大家轮流购买并分享生日蛋糕是常见的做法。

荷兰人非常注重礼物的包装，无论礼物大小，都会用色彩鲜艳或深沉的包装纸精心包裹。礼物的外观通常古朴典雅或雍容华贵，体现了对送礼的重视。收到礼物时通常会当面打开，并对礼物和包装纸都赞赏一番，以示感谢。这种当场致谢和赞美的礼仪表达了荷兰人对送礼者的尊重和谢意。如果收到鲜花，荷兰人会立即将其插入花瓶，让它赶紧汲取水分，并置于醒目之处。如果是一条丝巾，可以马上围在脖子上，当场试戴，照照镜子，表达喜爱之情，如告诉赠送者："我很喜欢它的颜色"，"这条丝巾的图案真漂亮"。如果是很亲近的朋友，可以说自己的真心话，譬如其实是希望要某一位作家的书。在拆开外包装时，注意不要乱扯、乱撕、乱丢，举止动作舒缓且有条理。

去荷兰人家里做客时，带一些小礼物是礼貌的表现。一束鲜花、一盒巧克力或一瓶葡萄酒都是受欢迎的选择。荷兰女主人通常会客气地表示不必如此，但实际上会立即将鲜花插入花瓶，表现出对礼物的喜爱。给喜爱中国的荷兰朋友带一些中国的小吃或寄一张中国的小卡片是不错的选择。然而，礼物的选择应注重实用性和心意，而不是昂贵与否。不必送贵重的礼物，荷兰人更注重礼物的心意，而不是其价值。过于贵重的礼物可能会让人感到不适，甚至产生误解。

收到礼物，是不是按照传统礼貌地放置在一边呢？中国人传统的性格是内敛含蓄、低调沉稳，一般不会当着送礼者的面把礼物打开，而是在致谢后礼貌地将礼物搁置在一边留待以后再看。一般情况下，不当面打开礼物，一方面表示自己看重对方的心意而不是所送的礼品，另一方面也可以避免万一不喜欢对方所送礼物的尴尬，也可以避免不同人的礼物相互之间的比较等，这样的文明礼仪体现了中国人对对方的尊重。然而，与中国人习惯不当面打开礼物不同，荷兰人通常会当面拆开礼物并表达感谢。这种差异反映了荷兰人直接和开放的文化特点，而中国人则更注重内敛和含蓄。

那么有一个比较实际的小问题：要不要给自己的导师或者老板送礼物呢？如果你是一名博士留学生，这个问题可能会困扰着你。在中国，带一些家乡的特产等小礼物给导师是个常见的做法，尤其是在寒暑假结束后，大家会分享来自全国各地的特色礼物，特别是各地美食。这种习惯体现了中国人对人际关系的重视和分享的文化。

然而，在荷兰，博士留学生是否给导师送礼物是一个需要谨慎考虑的问题，礼物的选择和赠送方式需要更加注意文化差异。一般来说，给荷兰的导师带一些小礼物是可以的，如中国的小吃。主动邀请导师一起分享，通常是一个不错的选择，这样可以营造轻松愉快的氛围。或者，也可以寄一张中国的小卡片，附上祝福的话语，这种方式既简单又充满心意。

需要注意的是，没有必要给老板或导师送非常贵重的礼物。荷兰人更注重礼物的心意，而不是其价值。过于贵重的礼物可能会让人感到不适，甚至产生误解，尤其是对于不太熟悉的人，可能会认为你有所图谋，反而弄巧成拙。

守时信任：好客吗？

在时间观念上，荷兰和德国、瑞士很相似，准时非常重要，迟到被视为不尊重。

如上所述人手一本日程本，荷兰人非常重视自己的日程安排，同时也意味着他们珍惜时间、对时间的重视程度的确非常高。在荷兰，守时在他们的文化中占据着极其重要的地位，迟到被视为不尊重，甚至是不负责任的行为。

即使是5~10分钟的迟到，也可能会让荷兰人感到不满，甚至表现出不悦的情绪。去荷兰人家里，基本上是如果你晚到了5~10分钟，那就做好自己心理建设，准备见到一张给颜色的脸吧。这种对迟到的敏感不仅体现在社交场合，也体现在职场中。例如，如果你在求职面试时迟到，很可能会失去工作机会。守时这个概念，对于荷兰人来说，不仅仅针对不能迟到，也包括不能提前太早。他们不仅不喜欢迟到，也不喜欢别人提前到达。如果你比约定的时间到早了，他们可能会感到不适，也不乐意接受，别指望他们会领你的情，他们甚至觉得你打扰了他们的安排。如果在约定时间前过早到达，建议先在附近转转，等到准点再去敲门。

如果你和一个荷兰人有一个约会，那么就将约定的时间写在你的日程本上，荷兰人这样会有一种安全感，并感觉你比较重视和他的约会。荷兰人会将与你约定的时间写在日程本上，并希望你也这样做。这种行为不仅体现了他们对时间的重视，也让他们感到你尊重和重视与他们的约会。如果你需要取消与荷兰人的约会，应尽早通知他们。通常需要提前几天告知，如果当天才取消，会被视为不礼貌的行为。这种提前通知的习惯反映了荷兰人对计划性和责任感的重视。

荷兰人知道外国人可能不像他们那样守时，但他们仍然会对此表示不满。如果你与荷兰人有约会，最好严格遵守时间，以免引起不必要的误解或冲突。守时在荷兰被视为一种信任的标志。如果你能准时赴约，荷兰人会认为你是一个可靠和值得信赖的人。这种信任在商业和社交关系中都非常重要。

荷兰人不仅以守时著称，他们在言行一致和契约精神方面也表现出高度的责任感。荷兰人通常非常重视自己所说的话，并尽力遵守承诺。这种言行一致的习惯使得他们在社交和商业交往中显得可靠和值得信赖。当然，这并不意味着荷兰社会完全没有骗子，但总体来说，荷兰人更倾向于相信他人，并期望对方也能遵守承诺。荷兰人有时会过于认真，甚至忽略对方的语气和语境。如果你开玩笑说自己明天要去埃及度假，他们可能会当真，并忽略你是在开玩笑。因此，在与荷兰人交往时，最好避免开这种可能引起误解的玩笑。

在商业交往中，荷兰人非常注重合同和协议的履行。他们会严格遵守谈判的时间安排和流程，确保每一步都按计划进行。这种对时间和流程的重视反映了他们对效率和责任感的追求。荷兰人对合约的履行具有高度的契约精神。一旦签订合同，他们会尽力遵守条款，并期望对方也能做到。

这种契约精神使得荷兰人在商业合作中显得可靠和值得信赖。

荷兰人相信对方所说的话，并期望对方也能遵守承诺。这种信任是建立在言行一致和契约精神的基础上的。如果你能遵守承诺并履行合约，荷兰人会认为你是一个可靠和值得信赖的合作伙伴。荷兰人非常重视责任感，无论是在社交还是商业交往中。他们会尽力履行自己的承诺，并期望对方也能做到。这种责任感使得荷兰人在人际关系和商业合作中显得可靠和值得信赖。

在荷兰，主人会在客人离开时从壁橱或衣架上帮助客人拿好衣服，甚至为女客人打开外衣，这是一种显示礼貌的方式，这一细节体现了荷兰人的礼貌好客。

然而，荷兰人不轻易留客吃饭。有一个典型的例子：已经傍晚六点了，荷兰人会主动地请你留下来吃晚饭吗？除非事先说好，荷兰人通常不会在客人来访时主动邀请他们留下来吃晚饭。即使客人待到晚饭时间，荷兰人一般也不会主动邀请。为避免这种情况发生，他们往往会巧妙地安排见面时间，尽量避开用餐时段。荷兰人通常会很有技巧地把见面时间约在离吃饭有相当距离的时段，即便出现超时也不会留客人在家吃饭。当你是被邀请在下午三点半去荷兰人家里做客，通常是只被邀请喝咖啡或者茶，好客的主人可以配点荷兰小吃。如果碰巧客人在吃饭时间来访，一家大小都会耐心地等待客人走了，再进厨房做饭。如果客人不识趣地待到晚饭时间，还是一直讨厌地待到快六点，他们会觉得很不舒服并且不理解你为什么还不告辞。如果碰上那种不识趣、铁了心想蹭饭的人，荷兰人多半会很诚实地告诉你，没有准备多余的饭，访客自然只好走人。所以，想蹭饭堪比登天，荷兰人可能会直接告诉客人没有准备多余的食物，这在中国人看来可能显得不够热情。

荷兰人在准备晚餐时，通常会按照事先说好的人数准备相应量的食物，不会多做。如果客人临时带来朋友，可能会导致食物不够，荷兰人认为这不是主人的过错。这种习惯反映了荷兰人对计划和精确的重视。荷兰人在用餐时注重安静，咀嚼食物和喝汤时不应发出声音，喝咖啡时也应轻轻搅动，避免发出响声。此外，荷兰人不会给客人夹菜，这与中国人热情好客的习惯形成鲜明对比。

从好客程度来看，荷兰人的好客程度相对较低，只有在与很要好的朋友和家庭成员相处时，才会邀请他们共进晚餐。相比之下，中国人通常更热情好客，愿意"添一双筷子"来招待客人。在荷兰，最好不要在下午四点到晚八点之间去别人家里，因为大多数荷兰人在这段时间内用餐。而在中国，客人来访时，主人通常会热情招待，甚至临时准备饭菜。按说荷兰用餐，以土豆、面包为主，只要土豆、面包上足了，按照中国话"添一双筷子"的逻辑来说，添一套刀叉餐具，轻而易举，何必搞得如此不讲情面呢？这点上，荷兰人大概率算不太好客的，只有很要好的朋友和家庭成员才会被邀请用来家里共进晚餐。

不过当你和荷兰人相处了一段时间，被他们接纳为好朋友之后，他们还是会邀请你去他们家里吃晚饭。主人会按照事先说好的人数预备相应量的食物，食物的分量总是不多不少，吃完后基本会干干净净。可能你会暗自纳闷他们的计算方法，但总之，如果你临时多带来了一个朋友，那么对不起，很有可能分不到一块牛排了，而且荷兰人觉得这绝对不是主人的过错。

去家里做客不管饭，想蹭饭也是没门。那么，收到去餐馆请客的邀请就是一定能管饭吗？除非已经明确说明发起邀请的人会支付吃饭的账单，否则务必自带钱包。即使有人邀请，没有特殊说明，钱还是要各付各的。结账时如果没带钱包，当场交不出钱，虽然不会把你怎么处置，但事后绝对会收到发起邀请人"善意"通知欠款数额和指定账户，要求尽快转账。初来荷兰的中国人大多不习惯这样的邀请，但荷兰人却乐此不疲。

不过，这样很有助于学会使用常用的英文："Let's go Dutch"。字面意思是：成为一个荷兰人；实际表达意思是：（付账的时候）各付各的账。历史上荷兰是英国的竞争对手，17~18世纪，为了争夺海上贸易霸权，他们之间爆发了四次战争，史称"英荷战争"（Anglo-Dutch Wars）。"GO Dutch"是英国人发明的贬损荷兰人的短语之一，用来讽刺荷兰人的小气和精明。据说，早期荷兰海上贸易发达，世界各地商人都到荷兰进行交易，流动性很大。请一个人吃饭，被请的人可能这辈子也碰不到了，没有被回请的机会。为了大家不吃亏，精明的荷兰人就采用各付各的账的方法。从另一个角度来看，"Go Dutch"非常好地解决了某些尴尬的局面，避免付账的时候一些人出去接电话、去上厕所、佯装喝醉，剩下一个老实人吃哑巴亏去把账结了的情形。

以上的礼俗习惯似乎可由此概括说荷兰人不好客、小气抠门，然而实际上却不能轻易下此结论。虽然他们在日常生活中可能显得保守和谨慎，但在面对国际灾难和弱势群体时，他们表现出极大的慷慨和同情心。

荷兰是世界上遗产捐赠人口比例最高的国家之一，平均每年有64%的人口参与捐赠。这种高比例的捐赠行为表明荷兰人具有强烈的社会责任感和同情心。荷兰人对国际灾难的响应非常迅速和慷慨。对于很多未曾谋面、甚至毫无关联的人，看似小气的荷兰人却很能破费。无论是非洲大饥荒、菲律宾海啸、秘鲁禽流感，还是土耳其地震，荷兰人都积极参与捐款和援助。荷兰人似乎比当地人都着急上火，虽然八竿子打不着关系，捐款不断汇给那些距离遥远、素不相识的灾民。2023年土耳其地震后，荷兰慈善机构Grio555筹集了2500万欧元，显示了荷兰人对远方灾民的关心和支持。

在对国际灾难的响应上，荷兰人通过多种渠道参与慈善活动，包括慈善机构、公益社团、大学生协会等。有些荷兰人甚至通过银行自动转账，定期资助第三世界的老弱病残。有些荷兰人在生日时，要求宾客将准备送生日礼物的钱，直接捐赠给慈善基金会，捐给弱势人群。

很难翻译的一个流行语：幸福指数高

荷兰语中的一些习惯用语和概念，深刻反映了荷兰文化的独特之处。尤其是 "Gezellig" 这个词，它不仅仅是语言中的一个词语，更是荷兰人生活方式和价值观的体现。Gezellig 超越了简单的"舒适"或"温馨"，更多地表达了一种情感上的满足和幸福感。它强调的是人与人之间的互动和情感联系，而不是物质上的奢华或外在的排场。在荷兰，Gezellig 可以体现在各种场合：家庭聚会、朋友聚餐、咖啡馆里的闲聊，甚至是工作中的团队氛围。荷兰人非常重视这种情感上的连接，认为这是生活中不可或缺的一部分。这种文化观念也反映了荷兰社会的平等主义。荷兰人不太注重外在的物质条件，而是更看重内心的满足感和人际关系的和谐。

荷兰在世界幸福指数报告中排名靠前，这与他们的文化价值观密切相关。荷兰人更倾向于从简单的生活中找到幸福，而不是追求物质上的成功或社会地位。他们的幸福感往往来自与家人、朋友的亲密关系，以及日常生活中的小确幸。比如，和朋友一起喝杯咖啡、和家人共度周末、在公园里散步等，这些看似平凡的时刻在荷兰人眼中却是幸福的源泉。这种幸福感的平等性也体现在荷兰社会的整体氛围中。荷兰社会相对平等，贫富差距较小，这使得大多数人都能享受到相对稳定的生活质量和幸福感。

还有一些习惯用语，如"Met de neus in de boter vallen"（鼻子落到黄油里）和"Een appeltje voor de dorst"（以备口渴而有的一个苹果），反映了荷兰人务实、节俭的生活态度。这些用语不仅仅是语言上的表达，更是荷兰人生活哲学的体现。荷兰人注重实际，善于未雨绸缪，同时也懂得享受生活中的小幸运。

荷兰社会的平等性不仅体现在经济上，也体现在社会关系和日常生活中。荷兰人非常重视人与人之间的平等和尊重，这种价值观在他们的日常交往中得到了充分体现。在荷兰，无论是朋友、同事还是陌生人之间的交往，都强调一种轻松、自然的态度。荷兰人不太喜欢过于正式或拘谨的社交场合，而是更倾向于轻松、愉快的氛围，这也正是"Gezellig"所强调的。

荷兰在世界幸福指数中的高排名不仅反映了他们的生活质量，也反映了他们对幸福的独特理解。荷兰人更注重内心的满足感和生活的平衡，而不是外在的物质条件。荷兰的高幸福指数还与其社会福利制度、健康的生活方式和良好的工作与生活平衡有关。荷兰人普遍享有较长的假期、灵活的工作时间以及完善的社会保障体系，这些都为他们提供了较高的生活质量，也是他们能够在世界幸福指数中名列前茅的重要原因。

"请"和"谢谢"："对不起"

荷兰人一般说话会带有"请"字，"谢谢"也是常不离口。对话听起来很礼貌，不过用得过勤，这些礼貌用语有时反而失去其原本的含义了。这种礼貌对话中也可以非常明显地表露出一种不敬和不满，就看你是用什么神态、口气来说"请"和"谢谢"了。一位来自葡萄牙的朋友告诉我一个感受，荷兰人有时会运用一种带有粗鲁的礼貌。一次他在商店购物后在柜台结账，按照荷兰的习惯是顾客将钱递给收银员时说一个"请收下"，收银员说"谢谢"，同时接过钱，算好要找的钱时将收据和找的钱递给顾客并说"请收下"，这时轮到顾客说"谢谢"了。如此，大家尽情地操纵着礼貌用语，全然不顾文字的浪费。哪知这位葡萄牙的老兄在一次递钱时忘了说"请"字，结果立即得到了一个带有浓重讽刺和不满意义的"谢谢"作为收银员的回敬，让他着实吓了一大跳。

荷兰人以开放和直接著称，但他们也注重社交礼仪，尤其是在公共场合。在大街上看到两个荷兰人互相争吵的机会少之又少，他们倾向于通过间接的方式表达不满，而不是直接冲突。这种矛盾的性格特点使得荷兰人的社交互动既礼貌又充满潜台词。对于不熟悉荷兰文化的外国人来说，这种微妙的社交规则可能会让人感到困惑，甚至误解。荷兰人日常生活中"请"和"谢谢"的使用频率非常高，几乎贯穿于每一次互动。这种习惯反映了荷兰社会对礼节和尊重的重视，但同时也可能隐藏着一些微妙的社会动态。荷兰人的礼貌用语有时并不仅仅是表达感激或尊重，而是承载了更多的情感和态度。这种"礼貌文化"背后，其实有着复杂的社交规则和潜台词。

无论是在商店、餐厅还是日常生活中，这些词语的使用几乎是下意识的。荷兰人习惯于在交流中使用"请"和"谢谢"，这已经成为一种社会规范。这种频繁的礼貌用语有时会让人感到形式化，甚至显得有些机械化。当这些词语被过度使用时，它们的真实含义可能会被淡化，成为一种社交礼仪的"标配"，而非发自内心的表达。

然而，荷兰人的礼貌用语并不仅仅是表面的客套。它们的语气、神态和语境往往传递着更深层次的信息。一位葡萄牙朋友在商店结账时忘记说"请"字，收银员的"谢谢"立刻带上了讽刺和不满的意味。这种反应揭示了荷兰人对社交规范的敏感性和对礼节的高度重视。在荷兰，礼貌用语不仅仅是表达友好，更是一种社会契约的体现。当这种契约被打破时，荷兰人可能会通过语气或神态来表达不满，而不是直接指责对方。

或许荷兰社会的这种礼貌文化也反映了他们对秩序和规范的重视。荷兰是一个高度组织化的社会，人们习惯于遵守规则和礼仪。这种文化背景使得礼貌用语成为维持社会和谐的重要工具。然而，当这些规则被打破时，荷兰人可能会通过微妙的方式表达不满，而不是直接对抗。这种社交方式既维护了表面的和谐，又避免了直接的冲突。

相比之下，有一个词语荷兰人却很少说，他们通常不会说"对不起"（Het spijt me）。很少看见荷兰人拉下自己的脸面说"对不起"，这是不是因为荷兰人的性格使他们觉得道歉会让自己没面子，或者在荷兰人的观念里道歉是对自己的否认呢？荷兰人对此的解释是其背后有文化原因。

他们认为自己以直接和务实著称，这也意味着他们的信息清晰而准确。他们的沟通风格通常清晰明了，不喜欢拐弯抹角。直率的性格使得他们在使用"对不起"这个词语时格外谨慎，因为他们认为道歉应当是真心的，而不是一种社交礼仪或外交手段。荷兰人只有在真正感到内疚或意识到自己犯了错误时才会道歉，而不是为了迎合他人或维持表面的和谐。这种态度与一些文化中频繁使用"对不起"作为礼貌用语的习惯形成了鲜明对比。

荷兰人对道歉的慎重态度，可能与他们注重个人责任和诚实的价值观有关。他们认为，道歉不仅仅是一种语言表达，更是一种对错误行为的承认和对后果的承担。因此，荷兰人只有在真正意识到自己的行为对他人造成了伤害或不便时，才会真诚地说"对不起"。这种态度也反映了他们对人际关系的重视，他们希望通过真诚的沟通来解决问题，而不是通过表面的礼貌来掩盖矛盾。

荷兰人道歉的范围非常广泛，从国家层面的历史反思到个人生活中的小错误，都可以成为道歉的理由。例如，2022 年 12 月 19 日，时任荷兰首相马克·吕特为荷兰在奴隶贸易中的角色道歉，用多种原住民的语言说"对不起"。这一举动不仅是对历史的反思，也是对受害者的尊重和承认。在个人层面，荷兰人也倾向于在犯错后主动道歉，尤其是当他们的行为对他人造成了实际影响时。这种道歉文化体现了荷兰社会对责任和正义的重视。

虽然很少说"对不起"，但他们却是天生的抱怨者。荷兰社会虽然高度发达，福利制度完善，但荷兰人似乎总是能找到抱怨的理由。无论是天气、交通、物价，还是生活中的琐事，荷兰人都能从中找到不满之处。这种抱怨文化可能与他们务实和挑剔的性格有关。荷兰人习惯于追求完美，对生活中的细节有着极高的要求，因此他们总是能够发现可以改进的地方。

荷兰人对天气的抱怨尤其典型。由于荷兰气候多变，阴雨天气居多，荷兰人常常抱怨缺少阳光。然而，当天气转晴气温升高时，他们又会抱怨天气太热。而这只不过是太阳普照两天，气温达到 32℃ 时，他们就会抱怨。这种对天气的挑剔态度，反映了荷兰人对生活环境的敏感和对舒适度的追求。除了气温过高过低，荷兰人抱怨的对象不一，范围广泛。交通拥堵、物价上涨等生活中的小问题，如塞车十分钟、啤酒涨价 10% 等都是很好的抱怨素材。即使在表达满意时，荷兰人也往往使用含蓄的语言，比如会说"不是不满意"；对你的成绩做出夸赞时说"还不赖"。如果问一个荷兰人"你最近的工作如何"，回答可能是"我不能抱怨"。这时不必误会，其实很可能表示对工作是满意的，只是他不会说"我还满意"，似乎他们生来就是为了寻找抱怨的，而不直接表达满足或赞美。

这种抱怨文化可能源于荷兰人对生活的务实态度和对完美的追求。他们习惯于寻找问题并提出改进建议，而不是简单地接受现状。这种性格特点使得荷兰社会在管理和创新方面表现出色，但也让他们在日常生活中显得不那么容易满足。荷兰人的抱怨并不是消极的，而是一种对生活质量的追求和对改进的渴望。这些文化特点既塑造了荷兰社会的高效和创新，也让他们的日常生活充满了微妙的情感表达和社交潜台词。

掌握终极防御技能：说"不"就是"不"

在荷兰工作一段时间，可能会面临一个问题：是否向老板提出升职或加薪？

对于一些外国人来说，他们觉得直接地对老板提出要求提职加薪是不礼貌的，或者不好意思提出来。于是，可能会用一种婉转的方式间接地表达自己的愿望。比如一个希望提职加薪的员工，会采取以加班加点的工作态度和优异的表现来间接传递自己的诉求，期待老板能够"领悟"并主动给予奖励。在荷兰如果采取这种方法，老板虽然会看见你工作热情和结果，但很可能认为你对自己目前各方面情况很满意，所以这样卖力地工作，而不会自然延伸扩展地想到你在其中隐含着提职加薪的愿望。瞧，这样的话，该有多亏！

在荷兰工作，需要适应一种截然不同的职场文化，尤其是在表达个人诉求和沟通方式上。荷兰人以直言不讳著称，他们的沟通风格直接、透明，不喜欢拐弯抹角。这种文化特点在职场中表现得尤为明显，尤其是在涉及升职、加薪等敏感话题时。对于习惯了委婉表达的职场人来说，这种直率的沟通方式可能需要一些时间来适应。

在荷兰，如果希望升职或加薪，直接向老板提出是非常正常的事情，而不向老板提出，你可能就永远停留在原来的位置。荷兰人认为，表达自己的职业诉求是一种对自身价值的认可，也是对工作的积极态度。如果你不主动提出，老板可能会认为你对现状感到满意，从而不会主动考虑你的升职或加薪请求。这种间接的方式可能会被误解为你对现状的满足，从而导致你的诉求被忽视。

荷兰人的直言不讳不仅体现在提出诉求上，也体现在日常沟通中。他们习惯于直接表达自己的想法和感受，即使这些想法可能与对方的期望相悖。这种特质也有很多其他版本的词来描述，包括"坦诚""直率""不礼貌""不体谅""生硬""粗鲁"等。这对于居住荷兰的外国人来说，需要付出一些努力来理解这种文化背景。事实上，在荷兰社会，有这么一个比较有共识的荷兰语"bespreekbaarheid"（可谈性），含义是一切都可谈，一切都应谈。荷兰人以此自豪，这是"荷式"直率的社会基础，也是这种文化现象的背后逻辑。这种文化观念使得荷兰职场中的沟通更加透明和高效，但也可能让不熟悉这种文化的外国人感到不适。

荷兰人大多学会了说"不"这一终极防御技能，他们大多会比较直率、干脆，想说便说。多数情况下，不需要出于礼貌委婉托词，或想避免意见分歧，不想产生矛盾纠纷，违背自己心意说"好"。当你不同意对方的要求，或是不值得、不想为别人做一件事时，荷兰是一个完全可以说"不"的国家，说"不"是一种被广泛接受的沟通方式。荷兰人认为，直接拒绝比违心答应更尊重对方，也更符合诚实的原则。如果你不同意某项要求或不想做某件事，直接说"不"是完全正常的，不需要找借口或委婉托辞。荷兰人尊重他人的选择，即使这意味着他们的要求被拒绝。相反，如果你违心地说"是"，荷兰人可能会认为你不够诚实，甚至觉得你虚伪。通常荷兰人会尊重别人的选择说"不"，然后放弃自己提出的要求。说"不"的理由可大可小，也可以只是因为你没有心情。相反，如果你在不同意一件事时违心地说了"是"，作为妥协等，荷兰人反而可能会认为你不诚实，甚至是个虚伪的人。

荷兰人以直接和务实著称，他们的沟通方式简单明了，不喜欢拐弯抹角。当一个荷兰人邀请你吃饭时，如果你因为"谦让"而说了"不"，他们会尊重你的回答，而不会继续礼貌地劝说。在他们看来，"不"就是"不"，不需要额外的解释或推让。同样，如果你出于礼貌邀请一个荷兰人留下来用晚餐，他会认为你是真心实意地邀请，并会根据自己的情况直接决定是否接受，而不会客气地推让一番。这种直接的沟通方式在中国人眼中可能显得有些生硬，甚至不够礼貌，但在荷兰人看来，这是一种高效且真诚的表达方式。

想象一下两个荷兰人之间的对话：

小王问："星期六可以六点来我家吃饭吗？"

小李回答："好啊。"

就这样，约会便敲定了，双方各自将时间记在记事本里，无需多余的客套。

又或者，小李回答："不行。"

小王不会花时间劝说，话题就此结束，双方都不会感到尴尬或不适。

这种直接的交流方式在荷兰社会中非常普遍，它反映了荷兰人对诚实和透明的重视。荷兰人认为，直接表达自己的想法和感受是对他人的尊重，而不是一种冒犯。他们不喜欢虚伪的客套，更倾向于通过清晰的沟通来避免误解和不必要的麻烦。对于习惯了委婉表达的中国人来说，这种文化差异可能需要一些时间来适应，但一旦理解其中的逻辑，便会发现这种沟通方式的独特魅力。

荷兰人的直接不仅体现在日常对话中，也贯穿于他们的生活哲学。他们崇尚简单、务实的生活方式，不喜欢复杂的形式和虚伪的礼仪；崇尚说实话，不管是如何痛苦，甚至是揭自己的短。这种特点使得荷兰社会显得格外开放和透明，但也要求人们在交流中更加坦诚和直接。这一生活哲学是在国际上得到人们的赞赏的，但是主要还要看实际中人们的做法如何，有时候被其他因素如经济利益，操纵或影响甚至只是因为爱面子而无法说出事实。

实际操作指南：面对难题争论冲突

荷兰这种沟通方式在职场中也有其优势，它减少了误解和猜测，使得团队合作更加高效；同时，它也鼓励员工表达自己的真实想法，从而促进创新和改进。然而，对于习惯了委婉表达的职场人来说，这种文化可能需要一些时间来适应。对于他们来说，学会在适当的时候说"不"，并理解荷兰人背后的文化逻辑，或许是一种新的成长和适应。

以下是一些在荷兰职场中表达诉求和沟通的建议：首先，直接表达诉求。如果你希望升职或加薪，不要犹豫，直接向老板提出。可以准备一份清晰的陈述，说明你的贡献、成就以及你对未来的期望。其次，接受直接反馈。荷兰人习惯于直接给出反馈，无论是正面的还是负面的。不要将负面的反馈视为个人攻击，而是将其视为改进的机会。再次，学会说"不"。如果你不同意某项要求或不想做某件事，直接说"不"是可以接受的。荷兰人尊重诚实和直接的沟通方式。然后，适应透明沟通。荷兰职场中的沟通通常是透明和开放的。不要害怕参与讨论或表达自己的观点，即使这些观点可能与主流意见不同。最后，理解文化差异。荷兰人的直言不讳可能会让初来乍到的外国人感到不适，但理解这种文化背景后，你会发现这种沟通方式其实更加高效和真诚。

荷兰人在面对难题时，往往会选择说实话的方式来应对。这不仅仅是因为他们内心有一种道德标准在约束，更可能是因为他们觉得没有必要在编织谎言上花费太多精力。与其费尽心思去掩盖事实，他们更愿意直面问题，甚至选择淡化或忽略它，以便腾出更多时间去享受生活。当然，这并不是说荷兰人从不说谎，事实上，谎言在任何社会中都存在，荷兰也不例外。只不过，荷兰人更倾向于用简单直接的方式处理问题，而不是通过复杂的谎言来逃避现实。即便有人说谎，他们也可能会为自己的行为找一些合理的解释，就像撑起一把美丽的雨伞，让自己心安理得。

荷兰人在谈论问题时通常不会绕弯子，而是直接切入主题。对于他们来说，这种直截了当的方式并不是不尊重，而是一种诚实和坦率的表现，甚至被视为一种优点。当一个荷兰人对某件事持有不同意见时，他们会毫不犹豫地表达自己的观点，甚至直接告诉对方"你错了"。这种态度在荷兰社会中非常普遍，即使是学生也会毫不客气地对老师或教授质疑。老师并不会觉得这种直率的表达是不礼貌的，反而会认为这是一种独立思考的表现，并给予支持和赞赏。

事实上，荷兰人之间的争论并不少见，只是他们的争论方式与其他文化有所不同。如果你向一个荷兰人征求意见，他会直接告诉你他的观点，而不会含糊其词地说"一方面我觉得……，另一方面我觉得……"。他们也不会刻意察言观色，揣摩你的反应，而是专注于表达自己的想法。荷兰社会强调个人主义和独立性，每个人都有自己的观点和立场。

这种文化背景使得荷兰人在会议或讨论中常常呈现"百花齐放"的

局面。尽管观点各异，但争论通常不会升级为激烈的冲突。荷兰人在争论时很少会提高嗓门或做出夸张的手势，即使是对自己非常重要的事情，他们也能保持冷静。这种克制并不是因为他们缺乏情感，而是因为他们从小接受的教育强调独立和个人主义，使得他们对不同的观点和做法早已习以为常，甚至有些漠不关心。既然差异是常态，又何必大动干戈呢？这种文化习惯使得荷兰人在争论中能够保持理性，避免情绪化的对抗。

然而，争论并不是荷兰人解决问题的终点。在经过长时间的讨论或会议后，他们通常会达成某种共识，双方都会作出一些妥协。但事情并不会就此结束，荷兰人还会对争论的过程进行反思。他们会坐下来，仔细分析事情发生的经过、背后的动机以及各自的心态。比如，为什么事情会这样发展？对方提出观点的依据和初衷是什么？当时自身的情绪如何？决策是否受到了社会环境的影响？这种反思的目的是消除误解，增进理解。在解释清楚之后，双方通常会互相原谅，并试图将过去的不愉快抛诸脑后。虽然这并不总是容易做到，但在一些正式场合，比如在人事部门的调解下，双方往往能够达成正式的和解。

荷兰人习惯于接纳不同的意见，这种包容性在他们的社会政策中也有所体现。比如，荷兰对安乐死的开放态度，正是这种文化包容性的一个缩影。他们尊重个体的选择和多样性，认为每个人都有权利表达自己的观点和生活方式。直面问题，用简单直接的方式处理矛盾，同时也在争论和反思中寻求理解和和解。这种文化背景使得荷兰社会在争论和冲突中能够保持一种理性和平和的氛围，即使意见相左，也能通过沟通和反思找到共同的解决方案。这种文化特点使得荷兰社会在多元化和包容性方面表现出色，也为其他文化提供了一种值得借鉴的沟通和解决问题的方式。

独特的饮食文化：咖啡店是喝咖啡的地方吗?

咖啡店是什么地方：一天喝多少杯?

咖啡店是喝咖啡的地方吗？这似乎是个"弱智"问题，然而在荷兰答案是"否"。

在荷兰，尤其是阿姆斯特丹，咖啡店（Coffee Shop）确实不是一个喝咖啡的地方。如果你以为这里是一个可以悠闲地品尝一杯拿铁或卡布奇诺的场所，那可能会让你大吃一惊。实际上，荷兰的"Coffee Shop"是一个可以合法购买和消费大麻的地方。这种名字上的反差，对于初来乍到的外国人来说，确实容易引起误解，甚至让人感到困惑或不安。

真正提供咖啡和小吃的场所，在荷兰通常被称为"Café"或餐馆。这些地方才是你可以坐下来，点一杯咖啡，配上一块蛋糕，享受悠闲时光的地方。而"Coffee Shop"则完全不同，它的氛围和功能与传统的咖啡馆截然不同。如果你误打误撞走进一家"Coffee Shop"，可能会发现里面的气氛与你预期的完全不同：空气中弥漫着一种特殊的气味，顾客们的神情放松，甚至有些迷离。这种场景可能会让不熟悉荷兰文化的人感到不适，甚至产生一种被误导的感觉。

这种"挂羊头卖狗肉"现象，往往会让不知情的人感到尴尬或愤怒。在荷兰，"Coffee Shop"的存在并不是为了欺骗或误导，而是荷兰社会对大麻采取的一种独特政策的体现。

对于游客来说，了解这种文化差异非常重要。如果你只是想喝杯咖啡，享受一下荷兰的悠闲氛围，那么一定要认准 "Café" 或餐馆的招牌。而如果你对大麻文化感兴趣，想要体验一下荷兰的 "Coffee Shop"，也需要提前了解相关的法律法规，确保自己的行为在合法范围内。"Coffee Shop" 背后反映了荷兰社会对个人自由和宽容的独特态度。这种文化现象虽然可能让不熟悉的人感到困惑，但也正是荷兰社会多元化和开放性的体现（见图 8-1）。

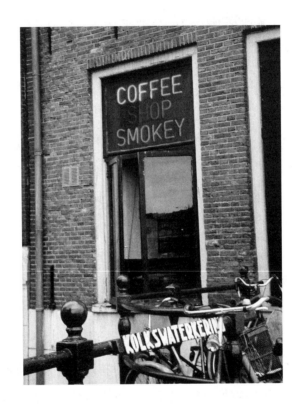

图 8-1　咖啡店

资料来源：作者摄。

　　虽然荷兰的 "Coffee Shop" 以其独特的功能闻名，但荷兰人自己却很少触碰毒品，他们更倾向于沉醉于咖啡的香气和味道。荷兰人对咖啡的热爱几乎到了痴迷的程度，咖啡不仅是他们日常生活中的一部分，更是一种文化和习惯的体现。对于许多荷兰人来说，咖啡不仅仅是一种提神饮料，更是一种生活仪式，贯穿于他们的每一天。

在荷兰的职场中，咖啡时间（koffie tijd）是一个非常重要的社交时刻。比如，许多荷兰同事会在上午十点和下午三点的工作休息时间里，习惯性地喝上一到两杯咖啡。这段时间不仅是放松身心的机会，也是同事之间交流的黄金时刻。午餐后，再来一杯咖啡，几乎成了荷兰职场文化的标配。这样算下来，一个荷兰人一天在办公室里就能喝上三到五杯咖啡。而这还不包括他们在家中的咖啡饮用量。早餐和晚餐时，荷兰人通常也会各喝一杯咖啡，因此一天下来，五到七杯咖啡对他们来说并不罕见。

荷兰人对咖啡的品质要求很高，他们绝不会容忍稀薄如水的咖啡。如果你在荷兰人面前抱怨美国的咖啡，他们很可能会立刻点头附和，甚至还会加上几句讽刺的评论。你可以抱怨说："啊呀，我在美国喝的哪里是咖啡？简直是水。"荷兰人会马上会意点头附和说："可不是吗！"有时还会加上一句讽刺的话："美国的咖啡给的量倒是一大杯，就是有颜色的水，可乐，呵呵。"荷兰人认为，咖啡应该浓郁、醇厚，而不是像"有颜色的水"。这种对咖啡品质的执着，也反映了荷兰人对生活细节的重视。

在荷兰人家里喝咖啡时，你可能会发现一个有趣的现象：主人通常只会给你一块饼干或巧克力，而不是一大盘。这种"一块饼干"的文化，体现了荷兰人的节俭。主人可能会递给你一个饼干盒，但请记住，一次只能拿一块。如果你贪心地多拿，主人可能会毫不客气地盖上盒子，并且不会为此感到尴尬。这种直率的做法，正是荷兰人性格的体现——他们不喜欢虚伪的客套，而是习惯于直接表达自己的态度。

荷兰人对咖啡的热爱和对品质的追求，也体现在他们的咖啡文化中。无论是在家中、办公室，还是在咖啡馆，荷兰人都喜欢用一杯香浓的咖啡来点缀生活的每一个瞬间。这种对咖啡的依赖和热爱，不仅是一种习惯，更是一种生活态度。荷兰人通过咖啡，找到了一种平衡工作和生活的方式，也让咖啡成为他们文化中不可或缺的一部分。

荷兰人对咖啡的热爱远远超过了对毒品的兴趣。他们用一杯杯香浓的咖啡，串联起一天的生活，也在咖啡的香气中找到了属于自己的节奏和乐趣。无论是职场中的"咖啡时间"，还是家中的一杯咖啡配一块饼干，荷兰人都用最简单的方式，诠释了他们对生活的热爱和对品质的追求。

个子很高：午饭吃得很少

过去 200 多年中，荷兰出现了惊人的一幕：身高出现了大幅增长，男性的平均身高从 1810 年的 166 厘米提高到了现在的 185 厘米，仅仅两个世纪就增长了 19 厘米。目前，荷兰人的平均身高是世界第一，男性的平均身高为 185.5 厘米，女性平均身高为 172 厘米，均为世界第一。一米八以上的男子和一米七以上的女子满大街都是。荷兰是低海拔国家，国土 1/3 在水平面以下，却孕育生长出了全世界最高的国民，足以给他们超过水平面的实力。在此，以幽默点缀，稍作玩笑。

这种身高的增长不仅令人惊叹，也引发了许多关于荷兰人生活方式和饮食习惯的讨论。尤其是当你初到荷兰，看到那些身材高大的年轻人午餐只吃两片夹着薄薄的奶酪或火腿的三明治时，难免会感到困惑：他们是如何靠这么少的食物维持如此高大的体格的？

荷兰人的饮食习惯与许多其他文化有着显著的不同。他们的早餐和午餐通常比较简单，甚至可以说是"冷食文化"的代表。早餐通常是面包片配上黄油、奶酪、果酱，再搭配一杯咖啡、牛奶或新鲜果汁。午餐则往往是三明治，内容可能是一片奶酪、火腿，或者几片黄瓜、西红柿。即使是体力消耗较大的年轻人，午餐也通常不会超过两三个三明治。

然而，荷兰人并不是靠午餐来提供全天能量的。他们的饮食习惯更注重分散式的能量补充。下午三点的"咖啡时间"（koffie tijd）是一个非常重要的能量补给时刻。在这段时间里，荷兰人通常会吃一些零食，比如饼干、巧克力、苹果或香蕉。这种小规模的加餐不仅能够缓解饥饿感，还能为下午的工作提供持续的能量支持。

荷兰人午餐时喝牛奶的习惯，对于许多外国人来说，可能显得有些奇特，甚至令人惊讶。然而，对于荷兰人来说，这是一种再自然不过的日常行为。牛奶在荷兰人的饮食中占据着重要地位。无论是早餐、午餐还是晚餐，牛奶都是一种常见的饮料。尤其是在午餐时，荷兰人会非常镇定地喝上一两杯牛奶，搭配他们的三明治或面包。荷兰人对奶制品的消费量远远超过许多其他国家，他们不仅喝牛奶，还大量食用酸奶、奶酪等乳制品。这种高钙饮食不仅为他们的骨骼健康提供了充足的营养，也在一定程度上解释了荷兰人为何能够成为全球平均身高最高的民族之一。

荷兰是世界上最大的奶酪和牛奶生产国之一，奶酪的种类繁多，口味丰富，几乎每个地区都有自己独特的奶酪品牌和制作工艺。当地人最引以为傲的是那些由小型养牛场手工制作的传统奶酪，可以说是"一家一品牌，百品百口味"，这些奶酪不仅风味独特，还承载着荷兰悠久的历史和文化。国际知名的荷兰奶酪，如 Gouda 和 Edam，都是以传统奶酪交易市场的名字命名的。这些奶酪在质地上有硬质的、半硬质的，也有绵软丝滑的；在口味上，有甜味的、咸味的、烟熏的，甚至还有孜然五香等独特风味。

奶酪在荷兰的饮食文化中不仅仅是一种食材，更是一种社交和文化的象征。在荷兰的晚会或招待会上，切成小方块或片状的奶酪是必不可少的小吃。即使是高档的招待会，有荷兰首相或皇室成员出席的场合，侍者照样会端上一盘盘奶酪，供贵宾享用，当然更不用提在朋友家或是 Café 了。

这种习惯不仅体现了荷兰人对奶酪的热爱，也展示了他们对传统饮食文化的尊重和传承。

六点回家吃饭：厨房设备齐全精良

荷兰人一日三餐中，晚餐占据着重要地位。午餐通常是最简单的一餐，往往在中午 12 点到下午 1 点之间匆匆解决。许多人会在早餐时顺手多做一份三明治，带到单位作为午餐，简单地打发过去了。这种简单、快捷的饮食方式反映了荷兰人务实的生活态度，他们更注重效率和便利，而不是在午餐上花费太多时间和精力。

晚餐则是荷兰人一天中最正式、最丰盛的一餐。结束了一天的工作后，荷兰人喜欢用一顿热腾腾的晚餐来犒劳自己。晚餐通常包括肉类、蔬菜、浓汤等，与午餐相比，种类丰富，分量也相对较大。

这种饮食习惯反映了荷兰人对晚餐的重视，也让他们在一天的最后时刻能够享受到满足感，通常从晚上六点左右开始。荷兰人非常重视家庭时间，晚餐往往是全家人聚在一起的时刻，所以许多荷兰人会在六点准时回家，与家人共进晚餐。笔者曾经向来自欧洲与荷兰相邻国家的同事调查，在荷兰生活最大的感受是什么，答案是荷兰人一个重要特点是晚上六点必须回家吃晚饭。这种习惯不仅体现了荷兰人对家庭生活的重视，也反映了他们对工作与生活平衡的追求。

晚餐后，荷兰人通常不会外出，而是选择在家中度过安静的夜晚。即使是夏季，街道上也很难看到喧闹的场景，商店大多在下午五六点就关门，整个城市显得格外宁静。或许是荷兰的阴雨天气居多，大家都习惯在室内度过晚间时光，耐不住寂寞的年轻人可以去酒吧和电影院。

荷兰的饮食文化相对简单，尤其是在汤类菜肴上，种类非常有限。在荷兰的鸡汤非常简单，就是一种鸡汤，一个味道，已经高度商业化，在全国的超市都可以买到干粉末状的汤料，兑上开水即可，好比冲泡一袋豆浆。在荷兰，食物的味道似乎并不是最重要的，荷兰人更注重食物的实用性和便捷性。

有趣的是，尽管荷兰人对食物的态度相对简单，他们的厨房设备却非常先进。你不要惊讶，荷兰人的厨房通常配备各种现代化的烹饪工具，如称量器、搅拌器、榨汁机、计时器等，设备齐全，装备精良，宛如一个高级实验室。这种对厨房设备的重视，反映了荷兰人对烹饪过程的精确控制，尽管他们并不像中国人那样追求复杂的烹饪技巧和丰富的口味。

对于生活在荷兰的中国人来说，胃是受委屈了，饮食上的差异确实可能让人感到不适应。好在荷兰的大城小镇几乎都有一两家中国餐馆，或中国印尼餐馆，虽然这些餐馆为了适应荷兰人的口味，往往对菜品进行了调整，缺少了原汁原味的风格，但至少能在一定程度上缓解思乡之情。阿姆斯特丹的唐人街有几家相对正宗的中餐馆，成为许多华人缓解嘴馋的好去处。

荷兰传统食品：注意吃鲱鱼的口型

荷兰的饮食文化虽然不像中国那样丰富多样，但也有着自己独特的传统菜肴和特色小吃。这些食物不仅反映了荷兰人的饮食习惯，也承载了他们的历史和文化。尽管荷兰菜以简单、实用为主，但其中不乏令人回味的美味。

Erwtensoep（豌豆汤）是荷兰冬季的经典菜肴，尤其在寒冷的天气里，一碗热腾腾的豌豆汤不仅能温暖身体，还能提供充足的热量。这款汤的主要原料是豌豆、土豆和肉肠，虽然名为"汤"，但实际上浓稠得几乎像炖菜。荷兰人通常会在汤中加入盐和胡椒粉调味，味道香浓且饱腹感强。有趣的是，这款汤放置一晚后，味道会更加浓郁，因此许多荷兰家庭会一次性煮一大锅，分几天享用。搭配几片面包，豌豆汤就成了荷兰人冬季餐桌上的主食。

Stamppot（土豆泥杂烩）是荷兰的"国民菜"，几乎每个荷兰家庭都会做。这道菜以土豆泥为基础，加入肉类（如香肠或培根）和各种蔬菜（如胡萝卜、洋葱、甘蓝等），搅拌均匀后食用。Stamppot 的制作非常灵活，可以根据季节和个人喜好调整食材的组合。比如，冬天可以加入更多的根茎类蔬菜，夏天则可以加入新鲜的绿叶蔬菜。这道菜不仅简单易做，还能提供丰富的营养，是荷兰人餐桌上的常备菜。

Stroopwafel（荷式松饼）是荷兰最具代表性的甜点之一，也是许多游客必尝的美食。这种松饼由两片薄脆的饼皮夹着肉桂和焦糖制成的糖浆，口感酥脆，甜而不腻。现做的 Stroopwafel 尤其美味，趁热咬上一口，焦糖的香气和肉桂的味道瞬间充满口腔，令人回味无穷。荷兰人还有一种传统的吃法，就是将松饼盖在热茶或咖啡杯口，利用热气将糖浆稍微融化，使松饼更加香甜。无论是作为零食还是伴手礼，Stroopwafel 都深受喜爱。

Speculaas（香料曲奇）是荷兰圣尼古拉斯节（Sinterklaas）的传统饼干，通常在每年 12 月 5 日前后食用。这种饼干以月桂、肉桂、丁香等香料调味，形状多样，常见的有风车、动物和圣尼古拉斯形象。Speculaas 的口感酥脆，香气浓郁，是节日期间不可或缺的美食。荷兰人还会在烘焙中使用一种特殊的糖——Basterdsuiker，这种糖含有转化糖，能够使饼干更加湿润和松软。Speculaas 不仅是节日的象征，也是荷兰人童年记忆的一部分。

Drop（甘草糖）是荷兰人最爱的糖果之一，但对于外国人来说，这种糖果的味道可能有些难以接受。Drop 通常呈黑色或黑褐色，味道浓郁，带有甘草的苦涩和碱味，初次尝试的人往往会感到惊讶甚至不适。然而，荷兰人却对这种糖果情有独钟，甚至将其视为在国外生活时最怀念的食物之一。Drop 不仅是一种零食，还具有润喉的功效，因此在气候干燥时，荷兰人常常会含上一颗来缓解喉咙不适。为了迎合更多人的口味，商家还推出了薄荷味、水果味和蜂蜜味等改良版本。

金酒（Jenever）可以说是荷兰的国酒，相当有名。又名琴酒或杜松子酒，由大麦、燕麦与小麦发酵蒸馏，并且加上杜松子的果实（juniper）调味成的一种烈酒，酒精浓度都有 35% 以上。16 世纪，荷兰莱顿大学教授 Sylvius de Bouve 发明了一种医用的烈性酒，称之为 Jenever。当时他在谷物酿造和蒸馏出的烈酒基底中加入杜松子油，以促进血液循环从而治疗多种疾病。17 世纪荷兰黄金时期的酿酒业享誉欧洲，东印度公司的船员每次从荷兰到新世界的航程中畅饮，同时将金酒带到了世界各个角落，进一步提升了荷兰酿酒业的影响力并扩大了其传播范围。金酒也是从单一的杜松子口味发展为有各种香料和异国风情的烈酒。在八十年战争中，荷兰士兵每每会在奋勇上战前小尝几口佳酿，因此金酒被英国人称为"荷兰人的胆量"，于是通过战场，金酒被传到了英国，并获得英国人的喜爱。将荷兰语 Jenever 中首字母 J 改变为 G，为 Genever，后简化为单元音的 Gin。作为世界名酒之一，芬芳诱人，清新爽口的金酒盛行于世。

金酒（Jenever）可以说是荷兰的国酒，也是荷兰文化中不可或缺的一部分。这种烈酒的历史可以追溯到 16 世纪，当时荷兰莱顿大学的教授 Sylvius de Bouve 发明了一种以杜松子调味的医用烈酒，命名为 Jenever。最初，Jenever 被用作药物，用于促进血液循环和治疗各种疾病。然而，随着时间的推移，这种酒逐渐从药房走进了酒吧，成为荷兰人日常生活中不可或缺的饮品。

荷兰人通常会在酒吧或家中享用 Jenever，有时会搭配一杯啤酒，这种喝法被称为"kopstoot"（意为"头撞"），是一种非常传统的荷兰饮酒方式。

荷兰的啤酒文化也非常丰富。Heineken（喜力）是荷兰最著名的啤酒品牌，在全球范围内享有盛誉，北京三环燕莎一带可以看到飘扬的广告旗帜。虽然 Heinenken 啤酒销量大得惊人，但在荷兰本土，人们同样钟爱其他品牌的啤酒。比如，Grolsch（格锐仕）和 Amstel（红爵）等品牌。尤其是在南部的马斯特里赫特，有许多小型啤酒厂生产独具特色的啤酒，如 Wieckse Witte（威克赛小麦啤酒）等。这些啤酒不仅口感独特，还承载着荷兰各地的文化和传统。

啤酒在荷兰的普及程度非常高，尤其是在 18 世纪和 19 世纪，人们几乎把啤酒当作水来饮用。如今，啤酒仍然是荷兰人社交活动的重要组成部分。朋友们一起去酒吧喝几杯啤酒，聊聊天，是一种非常常见的社交方式。荷兰的酒吧文化非常活跃，无论是大城市还是小镇，都能找到充满活力的酒吧和啤酒屋。

鲱鱼（Herring）在荷兰饮食文化中占据着极其重要的地位，甚至可以说是荷兰最具代表性的传统美食之一。荷兰人吃鲱鱼的方式非常独特，甚至可以说是令人印象深刻：他们通常会将一条去头剔骨的生鲱鱼直接塞进嘴里，搭配碎洋葱或蛋黄沙拉酱食用。这种吃法对于许多外国人来说可能显得有些"生猛"，但对于荷兰人来说，这是一种美味且充满仪式感的享受。

荷兰人吃鲱鱼的历史可以追溯到 14 世纪，当时一名叫 Willem Beukelszoon 的水手发明了用盐腌制鲱鱼的方法。这种方法不仅延长了鲱鱼的保存时间，还赋予了它独特的风味。由于这一重要发明，Willem Beukelszoon 被荷兰人视为民族英雄，他的名字甚至被写进了小学课本，成为家喻户晓的人物。

如今，鲱鱼的制作工艺已经现代化，但传统的腌制方法依然被保留下来。新鲜的鲱鱼首先会被冷藏至少 24 小时，然后用盐腌制，确保鱼肉的鲜嫩和风味。腌制好的鲱鱼会被去头、剔骨，并仔细清理内脏和鱼血，以确保鱼肉的干净和美观。最终，鲱鱼的外表会呈现出银灰色，内里则是略带青白色的鱼肉，看起来非常诱人。

在荷兰的街头，尤其是在旅游景点和闹市区的鱼摊上，你经常可以看到当地人用拇指和食指捏住鲱鱼的尾巴，将鱼倒提起来，蘸上一些碎洋葱，然后张大嘴巴，"啊唔"一口将鱼吞下。整套动作一气呵成，很是享受。这种吃法不仅展现了荷兰人对鲱鱼的热爱，也成为荷兰文化中的一个标志性场景。对于荷兰人来说，吃鲱鱼不仅是一种味觉的享受，更是一种文化的传承。

鲱鱼的季节通常在每年的 5~7 月，这段时间被称为"新鲱鱼季"（Hollandse Nieuwe）。此时的鲱鱼脂肪含量最高，口感最为鲜美。荷兰人会在新鲱鱼季举行各种庆祝活动，甚至将第一条捕获的鲱鱼拍卖，拍卖所得通常会捐赠给慈善机构。这种传统不仅体现了荷兰人对鲱鱼的珍视，也反映了他们对社区和公益的关注。

对于外国人来说，尝试生吃鲱鱼可能需要一些勇气，但一旦克服了心理障碍，你会发现这种美食确实有其独特的魅力。鲱鱼的肉质鲜嫩，搭配洋葱的辛辣和蛋黄酱的浓郁，口感层次丰富，令人回味无穷。如果你有机会到荷兰旅行，不妨在鱼摊前停下脚步，尝试一下这种地道的荷兰美食，体验一下荷兰人"一口吞鲱鱼"的豪迈与享受。

安静的 AA 制：热闹的露天市场

荷兰人结账时，气氛冷静而有序，服务员只需将账单放在桌上，大家会自然而然地开始计算各自的份额，然后平摊费用。这种"AA 制"的结账方式，英文中甚至有一个专门的短语来形容："Let's go Dutch"，字面意思就是"让我们按照荷兰的方式"，即各自付账。

对于初到荷兰的中国人来说，这种结账方式可能会让人感到有些不适应，甚至觉得少了些人情味。在中国，抢着付账是一种表达友谊和尊重的方式，而在荷兰，平摊费用则被视为一种公平和独立的表现。荷兰人从小就被教育要独立自主，这种价值观也体现在他们的社交习惯中。他们不喜欢因为金钱问题而产生不必要的依赖或尴尬，因此"AA 制"成为他们生活中自然而然的一部分。

尽管结账时的气氛可能显得冷淡，但荷兰的用餐氛围却别有一番风味。荷兰的餐馆的灯光往往比较昏暗，桌上点着蜡烛，淡黄色的烛光映衬着每个人的脸庞，营造出一种温馨而私密的氛围。人们围坐在餐桌旁，低声交谈，既不会打扰其他用餐者，也能保护自己的谈话隐私。这种环境非常适合长时间的用餐和深入的交流。

在荷兰的餐馆中，酒是不可或缺的一部分，啤酒和红白葡萄酒尤其受欢迎。不过，荷兰人很少喝白酒。用餐的时间通常会拉得很长，有时可以从晚上 7 点一直持续到 11 点，甚至更久。这种慢节奏的用餐方式，让荷兰人有更多的时间享受美食和彼此的陪伴。

在荷兰逛商场时，有一个细节可能会让初来乍到的游客感到意外：上厕所需要付费。商场或是快餐店的厕所，很多情况下需要支付 50 欧分（约合人民币 4 元）才能使用。这种"付费厕所"文化在荷兰非常普遍，或许他们重视对公共设施的维护，同时也提醒人们节约资源。

除了个别豪华商店可以买到高档物品，荷兰街上很少见到像法国香榭丽舍大道那样的奢华购物街，在西欧算是提倡朴实的国家。荷兰的购物文化以朴实为主，崇尚简单和实用，街上的行人大多穿着休闲便装，衬衫和牛仔裤是最常见的搭配。只有在政府办公楼聚集的城市，如海牙，才能看到更多西装革履的上班族。这种朴实的风格也体现在荷兰的商店中，除了个别高档商店外，大多数商店都以实用和性价比为主，奢侈品并不是荷兰人日常消费的重点。

荷兰的露天市场是购物文化中不可或缺的一部分。每座城市通常会在每周安排 1 到 2 天的露天市场，地点大多设在市中心的运河附近。这些小摊小贩沿着运河两岸一字排开，售卖的商品种类繁多，从新鲜蔬菜、熟透的水果，到衣物、日用杂品和鲜花，应有尽有。露天市场不仅价格实惠，还能让人感受到浓厚的市井气息，仿佛赶庙会一般热闹。

一年中最特别的露天市场是在国王节（Koningsdag）这一天，即每年的 4 月 27 日。国王节是荷兰最重要的节日之一，全国上下都会举行盛大的庆祝活动。在这一天，每个人都可以摆地摊售卖自己的物品，而且最吸引人的是，这一天挣的钱不用上税。对于税收高得惊人的荷兰人来说，这无疑是一个难得的机会。许多人会趁机清理家中的旧物，也有人会售卖手工艺品或二手商品，甚至有一些商贩会混入其中，抓住这个机会赚取额外收入。国王节的露天市场不仅是一个购物的好机会，更是一个充满欢乐和活力的社交场合。

第九章

艺术与科学：相辅相成

　　阿斯麦的成功在于荷兰人创造积累了大量物理学尤其是光学知识，他们对于仪器制造领域所体现的工匠精神和艺术气质，尤其是那种在艺术中追求科学与细节的劲儿，使其仪器制造业在世界上处于领先地位。荷兰在光学和仪器制造方面的传统，以及在科学与艺术结合上的独特优势，使其在全球光刻机市场中占据了先机。

　　在荷兰文化中，科学与艺术往往是相辅相成的。荷兰艺术家如维米尔（Johannes Vermeer）在其画作中展现了极高的光学技巧，甚至有人认为他使用了类似相机的设备来辅助绘画。这种对光学和视觉的深刻理解，也反映在荷兰的仪器制造中。荷兰人不仅在科学上追求精确，还在艺术上追求细节和美感。这种科学与艺术的结合，使得荷兰的阿斯麦光刻机在全球范围内独树一帜。

视觉盛宴：百花齐放

埃舍尔：影响了数学和物理的画家

莫里茨·科内利斯·埃舍尔（Maurits Cornelis Escher，1898~1972）为

一名荷兰版画家，是 20 世纪最具影响力的艺术家之一，他的作品不仅在艺术领域广受赞誉，还因其对数学、物理学和哲学的深刻影响而备受推崇。

这位大师具有世界公认的独一无二的风格，他的艺术作品是数学家们的研究课题并定期在数学会议上研讨。埃舍尔的作品常常以视觉错觉、无限循环、对称性和几何变换为主题，挑战观众对空间、时间和现实的认知。

宛如阿斯麦的作品光刻机，埃舍尔的作品是艺术与科学的交汇。他的作品与数学和物理学有着紧密的联系，通过艺术表达了许多复杂的科学概念，如：非欧几何：埃舍尔的作品中经常出现双曲几何和球面几何的元素，例如在《圆的极限》系列中，他展示了如何在双曲空间中无限重复的图案；分形与自指：埃舍尔的作品《画手》和《相对性》等展示了自指和无限递归的概念，这些概念后来成为分形几何和计算机图形学的重要基础；投影几何与透视：他的作品《昼与夜》和《瀑布》通过巧妙的透视技巧，创造出看似合理但实际上不可能的视觉结构，挑战了观众对空间的理解；对称性与镶嵌：埃舍尔对平面镶嵌图案的研究尤为著名，他创造了许多复杂的周期性图案，展示了对称性在艺术和数学中的美感。

埃舍尔的作品常常涉及运动学、相对论、非欧几何和投影几何等科学概念，他与 2021 年诺贝尔物理学奖得主罗杰·彭罗斯（Roger Penrose）有过深入的互动。彭罗斯的"彭罗斯三角"和"彭罗斯阶梯"等概念直接影响了埃舍尔的作品，如《瀑布》和《上升与下降》。这些作品展示了不可能的空间结构，启发了数学家、物理学家和哲学家对空间和维度的思考。

位于荷兰海牙的埃舍尔博物馆（Escher in The Paleis）是了解埃舍尔作品的最佳场所。博物馆原本是荷兰女王的冬宫，现收藏了埃舍尔的全部作品，包括他最著名的几幅作品：《昼与夜》：这幅作品通过黑白对比和巧妙的构图，展示了白天与黑夜的转换，同时暗示了无限的空间；《瀑布》：这幅作品基于彭罗斯三角，展示了一个看似永动的瀑布，挑战了观众对重力和空间的认知;《画手》：这幅作品通过自指的手法，展示了手在画手的过程中无限递归的奇妙景象。博物馆的展览不仅展示了埃舍尔的版画作品，还通过多媒体技术将他的艺术理念应用到现实世界中，让观众更直观地感受到埃舍尔作品中的几何变化和视觉错觉（见图 9-1）。

埃舍尔的作品对多个领域产生了深远的影响。他的作品成为数学家研究对称性、分形和几何变换的灵感来源。他的视觉错觉和空间结构启发了物理学家对多维空间和宇宙结构的思考。埃舍尔的镶嵌图案和无限递归概念被广泛应用于计算机图形学和算法艺术中。他的作品引发了对现实、幻觉和人类认知的深刻哲学讨论。

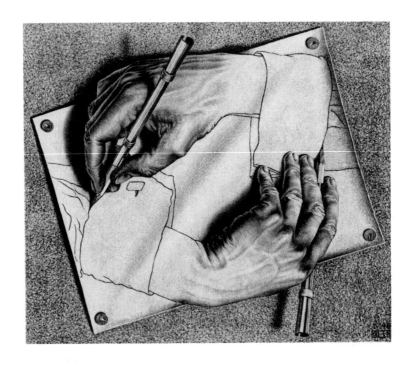

图 9-1 埃舍尔（Maurits Cornelis Escher）的作品（Drawing Hands，1948）

资料来源：https://www.apollo-magazine.com/the-mysteries-of-m-c-escher-at-the-dulwich-picture-gallery/。

维米尔：被遗忘了 200 年

荷兰有一位艺术家，在画作中展现了极高的光学技巧，甚至有人认为他使用了类似相机的设备来辅助绘画。然而，这位艺术大师却被全世界遗忘了 200 年。许多人可能看过他的画作《戴珍珠耳环的少女》，或以其为原型风靡全球的各式模仿画，对其念念不忘，前往海牙皇家博物馆往往就是冲着这幅画去的。

约翰内斯·维米尔（Johannes Vermeer），是 17 世纪荷兰黄金时代最伟大的画家之一，也是荷兰画派代表伦勃朗和哈尔斯之后的代表画家。然而，他一直处于默默无闻、黯淡无光的状态，如同一颗蒙尘的明珠。他不仅一生贫穷，而且在很长一段时间里都不为人所知。在他去世后的 50 年，历史学家甚至已经忘记了他的名字，他的画作一度被认为是其他荷兰画家的作品。

直到 19 世纪中叶，法国艺术评论家泰奥菲勒·托雷·比尔热发现并重新认识了维米尔。在被遗忘长达两个世纪之后，维米尔的画作终于成为欧洲艺术研究的重要对象，他的名字传遍欧洲画坛，作品备受推崇。他与同一时代的其他伟大画家共同构筑了艺术史上的辉煌。

维米尔只活了 43 岁（1632.10.31~1675.12.15），创作了 45 幅画作，其中 35 幅留存于世，是艺术史上著名画家中作品数量最少的一位。

伦勃朗：罗丹心中的艺术之神

与被遗忘的维米尔相比，伦勃朗·哈尔曼松·凡·莱因（Rembrandt Harmenszoon van Rijn）矗立在艺术的辉煌时代，站立在巅峰之上。17 世纪，荷兰崛起为世界顶尖大国，贸易、经济、科技和艺术都达到了前所未有的高度。伦勃朗的艺术成就不仅代表了荷兰黄金时代的辉煌，也对后世产生了深远的影响。

伦勃朗展现了其独特的光影运用技巧，他的代表作《夜巡》不仅是绘画艺术的杰作，更是一部充满戏剧性的视觉史诗。伦勃朗没有按照传统方式为画中的每个人物赋予同等的地位，而是通过巧妙的构图和光影处理，突出了主要人物，同时让次要人物融入背景。这种创作方式表明，他已经超越了传统的束缚，真正开始从内心出发，表达自己对艺术的独特理解。

伦勃朗在《夜巡》中使用了一片近乎漆黑的深色背景，但这黑色并非死寂，而是充满了生命力。黑色中逐渐透出黄黄的光，仿佛压抑的火焰在暗中燃烧。这种光影的对比是他的绝技，他通过光与影的交织，揭示了人物内心深处的精神世界。他的神秘与深厚正是从这种光影的处理中得以体现。在这种光线的映照下，他精心安排了画中的人物，使他们的形象既真实又充满梦幻色彩。

伦勃朗通过这幅作品不仅展现了他对光影的极致掌控，也表达了他对人类精神世界的深刻洞察。梦与现实在这幅画中交织在一起，形成了一种独特的艺术张力，这种将梦境与现实完美融合的能力，使《夜巡》成为艺术史上不朽的经典之作。

17 世纪荷兰人的平均寿命不过 50 岁，而伦勃朗活到了 63 岁，占据了近三分之二个世纪，算是长寿。然而，他的人生并非一帆风顺，而是经历了从巅峰到低谷的巨大起伏，如同一幅波澜壮阔的画卷，充满了辉煌与苦难的交织。

早年的伦勃朗，生活可谓顺风顺水。25 岁便小有名气，雇主包括像惠更斯的父亲这样有财富和地位的人。1634 年，他与最爱的女子萨斯蒂亚结婚，生活幸福美满。1635 年，他为爱妻画了三幅画，其中《伦勃朗与萨斯蒂亚》展现了他当时的财富、名望、地位和爱情，仿佛一切都已经达到了人生的巅峰。1640 年，伦勃朗在模仿提香的自画像中，展现了一个骄傲、奢华却又积极努力的青年才俊形象。他热爱收藏，中国的瓷器、非洲的象牙、名贵的珍品……只要喜欢的都会购买回来。生活似乎应该永远这样美好下去。

然而，命运对伦勃朗的考验接踵而至。首先是他的三个孩子在五年内相继夭折，给他带来了巨大的痛苦。1642 年，他最深爱的妻子萨斯蒂亚去世，这对伦勃朗的打击极大。他久久无法从悲痛中走出来，脾气开始变得暴躁，性格也越来越强硬。他的艺术创作不再迎合雇主的要求，而是更加注重表达内心的情感。这一时期，他创作了《夜巡》，这幅杰作却引发了雇主的不满。阿姆斯特丹的消防队员们请伦勃朗为他们作画，但当他们拿到作品时，发现除了前面的两个人，其他人的形象模糊、猥琐或被遮掩。每个人交给他的钱是一样的，大家感到愤怒，差点以欺骗罪将他告上法庭。

1661 年，阿姆斯特丹市政厅委托伦勃朗画一幅日耳曼人对罗马反抗的题材画《巴达维亚人克劳丢斯》，以寓荷兰对西班牙的反抗。然而，伦勃朗却将本应被歌颂的祖先描绘成了"刽子手"形象。画中的那束光没有照亮伦勃朗的人生，反而成为一把利剑，这幅作品最终被砍成仅剩的小部分，也斩断了他所有的地位与声望。伦勃朗成为一个被社会彻底唾弃的人，再也没有人找他画画了。这幅画彻底断送了他的绘画生涯。

1662 年，伦勃朗的第二任妻子也去世了。此时的伦勃朗在悲痛中已经彻底大彻大悟，无欲无求。一个本能够击垮生活的人，却被生活击垮了。然而，正是在这最后的六年里，伦勃朗创作了人类艺术史上不朽的作品。他的代表作《犹太新娘》《浪子回家》展现了他对人性深刻的洞察与表达。《犹太新娘》描绘了一对犹太新郎和新娘，新郎把手放在新娘心脏的位置，整个作品在喜悦中又透露出悲伤，触发了观者的怜悯之心，又深谙流动的亲情。画中的两个人虽饱经沧桑，却可以历经今世所有的磨难永远在一起。这幅画曾深深感动了梵高。

伦勃朗经历了三个孩子夭折、两任妻子去世、两幅画作让他名誉扫地、失去所有收入和社会地位。1668年，他唯一剩下的孩子也去世了。至此，这个世界什么都没给伦勃朗留下，除了他的画。1669年，在生命的最后一年，他创作了毕生最伟大的自画像作品。此时的伦勃朗已经不需要再去修饰他的画作，他要用笔触表达自己内心中的人性。这时的自画像，再不懂艺术的人看一眼也足够感动。

罗丹曾说："不要把我和伦勃朗比，没有人可以和他相比。"是的，在很多人心中，伦勃朗就是艺术之神。他改革了古典油画的画法，发展了聚光法，用光去表达人的内心，在油画中体现现实主义。他用艺术超越了生活的困境，留下了永恒的精神财富。

蒙德里安：红黄蓝分割的先驱者

正如ASML通过极紫外光刻技术（EUV）用极紫光精准切割出纳米级的芯片，在半导体领域掀起了一场革命，推动了现代科技的巨大飞跃，荷兰艺术大师皮特·科内利斯·蒙德里安（Piet Cornelies Mondrian）巧妙地将三原色"红、黄、蓝"与黄金比例分割相结合，创造出一种全新的艺术语言，在艺术领域也掀起了一场视觉革命。他的作品以简洁的线条和纯粹的色彩构成，打破了传统绘画的束缚，成为影响艺术史的世界名画，并深刻改变了人们对艺术的理解。

蒙德里安是几何抽象画派的先驱，也是荷兰"风格派"（De Stijl）运动的核心人物之一。他与特奥·凡·杜斯堡（Theo van Doesburg）等艺家共同发起了这一运动，提倡"新造型主义"（Neoplasticism），主张艺术应脱离自然的外在形式，追求纯粹抽象的精神表达。蒙德里安认为，艺术不应仅仅是对自然的模仿，而应通过抽象的几何形式和色彩，表现宇宙的秩序与和谐，追求人与神统一的绝对境界。这种理念使他的作品充满了理性与秩序的美感，同时也蕴含了深刻的哲学思考。

蒙德里安最著名的作品之一是《构成》系列，尤其是《红、黄、蓝的构成》。这些作品以垂直线和水平线分割画面，形成大小不一的矩形，再用三原色填充部分区域，创造出一种动态的平衡感。这种极简的构图方式不仅体现了蒙德里安对纯粹抽象的追求，也反映了他对宇宙秩序和人类精神统一的哲学思考。他的作品通过对几何图形的精确排列和黄金比例的运用，展现了和谐与平衡的美感。

蒙德里安的艺术理念对后世的影响极为广泛。他的"红黄蓝格子"元素成为现代设计的经典符号，广泛应用于时装、家居、平面设计等领域。例如，法国时装设计师伊夫·圣罗兰（Yves Saint Laurent）在 1965 年推出的"蒙德里安裙"就是直接借鉴了蒙德里安的几何抽象风格。此外，蒙德里安的抽象理念也启发了许多建筑师和设计师，如包豪斯（Bauhaus）学派的代表人物，他们在设计中追求功能性与美学的统一，这一理念与蒙德里安的艺术理念不谋而合。

蒙德里安及其"风格派"运动不仅局限于绘画，还试图通过艺术改变人们的生活环境。他们主张将艺术融入日常生活，创造出一种全新的视觉文化。这种理念在今天的现代设计中依然具有重要的启示意义。蒙德里安的作品和思想，不仅是对艺术史的贡献，更是对人类精神追求的一种永恒表达。正如 ASML 的技术革命推动了科技的进步，蒙德里安的艺术革命则为人类提供了一种全新的视觉和精神体验，影响深远，至今仍在激励着无数艺术家、设计师和思想家。

1000 个博物馆：无奇不有

荷兰在文化艺术领域的领先地位举世瞩目，艺术在这个国家不仅是一种文化表达，更是一种生活方式。与欧洲其他中心城市不同，荷兰的城市中建立了独特的艺术社区，艺术家们在这里可以自由发挥个人风格，创造出独具魅力的作品。对于生活在荷兰的人来说，博物馆是一个不可错过的好去处，尤其是在阴雨天气无法户外游玩时，博物馆成为当仁不让的最佳选择。

荷兰是世界上博物馆密度最高的国家之一，其博物馆不仅数量众多，而且在国际上享有盛誉。这里云集了众多艺术大师的作品，吸引了来自世界各地的艺术爱好者和游客。阿姆斯特丹的梵高博物馆、国家博物馆、伦勃朗故居博物馆，海牙的毛里茨博物馆，鹿特丹的博伊曼斯－范伯宁根博物馆，以及阿珀尔多伦的罗宫博物馆等，都是艺术爱好者的终极旅行目标。

在阿姆斯特丹市中心，穿过静谧的运河和熙熙攘攘的博物馆广场，映入眼帘的是一座哥特式与文艺复兴风格结合的建筑——伦勃朗故居博物馆（Rembrandthuis）。这里是荷兰黄金时代最具代表性的艺术家之一伦勃朗曾经生活和创作的地方。这座建筑不仅承载了他的个人故事，还见证了 17 世纪荷兰艺术的辉煌。伦勃朗不仅是一位杰出的画家，也是版画艺术的大师。他的版画工作间展示了 17 世纪版画制作的全过程，从铜板雕刻到印刷，游客可以亲眼看到这种古老艺术的精妙之处。特别是伦勃朗对光影的运用，他的版画作品不仅细致入微，还展现了戏剧性的情感张力，令人叹为观止。

国家博物馆（Rijksmuseum）则是荷兰艺术的另一座丰碑。这里收藏了伦勃朗的《夜巡》、维米尔的《倒牛奶的女仆》等众多荷兰黄金时代的杰作。国家博物馆的建筑本身也是一件艺术品，其宏伟的哥特式风格与丰富的艺术藏品相得益彰，吸引了来自世界各地的游客。

阿姆斯特丹的梵高博物馆则是另一个不可错过的艺术胜地。这里收藏了梵高的大量作品，包括著名的《向日葵》《星夜》《麦田与乌鸦》等。它坐落于阿姆斯特丹市中心，周围被绿地与其他文化地标环绕。走进博物馆的主展厅，迎面而来的便是文森特·威廉·梵高（Vincent Willem van Gogh）的代表作《向日葵》。这幅画以其明亮的黄色调和生动的笔触展现了梵高对自然和生命的热爱。博物馆的展览以时间为线索，从梵高早期的素描和油画开始，到他最后的作品，展现了他艺术风格的演变和内心世界的复杂。展览中还有一个互动体验区，观众可以通过虚拟现实技术"进入"梵高的世界，仿佛置身于他的画中，感受他眼中的绚丽多彩。

梵高一生短暂，却充满了传奇色彩。他出生于 1853 年 3 月 30 日，在短短 37 年的人生中，创作了 864 张油画、1037 张素描和 150 张水彩画，其中包括 35 幅自画像和 11 幅向日葵系列。他的艺术生涯充满了曲折与挣扎：13 岁辍学，16 岁在艺术商店当学徒，后被解雇，辗转做过学校助教、书店伙计和业余传教士。直到 1880 年，梵高赴布鲁塞尔学习绘画，才真正开启了他的艺术之路。1886~1887 年，他在巴黎深受印象派影响，逐渐形成了自己独特的风格。1888~1889 年，梵高定居法国南部的阿尔勒，创作了大量色彩鲜艳、情感充沛的作品。然而，1890 年，他在瓦兹河畔奥维尔受枪击去世，结束了他短暂而辉煌的一生。

如果没有他的弟弟提奥·梵高（Theo van Gogh），世界或许永远不会看到梵高的作品。提奥不仅是梵高的经济支持者，更是他精神上的支柱。梵高经常在给弟弟的信中附上小幅素描，提奥则鼓励他将全部精力投入绘画。正是这种支持，让梵高在 27 岁时决定全身心投入艺术创作，并在短短 10 年间为世界留下了惊艳的作品。提奥的儿子出生，取名"文森特·威廉·梵高"。为了庆祝这一新生命的到来，梵高从医院寄去了特别的礼物——《盛开的杏花》。这幅画以柔和的蓝色背景和盛开的杏花象征着希望与新生，成为梵高最具代表性的作品之一，现藏于荷兰梵高博物馆。然而，梵高的生命并未因此迎来转机。在他去世六周后，提奥为他举办了一场纪念展览，但半年后，提奥也因病去世。兄弟二人的墓并列在瓦兹河畔的奥维尔，这个法国小镇也因此被称为"梵高小镇"。

梵高的作品数量惊人，据统计，他创作了 800 多幅油画、1100 多幅水彩和素描，总计超过 2000 件作品。然而，他生前几乎未被认可，唯一卖出的作品是 1888 年创作的《红葡萄园》，售价仅为 400 法郎。据说，买家购买这幅画并非因为欣赏，而是为了帮助穷困潦倒的梵高。如今，梵高的作品如《麦田与死神》《星夜》等已成为艺术史上的瑰宝，在拍卖会上屡屡拍出上亿元人民币的高价。

梵高最喜爱的博物馆之一是位于海牙的梅斯达格全景美术馆（Panorama Mesdag）。梵高对这座美术馆中的全景画赞不绝口，称其为"一生中最美丽的回忆"，并幽默地评价道："它只有一点小瑕疵，那就是它完美无缺。"这句充满敬意的评价，足以说明这幅全景画的非凡魅力。

梅斯达格全景画是世界上第一幅 360 度全景画，也是现存最古老、最精美的全方位全景油画作品。这幅巨作由荷兰艺术家亨德里克·威廉·梅斯达格（Hendrik Willem Mesdag）和他的团队于 1881 年创作完成，高 14 米，周长 120 米，围成一个直径 40 米的圆筒，以 360 度的视角记录了当时席凡宁根沙滩（Scheveningen）的景象。这幅画不仅规模宏大，细节更是精致到令人惊叹。与如今手机或相机的全景模式相比，梅斯达格全景画的细腻程度和艺术表现力显然更胜一筹。

全景画的独特之处在于它与自然光的巧妙结合。展厅顶部有一圈玻璃，自然光透过玻璃洒在画作上，使整幅画随着四季、天气和时间的变化呈现出不同的光影效果。这种设计让观众仿佛真的置身于 19 世纪席凡宁根沙滩的一座凉亭中，眺望着远处的北海和宁静的渔村。为了进一步增强沉浸感，美术馆还在画作与观众之间布置了真实的海滩场景，沙滩上散落着渔网、贝壳、筐篓、船桨和圆筒遗骸等物品，栩栩如生地还原了当时的生活场景。

莫里茨皇家美术馆（Mauritshuis）是荷兰最著名的艺术殿堂之一，与荷兰国家博物馆、梵高博物馆并称为荷兰三大博物馆。这座美术馆坐落于海牙市中心的一座 17 世纪宫殿内，原本是荷兰驻巴西总督约翰·莫里茨伯爵（Johan Maurits）退休后的住所。莫里茨伯爵去世后，将这座宫殿捐赠给市政府，并于 1821 年改建为皇家美术馆。如今，这座建筑不仅是艺术的宝库，也是荷兰黄金时代建筑与历史的象征。

莫里茨皇家美术馆以其丰富的艺术收藏而闻名，其中最引人注目的莫过于约翰内斯·维米尔（Johannes Vermeer）的杰作《戴珍珠耳环的少女》（Girl with the Pearl Earring）。这幅画被誉为"北方的蒙娜丽莎"，以其神秘而迷人的神韵和珍珠耳环的细节，吸引了无数游客和艺术爱好者。画中少女闪烁的目光和微微张开的嘴唇，仿佛在诉说着一个未解的秘密，而左耳上那颗珍珠的光泽更是栩栩如生，仿佛是用相机拍摄出来的。这幅画虽然只有一张 A3 纸大小，却以其细腻的笔触和深邃的情感，成为艺术史上的不朽之作。

维米尔生前并未获得广泛的认可，甚至穷困潦倒。这幅如今被世人推崇的杰作，在当年仅以 26 荷兰盾的价格售出。然而，正是这幅看似不起眼的油画，成为莫里茨皇家美术馆的镇馆之宝，吸引了无数文人墨客在此驻足。画中少女那含情脉脉的凝望，仿佛能穿越时空，直击观者的心灵。

除了《戴珍珠耳环的少女》外，莫里茨皇家美术馆还收藏了荷兰黄金时代众多艺术家的杰作。其中包括伦勃朗（Rembrandt）的《杜尔普医生的解剖课》（The Anatomy Lesson of Dr. Nicolaes Tulp），这幅画以其精湛的光影技巧和生动的场景描绘，展现了伦勃朗对人物心理的深刻洞察。此外，馆内还收藏了法兰斯·哈尔斯（Frans Hals）、扬·斯特恩（Jan Steen）等大师的作品，涵盖了 800 幅绘画、50 件微缩模型、20 件雕塑以及大量版画和素描。这些作品生动地描绘了荷兰黄金时代的生活百态，从市井生活到贵族肖像，从风景画到历史场景，展现了 17 世纪荷兰社会的繁荣与多元。莫里茨皇家美术馆不仅是艺术爱好者的圣地，也是了解荷兰黄金时代历史与文化的最佳场所之一。

值得一提的是，荷兰的博物馆不仅以其丰富的艺术收藏闻名，还以其多样性和独特性吸引了全球游客。除了传统的艺术博物馆，荷兰还有许多别具一格的博物馆，展现了荷兰文化的开放性和创新精神。这些博物馆涵盖了从历史、科学到社会文化的广泛主题。

安妮·弗兰克之家（Anne Frank House）

这座博物馆位于阿姆斯特丹，是安妮·弗兰克及其家人在二战期间藏身的密室所在地。博物馆通过展览和实物展示，讲述了在二战期间，德国犹太女孩安妮为躲避纳粹的屠杀，躲藏在这密室中长达两年。她写下了著名的《安妮日记》，记叙了二战期间小作者一家和亲友为躲避纳粹而藏身阁楼的故事。《安妮日记》是世界上最畅销的日记。这本日记被译成 55 种文字，总销量超过 2500 万册。这座博物馆不仅是对历史的纪念，也是对人性、勇气和希望的深刻反思。

尼莫科学博物馆（NEMO Science Museum）

尼莫科学博物馆位于阿姆斯特丹市中心，距离中央火车站仅几步之遥，可以说是科学与创新的象征。这座铜绿色的建筑外形酷似一艘巨轮的船头，仿佛正在运河中破浪前进，象征着科学探索的无尽可能性。博物馆的展览涵盖了从物理学、化学到生物学和工程学的广泛主题，旨在通过有趣的实验和互动展示，激发人们对科学的兴趣。无论是探索宇宙的奥秘，还是了解日常生活中的科学原理，尼莫博物馆都为游客提供了一个充满乐趣和教育意义的学习环境。博物馆通过有趣的实验和展示，让游客了解科学原理和技术应用，激发人们对科学的兴趣。

2023 年 3 月 28 日，荷兰尼莫科学博物馆成为全球瞩目的焦点，因为它展出了一颗使用猛犸象基因序列制成的肉丸。这一突破性的科学成果由从事养殖肉研发和生产的食品 Vow 公司完成，标志着合成生物学和食品科技领域的一次重大创新。公司研究团队从灭绝已有 5000 多年的猛犸象肌红蛋白中提取了 DNA 序列，并使用非洲象的 DNA 填补了其中的少数空白。随后，他们将这一基因序列植入绵羊的肌肉细胞中，在实验室中培养出了 400 克的猛犸象肉。为了确保肉丸的外观和口感接近真实的肉类，研究人员在烤箱中慢慢烘烤肉丸，并用喷灯将其表面烤成棕色。最终，这颗肉丸被小心翼翼地放入玻璃器皿中，运至阿姆斯特丹的尼莫科学博物馆，并在那里揭幕展出。

这一项目不仅展示了合成生物学的潜力，也引发了关于未来食品的广泛讨论。猛犸象肉丸的诞生象征着人类在食品科技领域的突破，同时也提出了关于伦理、可持续性和食品安全的重要问题。

随着全球人口的增长和气候变化的加剧，传统畜牧业面临着巨大的挑战。养殖肉（lab-grown meat）作为一种可持续的替代方案，有望减少对环境的负担，同时满足人类对蛋白质的需求，这为未来的食品科技提供了新的可能性[①]。

① R. Z. Bennie, O. J. Ogilvie, L. S. W. Loo, H. Zhou, S. K. Ng, A. Jin. H. J. F. Trlin, A. Wan, H. Yu，L. J. Domigan. A Risk-based Approach Can Guide Safe Cell Line Development and Cell Banking for Scaled-up Cultivated Meat Production, *Nature Food*, 2025,6(1):25-30.

拍卖博物馆（Broekerveiling）

拍卖博物馆是世界上唯一一家以"荷兰式拍卖"（又称"减价式拍卖"）为主题的博物馆，位于荷兰北荷兰省的布罗克（Broek op Langedijk）。

荷兰式拍卖是一种特殊的拍卖形式，其特点是拍卖标的的竞价由高到低依次递减，直到第一个竞买人应价（达到或超过底价）时击槌成交。这种拍卖方式起源于荷兰的农产品交易，尤其是鲜花和蔬菜的拍卖。它的优势在于能够快速确定市场价格，同时减少拍卖时间，特别适合易腐商品的交易。

荷兰式拍卖不仅在过去发挥了重要作用，如今也被广泛应用于全球的主要拍卖市场。例如，前文介绍的荷兰鲜花拍卖市场（如阿尔斯梅尔鲜花拍卖市场），仍然采用这种拍卖方式，每天有数百万朵鲜花通过减价式拍卖销往世界各地。此外，荷兰式拍卖还被应用于鱼类、烟草和其他易腐商品的交易中。

在现代金融市场中，荷兰式拍卖也被用于国债发行和股票交易。例如，谷歌（Google）在2004年上市时，就采用了荷兰式拍卖的方式确定股票发行价格。这种方式被认为更加公平和透明，能够更好地反映市场需求。

在荷兰式拍卖中，拍卖师通常会从一个较高的价格开始，如果无人应价，价格就会按照事先确定的降价阶梯逐步递减，直到有竞买人愿意接受为止。这种拍卖方式不仅高效，还充满了紧张感和趣味性，成为荷兰农业贸易的重要组成部分。

参观拍卖博物馆，最重要的就是亲身体验。博物馆完整保留了一个多世纪前的拍卖场景，包括拍卖钟、拍卖大厅和拍卖蔬菜等设施。游客可以扮演竞买人，参与到模拟的拍卖过程中，感受价格从高到低递减的紧张氛围，并在合适的时机按下按钮应价。这种互动体验不仅有趣，还能让人深刻理解荷兰式拍卖的运作原理，以及体现出来的高效与公平。

博物馆还展示了荷兰农业贸易的历史，特别是蔬菜和鲜花拍卖的发展过程。游客可以了解到荷兰如何通过创新的拍卖方式，成为全球农产品贸易的中心。此外，博物馆还展示了与拍卖相关的工具和设备，如古老的拍卖钟、计量器具和运输工具，让人仿佛穿越回 19 世纪的荷兰农村。

风车博物馆（Molen Museum）

风车是荷兰的标志性象征之一，风车博物馆位于赞丹（Zaandam），展示了荷兰风车的演变历史及其在农业、工业中的重要作用。游客可以参观各种类型的风车，了解它们如何用于排水、磨粉和锯木等用途。博物馆还通过互动展览，让游客体验风车的运作原理。

喜力啤酒体验馆（Heineken Experience）

位于阿姆斯特丹的喜力啤酒体验馆是啤酒爱好者的天堂。这座博物馆原本是喜力啤酒的旧工厂，现在通过互动展览和多媒体展示，向游客介绍喜力啤酒的历史、酿造工艺和品牌文化。游客还可以参与啤酒品尝活动，感受荷兰啤酒文化的魅力。

奶酪博物馆（Cheese Museum）

作为世界上最著名的奶酪生产国之一，荷兰的奶酪文化不仅体现在其丰富的奶酪品种和制作工艺上，还通过其独特的奶酪市场和博物馆得以传承和展示。阿尔克马尔（Alkmaar）的奶酪博物馆和国家奶酪市场是这一文化的缩影，吸引了无数游客前来体验。

阿尔克马尔奶酪博物馆位于阿尔克马尔的奶酪称重所内，分为三层：三楼是历史展区，展示了传统奶酪制作的工具，如奶酪压榨机、奶酪槽、黄油搅拌器等，让游客了解荷兰奶酪制作的悠久历史。二楼是现代化乳品产业展区，展示了现代放牧技术和乳制品加工过程，展现了荷兰乳品产业的现代化发展。一楼是商店，出售各种与奶酪相关的商品，包括明信片、奶酪菜谱以及各式奶酪，游客可以购买纪念品或品尝不同风味的奶酪。

阿尔克马尔奶酪市场的交易方式保留了古老的传统，充满了仪式感和趣味性。第一步是验货，买卖双方会请业内专家用专用工具（带尖头的钻管）从奶酪中取样，通过捏一捏、闻一闻、尝一尝等各种方式检验奶酪的品质和熟化程度。有时还会邀请观众参与品尝，增加互动性。然后是讨价还价的过程，买卖双方通过拍击手掌的方式讨价还价，最终由出价最高者购得奶酪。交易达成后，奶酪搬运工成为全场焦点。他们两人一组，身着白衣白裤，头戴彩色草帽，肩挑船型板运输奶酪。每块奶酪重约 40 公斤，一次可运输 8 块。搬运工们步伐矫健，将奶酪运至称重所，用老式磅秤称重。

整个交易过程充满了娱乐氛围，伴随着手风琴演奏和观众的欢笑，仿佛一场娱乐演出。集市上还有各种荷兰传统摊位，售卖奶酪、小吃、手工艺品等，摊主们身着传统服饰，营造出浓厚的中世纪氛围。

米菲兔博物馆（Dick Bruna Huis）

米菲兔博物馆（Dick Bruna Huis）位于乌特勒支，是一座以米菲兔为主题的博物馆，展示了米菲兔的创作历史、文化影响以及相关的互动体验。米菲兔的创作者迪克·布鲁纳（Dick Bruna）于 1927 年出生在乌特勒支，恰好是中国传统生肖的兔年。

布鲁纳的创作灵感来源于他在度假时为安抚儿子而编造的一个关于小白兔的故事，这只兔子后来成为风靡全球的米菲兔。米菲兔的形象设计非常简洁，圆圆的脸、小小的眼睛、长长的耳朵以及标志性的"X"形嘴巴，构成了米菲兔的经典形象。这种简洁的设计使得米菲兔易于识别，同时也赋予了它一种纯真、可爱的气质。米菲兔的形象不仅仅是一个卡通角色，它还象征着简单、纯真和温暖，这种象征意义使得米菲兔在全球范围内具有广泛的文化共鸣。米菲兔于 1955 年首次出现在布鲁纳的绘本中，随后逐渐发展成为一个全球知名的卡通形象。米菲兔的形象简洁、可爱，线条简单却极具辨识度，深受各年龄段观众的喜爱。

博物馆内分为三个主要区域：游戏互动区、米菲兔墙互动区和展览区。在游戏互动区，孩子们可以进行角色扮演、过家家等趣味互动，沉浸在米菲兔的世界中，激发他们的想象力和创造力。米菲兔墙互动区则有一整面墙的互动装置，孩子们可以通过触摸、滑动等方式与米菲兔的故事进行互动，进一步了解米菲兔的冒险和日常生活。展览区展示了米菲兔的创作历史、发展过程以及相关的文化影响，游客可以在这里深入了解米菲兔的诞生背景、布鲁纳的创作理念以及米菲兔在全球范围内的影响力。博物馆内还有一个仿照米菲兔的家设计的区域，里面有米菲兔的小桌子、小椅子、小床铺等，游客可以在这里体验米菲兔的日常生活，仿佛置身于米菲兔的世界中。博物馆通过互动装置、展览和游戏区，为游客提供了一个沉浸式的体验，让游客能够更深入地了解米菲兔的故事和创作背景。无论是儿童还是成人，都能在米菲兔博物馆中找到属于自己的乐趣和感动。

米菲兔的绘本被翻译成 40 多种语言，全球销量超过 8 亿本。米菲兔的形象不仅出现在绘本中，还衍生出各种周边产品，如玩具、文具、服装等，深受全球粉丝的喜爱。米菲兔的简洁形象和温馨故事吸引了各个年龄段的粉丝，尤其是那些有一定消费能力的家庭。米菲兔的粉丝群体不仅限于儿童，许多成年人也对米菲兔情有独钟。

作为一个全球知名的 IP，米菲兔创造了巨大的经济价值，据报道，米菲兔相关产品每年能带来 12 亿元的经济收益，这得益于其广泛的粉丝基础和强大的品牌影响力。

三座古老城堡中的博物馆

这里介绍三座城堡，它们各具特色，无论是历史、建筑还是自然风光，都能为游客提供独特的体验。如果你对荷兰的历史和文化感兴趣，这些城堡绝对是不可错过的目的地。

芯片光环：多维度洞察荷兰发展

多伦韦尔城堡（Doorwerth Castle）：位于阿纳姆附近，坐落在莱茵河沿岸，周围环绕着美丽的自然风光，森林、草地和田野使其成为骑行和徒步的理想场所。多伦韦尔城堡的历史可以追溯到 13 世纪，如今它作为三个独立博物馆的所在地，展示了不同的历史和文化主题。

有趣的是，多伦韦尔城堡以"闹鬼"传说而闻名，2004 年曾有电视节目来此调查超自然现象。如果你喜欢探险和猎奇，这座城堡绝对值得一探究竟。

木登城堡（Muiderslot Castle）：是一座建于 1370 年的中世纪城堡，位于阿姆斯特丹附近。它被列入联合国教科文组织世界遗产名录，是荷兰保存最完好的中世纪城堡之一。城堡的建筑风格和内部装饰都保持了古代的风貌，许多中世纪题材的电影和电视剧都曾在此取景。木登城堡不仅是一个历史遗迹，还通过展览和活动向游客展示中世纪的生活和文化。

洛维斯坦城堡（Slot Loevestein）：建于 1357 年至 1397 年，最初是为了向通过河流的贸易船收取通行费而建。随着时间的推移，它逐渐发展成为一个成熟的城堡，并在历史上扮演了多种角色，包括国家监狱和荷兰水线防御系统的一部分。

如今，洛维斯坦城堡是一个历史博物馆，展示了其在中世纪、国家监狱时期和荷兰水线时期的三个重要历史阶段。游客可以通过展览了解这座城堡的丰富历史。

这三座城堡博物馆各自拥有丰富的历史和独特的魅力，是历史爱好者和探险者的理想目的地。

身为国家水源安全项目一部分的博物馆

位于韦尔肯丹（Werkendam）的 Biesbosch（比斯博斯）博物馆是一座与自然完美融合的建筑杰作，被称为湿地景观中的大地艺术雕塑。它的外观如同一座被草覆盖的小金字塔，设计灵感来源于周围的自然环境，屋顶覆盖了各种花草，增加了建筑的生态价值。作为国家水源安全项目的一部分，博物馆所在的 Noordwaard（诺德瓦德）地区被改造为 4450 公顷的水源保护区，博物馆两侧的土地被挖掉，形成了一座新的小岛。新老建筑都最大限度地减少了能耗，大面积的隔热玻璃、西北侧的土方工程和绿色屋顶共同起到了隔热和保温的作用。地暖系统在冬季提供温暖，而在夏季，河水通过管道为室内降温。起伏的屋顶上建有一条小路，通向屋顶观景台，游客可以在这里欣赏到 Biesbosch 湿地的全景。

博物馆内有一座大型的 Biesbosch 水体模型和淡水潮汐公园，展示了荷兰著名的三角洲工程，传承了荷兰人治水的智慧和技术。潮汐和季节性水位变化在小溪的倾斜岸边清晰可见，形成了丰富的动植物多样性。蜿蜒的通往小岛的小路随着水位的变化而不断改变，为游客提供了独特的体验。博物馆的大面积开窗设计面向岛上的花园，为游客提供了宜人的全景视野，让人仿佛置身于自然之中。

当地有悠久的柳条编织传统，博物馆利用柳树净化生活污水。柳树吸收污水中的氮、磷等物质，净化后的水流入湿地，最终汇入河流。被砍伐的柳树还可用作生物燃料，为博物馆提供采暖或其他能源。这一系统不仅解决了污水处理问题，还创造了可持续的生态循环，体现了荷兰人对自然资源的巧妙利用。

Biesbosch 博物馆不仅是一个展示湿地生态和水资源管理的场所，还通过展览和互动体验向游客传递荷兰的治水文化和生态保护理念。它是一座集自然、历史、科技和艺术于一体的综合性博物馆。如果你对自然生态、可持续设计或荷兰的治水历史感兴趣，Biesbosch 博物馆绝对是一个值得探访的地方。它不仅展示了人与自然的和谐共存，还为未来的生态保护提供了宝贵的启示。

哲学之父：海洋法鼻祖

斯宾诺莎：天人合一

巴鲁赫·斯宾诺莎（Baruch Spinoza，1632-1677）是荷兰哲学家、数学家和神学家，被誉为"近代哲学之父"。他的哲学思想以其深刻的洞察力和系统性闻名于世，对现代哲学和政治思想产生了深远的影响。斯宾诺莎的主要思想包括唯物主义、伦理学、政治哲学和宗教哲学。他被后人誉为真正的哲学家，甚至被认为其认知超越了亚里士多德、柏拉图和苏格拉底。

斯宾诺莎的哲学思想对当时的欧洲哲学界产生了巨大影响。他的主要作品有《用几何学方法作论证的伦理学》《神学政治论》《知性改进论》《笛卡尔哲学原理》。他提出了一种基于自然主义和理性主义的伦理学，认为人类的行为应基于理性和自然法则，而非宗教信仰或传统习俗。他还提出了一种单一的无限神，认为自然界由这个神创造，且这个神是不可分割、无限和永恒的。斯宾诺莎认为，人类应通过理性思考和行动来实现自由、幸福和真理。他的思想在当时被认为是极端的和危险的，如今则被视为现代自由主义和民主主义的基础。

值得一提的是，斯宾诺莎的思想与东方哲学有某些相似之处。孔子曾说"君子和而不同"，而斯宾诺莎则认为"当我们面对差异时，不要急着嘲笑或批判，先试着去理解"。此外，斯宾诺莎提出的"人的心灵与整个自然相一致的知识"的思想，与中国哲学中的"天人合一""圣人与理为一"境界非常接近。这里的"理"即天理，也是自然的永恒必然秩序。斯宾诺莎认为，本体像一个幽灵，躲在属性背后，能看见我们，而我们看不见它。本体是沉默的，所有"为什么"之类的问题都要从本体中寻找答案，否则就没有存在、认识、理解、解释等。本体没有形体，也没有心灵，不受情欲支配，没有尘世的烦恼。因此，按通常的词语，我们不能称本体为"有"或"存在"，而应称它为"无"。思维和广延都是神（自然）的属性，神还具有无限个其他属性，因为神必定处处无限。个别灵魂和单块物质在他看来都是形容词性的东西，并非实在，不过是"神在"的一些相。基督教徒信仰的个人永生并不存在，只有越来越与神合一这种意义的个人永生。完全肯定性的"存在者"只能有一个，它必定绝对无限。斯宾诺莎认为，人的心灵如果认识自然的这一永恒必然秩序，其行为又与这一永恒必然秩序相符合，人的心灵就达到了至善的境界。人的灵魂的最高满足在于人的决定和活动与宇宙的永恒必然性和谐一致。这样，人们就能获得相对的自由，摆脱恐惧。

斯宾诺莎在 150 年后被启蒙思想家奉若神明。歌德和伏尔泰那一代人称他为"令人陶醉的神人"。罗素评价斯宾诺莎是伟大哲学家中人格最高尚、性情最温厚可亲的。按才智讲，有些人超越了他，但在道德方面，他是至高无上的。法国国王路易十四曾承诺给他一笔巨款，只要他在下一部著作的题献中写上献给陛下的话，但他果断拒绝了，因为他不想奉承一个他并不敬佩的人。海德堡大学聘请他做哲学教授，唯一的条件是禁止他谈论宗教，结果还是被他拒绝了。他宁可饿死也要讲出自己领悟到的真理。

斯宾诺莎放弃了继承家产，视金钱如粪土。为了维持生计，他找到了一份正当的工作——磨镜片。当时的荷兰在这方面技术非常先进，前文提到的列文虎克就通过磨镜片制成了可以观察到细菌的显微镜。斯宾诺莎认为这份工作很适合他，因为他可以一边磨镜片一边思考哲学问题，还能养活自己。从此，他过上了隐居生活。然而，磨镜片产生的粉末伤害了他的肺，使他患上肺痨而过早去世。

为了纪念斯宾诺莎，海牙人用他的名字命名了他居住过的街道，荷兰政府则将他的肖像印在了 1000 元面值的荷兰盾上。斯宾诺莎对现代哲学和政治思想产生了深远的影响，同时对于我们理解自然界、人类行为和社会制度等方面都有着重要的启示作用。他是继笛卡尔之后的一位理性主义哲学家的代表，直接影响了莱布尼茨。他的哲学对后世影响巨大，仅泛神论就影响了歌德、费希特、谢林、黑格尔、爱因斯坦等。

伊拉斯谟：欧洲教师

德西德里乌斯·伊拉斯谟（Desiderius Erasmus von Rotterdam），又称鹿特丹的伊拉斯谟，是文艺复兴时期欧洲最重要的人文主义思想家、神学家和古典学者之一。伊拉斯谟以其对古典文化的深入研究、对教会改革的呼吁以及其优雅的拉丁文写作而闻名于世。

伊拉斯谟于 1469 年 10 月 27 日出生在鹿特丹的一个教士家庭，早年父母双亡，被迫进入修道院接受教育。尽管他对修道院的生活感到不满，但这段经历为他打下了坚实的拉丁语和神学基础。后来，他得以离开修道院，前往巴黎大学学习神学，并在欧洲各地游学，结识了许多当时的人文主义学者。

伊拉斯谟是文艺复兴时期人文主义思想的代表人物之一。他主张回归古典文化，尤其是古希腊和古罗马的文学与哲学，认为这些古典作品能够帮助人们更好地理解人性、道德和宗教。他提倡以理性和批判的态度研究《圣经》，反对教条主义和形式化的宗教仪式。

《愚人颂》（Moriae Encomium，1509 年）是他最著名的作品之一。在这部讽刺作品中，他通过"愚人"之口，批评了当时社会的种种弊端，尤其是教会的腐败和神职人员的虚伪。这本书在欧洲引起了广泛的反响，也使他成为宗教改革前夕的重要思想领袖。

伊拉斯谟还致力于《圣经》的研究和翻译。他编辑并出版了希腊文版的《新约》（Novum Instrumentum，1516 年），并附上了自己的拉丁文翻译和注释。这一工作为后来的宗教改革者提供了重要的文本依据，也推动了《圣经》研究的学术化。

伊拉斯谟以精湛的拉丁文写作闻名，他的文风优雅、简洁，被认为是文艺复兴时期拉丁语文学的典范。他的作品不仅在学术界广为流传，也对欧洲的教育和文化产生了深远影响。他编写的《格言集》（Adagia）和《对话集》（Colloquia）等著作，成为当时学生学习拉丁语和人文思想的重要教材。

伊拉斯谟的思想和著作对欧洲的宗教、文化和教育产生了深远的影响。他的人文主义理念为后来的启蒙运动奠定了基础，而他关于教会改革的呼吁也在一定程度上推动了宗教改革的进程。尽管他本人并未加入新教阵营，但他的思想对天主教和新教都产生了重要影响。

伊拉斯谟被誉为"欧洲的教师"，他的作品和思想至今仍被广泛研究和引用。他的批判精神和对古典文化的热爱，使他成为文艺复兴时期最具代表性的知识分子之一。

格劳秀斯：战争与和平

胡果·格劳秀斯（Hugo Grotius，1583~1645）是近代西方资产阶级思想的先驱，被誉为国际法和海洋法的鼻祖。他的著作《海洋自由论》（Mare Liberum）主张公海可以自由航行，为当时新兴的海权国家如荷兰、英国提供了相关法律原则的基础，突破了西班牙和葡萄牙对海洋贸易的垄断。

格劳秀斯的荷兰文原名是 Hugh de Groot，Hugo Grotius 是其拉丁文名。他于 1583 年 4 月 10 日出生于代尔夫特一个新教贵族家庭。父亲是莱顿大学的法学博士，担任代尔夫特的首席执政官，母亲一方的亲戚在荷兰东印度公司工作。格劳秀斯自幼展现出非凡的才华，8 岁就能以拉丁文写作，11 岁进入莱顿大学，对古典人文作品有深入研习。14 岁时，他大学毕业，15 岁便作为大使随荷兰使节团赴法国宫廷办外交，试图游说法国支持荷兰向西班牙宣战，但未获成功。不过，他在法国获得了奥尔良大学的法学荣誉博士学位。此时，格劳秀斯已成为荷兰政要奥登邦费（Olden Barnevelt）的幕僚，其好友则是奥登邦费之子的家庭教师。尽管在有些观点上与奥登邦费不一致，格劳秀斯大体上忠于奥登邦费，并支持其政治活动，直至 1619 年奥登邦费因政治斗争失败被判处死刑。格劳秀斯也因此被判刑入狱，仅幸免于死。

格劳秀斯不仅在法学和政治领域有卓越成就，还对科学研究有浓厚兴趣。他曾作为父亲的朋友、数学家兼科学家西蒙·斯蒂文（Simon Stevin）的助手，学习研发船舶，涉足物理学研究。他在科学方面的贡献包括现代十进制的发明，以及对流体静力学的研究，提出了斜面理论和"力的平行四边形"的概念。1601 年，格劳秀斯出版了诗集《被逐的亚当》，此书广受欢迎，使公众首次知道了"格劳秀斯"这个名字。此时，他年仅 18 岁。20 岁时，格劳秀斯受雇为联省的史官，任务是撰写荷兰独立战争史。此书于 1611 年完成，但在他去世后才得以出版，即《尼德兰编年史》（Annales et Historiae de Rebus Belgicis）。他的历史著作还包括《古代巴达维亚共和国》（De Antiquitate Republicae Batevicae）。1604 年，格劳秀斯受荷兰东印度公司委托，作为律师为荷兰"捕获"葡萄牙人在印度洋的船只辩护。该案判决后，他撰写了《捕获法》（即《战利品法》，De Iure Praedae）。该书当时名为《论印度》（De Indis），其中第十二章在 1609 年单独出版，名为《海洋自由论》，而全书直到 1868 年才以《捕获法》这一书名出版。

　　格劳秀斯在政治领域也有丰富经验，担任过多个公职。1613 年，他成为鹿特丹市政厅的首席长官。此前，他的任务是对葡萄牙、西班牙、英国的贸易垄断进行批评，而此时他的任务则是为荷兰的贸易"垄断"辩护。为此，他还出访英国，表明他反对的是单方声称的垄断权，而两国通过条约产生的贸易垄断则具有不同的性质。1619 年，格劳秀斯因政治斗争失败入狱，被囚禁在利奥维斯坦（Loevestein）城堡。两年后他成功越狱，开始撰写《战争与和平法》（De Jure Belli ac Pacis），该书成为国际法领域的奠基之作。

第十章

独特的国家体制：政治智慧

荷兰的诞生：独立战争

荷兰政府长期以来重视科技创新和高等教育，为芯片产业的发展提供了良好的政策环境。从政治维度看，荷兰是一个议会制君主立宪制国家，政治体制稳定，政府效率高，有着稳定与高效的政策环境。同时，荷兰作为欧盟成员国，其在欧洲和全球政治经济中的地位也为其在芯片战争中的角色增添了分量。

荷兰的历史和发展轨迹展现了其独特的国家基因和政治智慧。从早期的法兰克人王国到西班牙的属地，再到独立后的荷兰联省共和国，荷兰在历史的洪流中不断演变，最终成为一个以商业和贸易为核心的资本主义国家。这一过程不仅塑造了荷兰的国家性格，也为其后来的崛起奠定了坚实的基础。

荷兰的独立战争是其历史上的重要转折点。1568 年，荷兰在威廉·奥兰治亲王的领导下揭竿起义，反抗西班牙的专制统治。这场战争不仅是一场争取政治独立的斗争，也是一场捍卫经济利益的战争。西班牙的残酷镇压激发了荷兰人民的反抗精神，哈勒姆、阿尔克马尔和莱顿等城市的保卫战成为荷兰人民团结一致的象征。1581 年，荷兰北方七省宣布独立，成立联省共和国，这是人类历史上第一个以商人阶级为主导的共和国，标志着荷兰从封建制向资本主义的转变。

荷兰的政体架构在当时具有显著的独特性。联省共和国的最高权力机构是联省议会，由各省议会选出的代表组成，行使立法和宣战等国家权力。国务会议作为联省议会的常设机关，掌握行政权和军权。这种分权制衡的政体架构为荷兰的政治稳定和经济发展提供了制度保障。荷兰的政体不仅体现了现代分权思想，也为后来的资本主义国家提供了重要的借鉴。

荷兰的商业传统和地理优势是其崛起的关键因素。位于北海和莱茵河、斯海尔德河下游的地理位置，使荷兰成为欧洲重要的贸易枢纽。独立后的荷兰迅速发展成为"海上马车夫"，其商船队遍布全球，控制了欧洲与亚洲、美洲之间的贸易航线。荷兰东印度公司和西印度公司的成立，进一步巩固了其在全球贸易中的主导地位。荷兰的商业繁荣不仅带来了巨大的财富，也促进了科学、艺术和文化的发展，使荷兰成为 17 世纪的"黄金时代"。

然而，荷兰的崛起也伴随着挑战和危机。西班牙的封锁和贸易限制一度对荷兰经济造成严重打击，但荷兰人民凭借顽强的毅力和创新精神，最终克服了这些困难。荷兰的独立不仅是一个国家的胜利，也是资本主义对封建主义的胜利。荷兰的成功经验为后来的资本主义国家提供了重要的启示，即通过商业发展、政治分权和宗教宽容，可以实现国家的繁荣和强大。也为全球资本主义的发展提供了重要的借鉴。

既要国王，又要选举

荷兰的君主制在现代社会中显得独特而有趣。作为一个被定位为高度发达的西欧国家，荷兰既保留了君主制的传统，又实行民主选举制度，这种结合使得荷兰的君主制更像是一种象征性的存在，而非实际的权力中心。荷兰国王或女王虽然在名义上是国家元首，但其权力受到宪法的严格限制，更多地扮演着国家团结和文化象征的角色。

荷兰君主制的历史可以追溯到 19 世纪初。1795 年，法国占领荷兰，结束了荷兰共和国的历史。1806 年，拿破仑任命其兄弟路易·拿破仑为荷兰国王，并将阿姆斯特丹定为首都。然而，随着法兰西第一帝国的崩溃，荷兰的共和派和保皇派之间爆发了激烈的斗争。最终，保皇派获胜，奥兰治家族的威廉·费雷德里克（威廉一世）于 1813 年从英国流亡归来，成为荷兰国王，开启了荷兰的君主世袭制。尽管阿姆斯特丹仍然是名义上的首都，但政府实际搬到了海牙。

荷兰的君主制在接下来的几个世纪中经历了多次变迁。威廉一世之后，他的儿子威廉二世和孙子威廉三世相继继位。然而，威廉三世去世后，由于没有男性继承人，荷兰迎来了第一位女王——薇纳敏娜（Wilhelmina）。薇纳敏娜女王在位时间长达 58 年，其间经历了两次世界大战，成为荷兰人民的精神支柱。1948 年，她将王位传给了女儿茱莉安娜（Juliana），后者又在 1980 年传位给她的长女贝娅特丽克丝（Beatrix）。贝娅特丽克丝女王在位 33 年后，于 2013 年退位，将王位传给了她的长子威廉·亚历山大（Willem-Alexander），也就是现任荷兰国王。

尽管荷兰的君主制历史悠久，但国王或女王的权力在现代荷兰政治中极为有限。荷兰是一个议会制民主国家，政府的实际权力掌握在首相和内阁手中。国王的主要职责是象征国家的统一和稳定，参与一些礼仪性活动，例如签署法律、接待外国元首以及在新政府组建过程中发挥一定的协调作用。此外，国王还经常出席慈善活动和文化庆典，成为国家形象的代表。荷兰的君主制还体现了现代与传统之间的巧妙平衡。王室成员虽然享有一定的特权和地位，但他们的生活相对低调，注重履行公共职责。例如，威廉·亚历山大国王在继位前曾是一名商业飞行员，甚至在担任国王后仍偶尔驾驶民航客机，这种亲民的形象使他更受民众喜爱。

这种君主制与民主制度的结合，使得荷兰的政治体制和历史发展展现出其独特的君主立宪议会制传统。这不仅体现了荷兰社会的包容性和灵活性，也为其他国家提供了一种独特的治理模式参考。1848年，荷兰宪法的根本性改革标志着政府权力从国王向选举产生的议会转移，奠定了现代荷兰君主立宪议会制的基础。这一改革使得荷兰成为一个以议会为核心的国家，大臣对国会负责，而君主的角色则更多是象征性的，不再承担实际的政治责任。尽管如此，君主在荷兰的政治生活中仍然扮演着重要的仪式性角色，例如每年9月的"小王子日"（Prinsjesdag），国王会乘坐黄金马车前往国会大厦，发表演讲回顾过去一年的工作并宣布下一年度的政府政策大纲。这一传统活动不仅是荷兰政治生活中的重要仪式，也是君主与民众之间联系的象征。

荷兰的殖民历史对其现代政治结构产生了深远影响。二战前，荷兰拥有众多殖民地，但随着全球去殖民化浪潮的兴起，这些殖民地纷纷独立。1949年，印度尼西亚宣布独立，结束了荷兰在亚洲的殖民统治。1954年，荷兰通过《荷兰王国章程》（Het Statuut），赋予其前殖民地和属地与荷兰本土同等的地位，形成了由荷兰本土、荷属安的列斯和阿鲁巴组成的荷兰王国。1975年，苏里南也宣布独立，成为共和国。1986年，阿鲁巴从荷属安的列斯中分离出来，成为荷兰王国的一个自治国，拥有自己的议会和政府。2010年，荷属安的列斯正式解体，其中库拉索岛和圣马丁岛成为荷兰王国的构成国家，享有高度自治权，而圣尤斯特歇斯、波内赫和萨巴岛则成为荷兰的特别行政区，由荷兰直接管辖。

荷兰的君主立宪制在现代化进程中展现了灵活性和适应性。尽管君主的权力受到宪法的严格限制，但王室在荷兰社会中仍然具有重要的象征意义。君主立宪制和其殖民历史的演变反映了这个国家在现代化和全球化进程中的独特路径。从1848年宪法的改革到2010年荷属安的列斯的解体，荷兰在保持传统的同时，不断适应新的政治和社会现实。君主制的象征意义与议会的实际权力相结合，使得荷兰在政治稳定和社会包容性方面取得了显著成就。

态度复杂：先过个节吧

荷兰人对君主制的态度颇为复杂。一方面，许多人将王室视为国家传统和文化的一部分，对其抱有尊重和喜爱；另一方面，也有一些人认为君主制与现代民主社会的价值观不符，主张废除这一制度。目前荷兰王室在民众中的支持率还比较高，威廉·亚历山大国王继位后，以其亲民的形象和务实的作风赢得了广泛好评。

先不管要不要君主制和国王，老百姓还是先过个节吧。

荷兰的国王节（Koningsdag）确实是一个充满欢乐和活力的节日，每年4月27日，整个荷兰都会沉浸在橙色的海洋中，庆祝现任国王威廉·亚历山大的生日。这个节日不仅是荷兰最重要的全国性节日之一，也是荷兰人展示团结、热情和创造力的时刻。

国王节的庆祝活动充满了荷兰特色的狂欢氛围。橙色是荷兰王室的代表色，因此在这一天，荷兰人会用各种方式展示橙色：穿橙色的衣服、戴橙色的假发、在脸上画上橙色的颜料，甚至把食物和饮料也做成橙色。整个国家仿佛变成了橙色的海洋，街道上挤满了庆祝的人群，音乐、舞蹈、游戏和市集随处可见。

国王节的一个重要传统是"自由市场"（vrijmarkt），在这一天，任何人都可以在街头摆摊，出售二手物品、手工艺品或自制食品。孩子们也会参与其中，摆摊出售自己的旧玩具或手工制品，体验"小小商人"的乐趣。此外，许多城市还会举办音乐会、游行和其他文化活动，吸引成千上万的游客和本地居民参与。

尽管荷兰的君主制在现代社会中更多是象征性的存在，但国王节却成为荷兰人表达对王室和国家认同的重要时刻。荷兰人对王室的态度复杂而微妙，他们可能会在私下里开王室的玩笑，但在外国人面前，他们往往会对王室表现出尊重和支持。据荷兰媒体报道，王后马克西玛（Maxima），这位来自阿根廷的王后以其亲和力和魅力赢得了荷兰民众的喜爱，甚至被一些媒体与英国已故的戴安娜王妃相提并论。

国王节的历史可以追溯到 19 世纪末。最初，这个节日是为了庆祝当时的公主薇纳敏娜（Wilhelmina）的生日，称为"公主节"。1890 年，薇纳敏娜成为女王后，节日更名为"女王节"（Koninginnedag），并在每年的 8 月 31 日庆祝。后来，薇纳敏娜的女儿茱莉安娜（Juliana）女王继位，女王节的日期改为 4 月 30 日，即茱莉安娜的生日。茱莉安娜的女儿贝娅特丽克丝（Beatrix）女王继位后，虽然她的生日是 1 月 31 日，但她决定继续在 4 月 30 日庆祝女王节，以纪念她的母亲。直到 2013 年，贝娅特丽克丝退位，她的长子威廉·亚历山大（Willem-Alexander）继位，荷兰的"女王节"正式改为"国王节"，日期也改为威廉·亚历山大的生日——4 月 27 日。

国王节不仅是荷兰人庆祝国王生日的日子，更是他们展示国家文化和团结精神的时刻。无论是对王室的喜爱，还是对节日的热情，荷兰人用他们的方式诠释了这个节日的意义：欢乐、自由和对传统的尊重。对于游客来说，参与国王节无疑是一次深入了解荷兰文化和社会的绝佳机会。

多党制典型：百家争鸣

荷兰的政治体制以其成熟的多党制和议会民主制著称。每四年一次的议会选举是荷兰政治生活中的重要事件，国会由参议院（Eerste Kamer）和众议院（Tweede Kamer）组成。参议院有 75 个席位，由省议会代表选举产生，而众议院则有 150 个席位，由 18 岁以上的公民直接选举产生。由于没有一个政党能够单独在国会中占据多数席位，联合政府成为常态，这种多党合作的模式使得荷兰的政策制定过程更加注重协商和妥协，从而保持了政策的长期稳定性。

荷兰的多党制政治生态以其高度的多样性和复杂性著称。全国性的政党门槛较低，因此形成了大大小小的政党。这种政党体系造就了"百家争鸣，百花齐放"的局面，使得荷兰的政治格局充满了竞争和变化，同时也要求各政党在政策制定和政府组建过程中进行广泛的协商与合作。

2023 年底的选举中，荷兰共有 26 个政党参加角逐。最终，荷兰执政联盟由四个政党组成，分别是自由党（PVV）、自由民主人民党（VVD）、新社会契约党（NSC）和农民党（BBB）。自由党由维尔德斯（Geert Wilders）于 2006 年成立，2023 年大选时位居第一。自由民主人民党（VVD）成立于 1948 年，是一个老牌的中右翼保守党，主要代表中小企业主的利益，强调自由市场经济、低税收和有限的政府干预。新社会契约党（NSC）由知名保守派政客奥姆茨格特（Pieter Omtzigt）于 2023 年 8 月正式创立。农民党（BBB）成立于 2019 年。

现任北约领导马克·吕特（Mark Rutte）担任首相长达 13 年，是荷兰历史上任期最长的首相之一。当时的执政联盟由四个政党组成，以自由民主人民党（VVD）为首，与 VVD 结盟的基督教民主联盟（CDA）是一个代表保守农村选民的政党，其前身是天主教人民党，后来与其他几个小党合并转型而来。CDA 在农业、家庭价值观和社会福利等问题上持保守立场，同时也在环境保护和可持续发展方面提出了一些温和的政策。基督教联盟（CU）则是一个宗教右翼政党，在道德议题上非常保守，反对堕胎、安乐死和同性婚姻等。然而，该党在社会正义和环境保护等问题上持进步立场，这使得它能够在联合政府中与其他中右翼政党找到共同点。民主 66 党（D66）成立于 1966 年，其立场类似于美国的自由意志党，强调个人自由、民主改革和社会进步。D66 在教育、环境保护和数字化改革等方面提出了许多创新政策，是荷兰政坛中一股重要的进步力量。

2024 年 5 月，荷兰四党执政联盟举行新闻发布会，宣布提名迪克·肖夫为新一届政府首相，7 月正式上任，成为荷兰新任首相。尽管多个执政党在意识形态和政策重点上存在差异，但它们通过协商和妥协形成了一个相对稳定的执政联盟。这种多党合作的模式使得荷兰政府能够在保持政策连续性的同时，兼顾各方的利益和诉求。

荷兰的多党制为其政治体系提供了丰富性和灵活性，但也带来了复杂的政治博弈。近年来，极右翼和民粹主义政党的崛起对传统主流政党构成了显著挑战，反映了荷兰社会深层次的矛盾与不满。例如，反伊斯兰、反移民的自由党（PVV）和反欧盟、反全球化的民主论坛党（FvD）都在近年来获得了显著的支持。这些政党的崛起不仅改变了荷兰的政治格局，也对欧洲整体的政治趋势产生了影响。

2023 年，农民公民运动党（BBB）在选举中异军突起，成为参议院大党。BBB 的崛起并非偶然，其背后反映了荷兰社会对政府环保政策的不满，特别是限制氮排放的措施直接触及了农民的利益。2019 年，荷兰最高法院裁定政府的氮排放政策违反了欧盟法律，导致数千个建设项目被暂停。随后，政府提出减少畜牧业规模、关闭部分农场的计划，引发了农民的强烈反对。2019 年 10 月，数千名农民驾驶拖拉机上街抗议，反对政府的减氮政策，认为农民不应成为环境问题的替罪羊。2022 年 7 月，农民再次发起大规模抗议活动，甚至与警方发生冲突。这些抗议活动为 BBB 党的崛起提供了社会基础。

BBB 党的胜利不仅是农民群体的胜利，更是对当时政治现状的一种抗议。近年来，能源危机、通货膨胀等问题严重影响了民众的生活质量，导致荷兰民众对政府和现行政策的不满情绪不断积累。在这种背景下，BBB 党以其反对激进环保政策、捍卫农民利益的立场，赢得了大量选民的支持。BBB 党的崛起反映了荷兰乃至欧盟民众情绪的普遍不满，同时也表明传统主流政党的影响力正在逐渐减弱。

荷兰的政治生态变化不仅影响了国内政策制定，也对欧盟其他国家的政治格局产生了影响。多党制和联合政府的模式使得荷兰能够在保持政策连续性的同时，兼顾各方的利益和诉求。然而，极右翼和民粹主义政党的崛起也带来了新的挑战，要求荷兰政府在未来的政策制定中更加注重协商和妥协，以维护社会的稳定和繁荣。这种变化不仅是荷兰国内的现象，也是整个欧洲政治趋势的一部分，反映了民众对传统政治精英的不满和对变革的渴望。

从富图恩到维尔德斯：只有一名正式党员

基尔特·维尔德斯（Geert Wilders）是荷兰极右翼政治的代表人物。维尔德斯的崛起不仅深刻改变了荷兰的政治格局，也在欧洲乃至全球范围内引发了广泛关注。他的政治主张以反伊斯兰、反移民和反欧盟为核心，这些立场吸引了大量支持者，同时也使他成为荷兰政坛最具争议性的人物之一。

维尔德斯的自由党（PVV）在 2023 年大选中成为最大赢家。然而，自由党与其他传统政党不同，其组织结构极为特殊。实际上，自由党只有一名正式党员，即维尔德斯本人，没有其他党员。这种独特的组织形式源于维尔德斯当初脱离自由民主人民党（VVD）后，选择以基金会的形式注册和运作自由党。自由党的正式名称为"PVV 之友基金会"（Stichting Vrienden van de PVV），这种形式使维尔德斯能够更自由地表达其政治理念和宣传其观点，同时也让他能够终身领导这个团体。自由党的特殊组织形式也带来了一些问题。例如，由于缺乏正式党员，自由党无法获得荷兰政府的政党津贴，因为这项津贴需要政党拥有一定数量的党员。尽管如此，自由党依然通过其他方式筹集资金并维持其运作。

尽管自由党的组织结构与传统政党大相径庭，但其政治影响力却不可忽视。维尔德斯自 1998 年成为 VVD 的二院议员以来，一直活跃于荷兰政坛。2004 年，他脱离 VVD，并于 2006 年正式成立自由党。自成立以来，自由党在历届大选中都取得了不错的成绩，逐渐从一个边缘小党发展成为荷兰最大的政党之一。如今，自由党不仅影响着荷兰的社会发展，也深刻影响着普通民众的日常生活。

维尔德斯的政治观点深受其个人经历的影响。他出生在荷兰东南部边境小城芬洛（Venlo），这个地方靠近德国和比利时，多元文化的交融使他对语言和文化差异有着深刻的体会。然而，他在中东地区的旅居经历却让他对伊斯兰文化产生了强烈的反感。在以色列做志愿者期间，维尔德斯对犹太文化产生了高度认同，并将其视为"欧洲的榜样"，而在访问阿拉伯国家时，他对当地的封闭和民主状况感到"非常震惊"。这些经历塑造了他对伊斯兰教的负面看法，并成为他政治主张的核心。

维尔德斯的言论和政策主张极具煽动性。他公开批评伊斯兰教，称其为"落后的文化"，并主张禁止《古兰经》和关闭清真寺。他还强烈反对移民，认为他们威胁到了荷兰的文化和安全。此外，维尔德斯是欧盟的坚定批评者，他主张荷兰退出欧盟，恢复国家主权和经济自主权。他的竞选口号"让荷兰再次伟大"（Make the Netherlands Great Again）明显借鉴了特朗普的修辞风格，进一步强化了他作为"荷兰的特朗普"的形象。

自由党的成功反映了荷兰社会中一部分人对移民问题、文化冲突和欧盟一体化的深刻不满。维尔德斯的言论虽然引发了广泛争议，但也为那些感到被主流政治忽视的选民提供了发声的平台。

然而，维尔德斯的极端立场及言论多次引发法律纠纷，他本人甚至面临死亡威胁，不得不常年生活在严密的安保措施之下。尽管如此，威尔德斯依然坚持自己的政治主张，并通过社交媒体和公开演讲不断扩大自己的影响力。他的政治风格和言论不仅影响了荷兰国内的政治讨论，也对欧洲其他国家的极右翼政党产生了示范效应。

维尔德斯可以说是继承了皮姆·富图恩（Pim Fortuyn）的政治遗产，并将其进一步推向极端化。2002 年是荷兰政治生态的一个重要转折点，这一年不仅见证了民粹主义政党富图恩党（Lijst Pim Fortuyn，简称 LPF）的崛起，也因皮姆·富图恩的遇刺而成为荷兰政治史上的一个分水岭。

皮姆·富图恩是一位极具争议性的政治人物，以其直言不讳的风格和对移民政策、伊斯兰教的批评迅速赢得了大量支持者。他批评荷兰的多元文化政策，认为移民，特别是穆斯林移民，未能融入荷兰社会，威胁到了荷兰的文化和价值观。他还对荷兰的政治精英阶层提出了尖锐批评，认为他们脱离普通民众，忽视了民众对移民问题和文化冲突的担忧。2002 年 3 月，富图恩领导的 LPF 在地方选举中取得了惊人的成功，成为鹿特丹市议会的最大党。这一胜利震惊了荷兰政坛，标志着民粹主义在荷兰的崛起。富图恩的言论虽然引发了广泛争议，但也反映了荷兰社会中一部分人对移民问题和文化冲突的深刻不满。

2002 年 5 月 6 日，就在全国大选前 9 天，皮姆·富图恩在希尔弗瑟姆（Hilversum）被一名环保激进分子刺杀身亡。这一事件震惊了整个荷兰，并引发了全国范围内的哀悼和反思。富图恩的遇刺不仅使荷兰社会陷入深刻的反思，也引发了民众对政治极端化和言论自由的广泛讨论。尽管富图恩去世，LPF 在随后的全国大选中仍然取得了显著成绩，赢得了 26 个议席，成为荷兰众议院的第二大党。LPF 随后加入了由基督教民主联盟（CDA）和自由民主人民党（VVD）组成的联合政府。然而，党内缺乏经验和领导层的内部矛盾，以及 LPF 在政府中的表现并不稳定，最终导致联合政府在短短 87 天后垮台。

LPF 在 2002 年大选后的辉煌并未持续太久。由于党内纷争和缺乏强有力的领导，LPF 的支持率迅速下降。在 2003 年的大选中，LPF 仅赢得了 8 个议席，随后逐渐淡出荷兰政坛。2008 年，LPF 正式解散。尽管 LPF 存在时间短暂，但其对荷兰政治的影响深远。LPF 的崛起标志着荷兰政治从传统的温和多党制向更加多元化和民粹化的方向转变。

富图恩的短暂辉煌和随后的衰落，为荷兰政坛留下了深远的影响。富图恩的政治遗产被后来的极右翼政党继承，特别是由维尔德斯领导的自由党（PVV）。

维尔德斯接过极右翼的接力棒，以反伊斯兰、反移民和反欧盟的立场成为荷兰政坛的重要力量。维尔德斯的言论和政策主张不仅在国内引发了激烈争议，也在国际舞台上引起了广泛关注，他也因此被称为"荷兰的特朗普"。

荷兰的政治生态在富图恩和维尔德斯的影响下逐渐变得更加复杂。传统的多党制虽然仍然主导着荷兰的政治格局，但极右翼和民粹主义政党的崛起为这一格局增添了新的变数。目前，传统的主流政党虽然仍然占据主导地位，但极右翼和民粹主义政党的影响力正在不断增强。这种变化不仅影响了荷兰国内的政治格局，也对欧盟的整体政治生态产生了深远影响。荷兰作为欧洲政治的风向标，其政治变化往往预示着欧盟其他国家的政治趋势。

国名风波：城市风光

2019 年 10 月，荷兰政府宣布，从 2020 年 1 月起不再使用 "Holland"（荷兰）这一名称，而是统一使用官方的正式名称 "The Netherlands"（尼德兰）。这一决定引发了全球范围内的广泛关注和热议，许多人误以为荷兰要 "改名"，但实际上这只是荷兰政府为了重塑国家形象和推广旅游品牌而采取的一项举措。荷兰的正式国名一直是 "尼德兰王国"（荷兰语：Koninkrijk der Nederlanden，英语：The Kingdom of the Netherlands），而 "Holland" 只是荷兰国内两个省的名称——北荷兰省（North Holland）和南荷兰省（South Holland）。

荷兰政府的这一决定旨在纠正长期以来人们对荷兰的误解。由于历史原因，"Holland" 一词在国际上被广泛用来指代整个荷兰，但实际上它仅指荷兰的两个省份。北荷兰省和南荷兰省虽然是荷兰经济和文化最发达的地区，也是阿姆斯特丹、鹿特丹和海牙等著名城市的所在地，但它们并不能代表整个荷兰。荷兰政府希望通过统一使用 "the Netherlands" 这一名称，更好地展示国家的多样性和整体性，而不仅仅局限于 "Holland" 所代表的区域。

这一改名举措也伴随国家徽标的更新。荷兰政府推出了新的国家形象标识，以"NL"为核心元素，搭配象征荷兰国家色彩的橙色色调。这一新标识将用于旅游推广、国际贸易和文化交流等领域，旨在提升荷兰的国际形象和辨识度。

尽管官方名称改为"the Netherlands"，但"荷兰"这一中文名称并不会消失。中国驻荷兰王国大使馆也明确表示，中文语境中的"荷兰"将继续沿用，因此"荷兰豆""荷兰弟""荷兰猪""荷兰风车"等带有"荷兰"字眼的词汇也不会受到影响。这一决定无疑让许多人松了一口气，毕竟"荷兰"这一名称已经深入人心，突然改变可能会引发不必要的混乱。

荷兰的这一改名举措不仅是对国家形象的重新塑造，也反映了荷兰政府对全球化背景下国家品牌建设的重视。通过统一名称和更新徽标，荷兰希望在国际舞台上展现一个更加现代化、多元化和包容性的形象。尽管"Holland"这一名称将逐渐退出官方使用，但它在历史和文化中的重要性依然不可忽视。荷兰的多样性和独特性将继续吸引全球的目光，而"the Netherlands"这一名称也将成为荷兰新时代的象征。

荷兰王国由尼德兰本土和六个海外领地组成。尼德兰本土划分为12个省，包括北荷兰省、南荷兰省、乌得勒支省、弗莱福兰省等，省下设403个市镇。此外，荷兰王国还包括三个海外特别行政区（圣尤斯特歇斯、博奈尔、萨巴）和三个自治国（阿鲁巴、库拉索、荷属圣马丁）。这些海外领地虽然地理上远离欧洲，但在政治和经济上与荷兰本土保持着紧密的联系。

荷兰的地理位置和自然环境为其经济、文化和旅游业的发展提供了得天独厚的条件。作为欧洲西部国家，荷兰东邻德国，南接比利时，西面和北面濒临北海，地处莱茵河、马斯河和斯凯尔特河三角洲，这一地理位置使其成为欧洲重要的交通和贸易枢纽。荷兰的国土总面积虽然仅为41864平方千米，但其地理位置和自然条件却极具战略意义，尤其是在国际贸易和物流领域。

荷兰的气候属于温带海洋性气候，受大西洋暖流的影响，冬暖夏凉，气候温和湿润。沿海地区夏季平均气温为16℃，冬季平均气温为3℃；内陆地区夏季平均气温为17℃，冬季平均气温为2℃。6~8月是荷兰最温暖的季节，气温通常在21℃~26℃之间，非常适合户外活动和旅游。冬季则阴雨多风，每年1月份的平均气温为1.7℃，历史上记录的最低气温为-27.8℃，而最高气温则达到38.6℃。荷兰的年降雨量约为760毫米，降雨量在四季中分布较为均匀。1~6月的月平均降雨量为40~60毫米，7~12月的月平均降雨量为60~80毫米。荷兰的晴天小时数在5月份达到最高，约为220小时，而在12月份则最低，约为39小时。

这些自然条件对其农业、工业和旅游业产生了深远影响。由于地势低平，荷兰的大部分地区都位于海平面以下，因此荷兰人通过修建堤坝、运河和风车等水利工程，成功地改造了自然环境，使其适合农业和居住。荷兰的农业以高效和现代化著称，是世界上最大的花卉出口国之一，尤其是郁金香等花卉在全球享有盛誉。此外，荷兰的乳制品、蔬菜和水果也在国际市场上占有重要地位。荷兰的农业不仅满足了国内需求，还通过出口为国民经济做出了重要贡献。

荷兰的气候条件也为其旅游业提供了得天独厚的优势。温和的气候和丰富的自然景观使荷兰成为欧洲著名的旅游目的地之一。阿姆斯特丹、鹿特丹、海牙等城市以其独特的文化和历史吸引着大量游客，而荷兰的乡村风光、风车、运河和郁金香花田则为其增添了独特的魅力。每年春季，荷兰的库肯霍夫公园（Keukenhof）都会吸引数百万游客前来观赏郁金香花海，成为全球最著名的花卉展览之一。代尔夫特、哈勒姆、乌德勒支、格罗宁根、马斯特斯特等在历史建筑、博物馆、独特的城市传统方面也同样各具特色。此外，荷兰的博物馆、艺术画廊和历史遗迹也为游客提供了丰富的文化体验。

荷兰的河流和港口是其经济的重要支柱。荷兰境内河流纵横，水路四通八达。首都阿姆斯特丹有大小水道 160 多条，有桥梁 1000 多座，素有"北方威尼斯"之称。位于莱茵河与马斯河出海口的鹿特丹港是欧洲第一大港，被誉为"欧洲门户"，是连接欧洲、美洲、亚洲、非洲和澳大利亚的重要港口。鹿特丹港在石油、化学品、集装箱、铁矿、食物和金属的运输方面占据重要地位。在 20 世纪 80 年代，鹿特丹港曾是世界上最大的集装箱港口，直到 1986 年被上海超越。尽管如此，鹿特丹港仍然是全球最重要的物流枢纽之一，为荷兰的国际贸易和经济发展提供了强有力的支持。

通过持续创新和精益求精，荷兰人成功地利用和改造自然环境，在此基础上打造出一个繁荣、宜居的国度。无论是农业、工业还是旅游业，荷兰都展现了其在全球化背景下的竞争力和吸引力。荷兰的成功经验为其他国家提供了重要的借鉴，尤其是在应对自然挑战和推动可持续发展方面。

阿姆斯特丹：钻石、环形运河

阿姆斯特丹（Amsterdam）是荷兰的首都。这是一个非常古老的城市，这座城市的名字来源于 13 世纪阿姆斯特河上一座水坝（Amsterdam 中最后三个字母 dam 在英文中是水坝的意思），城市名是由阿姆斯特尔 Amstel 和大坝 Dam 组成。直到今天，当地的居民依然称呼这座城市为阿姆斯特尔。14 世纪时，荷兰人民把这条河和水坝连起来，用来命名他们的

城市。在黄金时代，阿姆斯特丹因为商业很快繁荣起来，成为整个世界最
重要的城市之一。

　　阿姆斯特丹以其独特的环形运河、精湛的钻石加工工艺、众多著名的博
物馆吸引着来自世界各地的游客。这座城市不仅保留了黄金时代的原貌，还
以其包容和自由的象征闻名于世。阿姆斯特丹的运河交织出"水都"风光，
林立的博物馆囊括了荷兰所有知名画家的作品，工商业发达，也是西欧著名
的海港。由于城区大部分低于海平面1~5米，阿姆斯特丹堪称一座"水下城
市"，全靠坚固的堤坝和抽水机才使得城市免遭海水淹没（见图10-1）。

图10-1　阿姆斯特丹的运河

资料来源：作者摄。

阿姆斯特丹的建筑风格独特，过去的建筑物几乎都以木桩打基，全城有几百万根涂着黑色柏油的木桩打入地下 14~16 米的深处。例如，王宫就建在 13659 根木桩上。当年，建造者们脚穿木鞋，在淤泥中打下一根根木桩，在这河流交汇的三角洲决心与天斗。市内上百条大小水道纵横交错，有 1000 多座桥梁在河上，多数是人行的石拱桥。阿姆斯特丹市中心的达姆广场经常是一些荷兰性庆典仪式的举办地，广场中央矗立着为纪念两次世界大战中的牺牲者而建的纪念碑，对面是富丽的王宫，这里原来是市政厅，建于 1648~1662 年。新市政厅古典而宏伟的建筑风格，至今仍然是水坝广场上最显眼的目标。

细心人会发现很多建筑物顶端有一个大大的铁钩，它们也是那时遗留的产物，原来是用来将物品搬运到楼上用的，因为不可能通过楼梯搬运。如果你在荷兰居住一段时间会了解到荷兰的住宅楼梯是窄得可怜，在仅仅约半平方米的面积上楼梯会拔地而起、盘旋而上，好似构成生命的 DNA 分子的双螺旋结构，就是立在北京海淀区黄庄路口的那个模型雕塑。楼梯的每层梯面右侧跟一般的大小尺寸差不多，但是左侧则只有一个食指宽，约是 5 厘米吧。这些十七世纪遗留的铁钩仍然有着其特殊的使命，不可低估哟。没有它们，在阿姆斯特丹搬家便是《不可能的使命》（Mission Impossible），必须要求助于影坛巨星汤姆·克鲁斯了。

荷兰东印度公司也在阿姆斯特丹的鼎盛时期扮演了重要角色，东印度公司是 17 世纪最早的跨国公司，东印度公司的船只远航印度给荷兰带回来香料和草药。商人们把这些香料和草药带回来储存在巨大的仓库里，这些仓库对他们非常重要，因为如果他们一次性大甩卖，他们挣到的利润会远小于细水长流型的买卖。运河岸的房子越来越多，为了控制人口，政府对房子进行征税，标准是门脸的大小，运河边的老房子大多是有一个窄小的门，大大的窗户。由于入门太小，所以在这些房子的山形墙顶，都会有一个钉子和滑钩，用来搬运家具物品，从窗户搬入。我自己搬家时，钢琴就是这样搬入楼上的。

阿姆斯特丹的运河系统是其最显著的特征之一。环形运河众多，走在每条运河上都觉得差不多，四周也没有什么有显著特征的高大建筑物，迷路是很好理解的。阿姆斯特丹市区和运河是 17 世纪便保留下来的，基本上只有三四层楼。当时的富商和政府首脑一起建设了环绕城区的三条月牙形的运河：赫伦运河（Heren Gracht）、凯撒运河（Keizers Gracht）和王子运河（Prinsen Gracht）。如此大手笔的建设显示出昔日阿姆斯特丹的繁华和财富，也给今日的阿姆斯特丹描绘出温文尔雅、浪漫宜人的翩翩风采。很多豪宅和仓库便沿着运河应运而生，现在所见的山形墙顶的建筑物多是从那时遗留下来的。

阿姆斯特丹有大约 100 公里的运河，90 个岛，1500 座桥，2500 个供住房用船停泊的泊位。四座主要的运河分别是：王子运河、凯撒运河、赫伦运河和辛格运河。在旧城区中心，这里被称为运河带，有超过 1500 个从 17~18 世纪的古迹都集中在这一区域，旅游时一定不要错过。阿姆斯特丹运河的历史同样有趣，著名的阿姆斯特丹运河的历史要从 17 世纪开始，这也是荷兰的黄金时期，因为无论从经济、文化和政治上，荷兰共和国都是最繁荣的时期。新移民的过度涌入导致了当时出现住房紧缺、住房面积小的状况。这给市政府提出了一个大胆的想法，他们需要把城市扩建到原来城区的至少 5 倍大，同时还要兼顾到城区的实用性和美观性。

如果对运河感兴趣的朋友，来到这里可以在阿姆斯特丹中心站乘坐小船穿梭在城市的运河间，这是来阿姆斯特丹的朋友们一定要做的三件事情之一。运河的存在，巩固了阿姆斯特丹作为欧洲乃至世界上最宽容的城市之一的地位。

16 世纪钻石加工业被引进到荷兰，荷兰逐渐发展成世界著名的钻石加工中心。阿姆斯特丹著名的钻石加工厂都对外开放参观，由专业人士介绍钻石的加工过程和鉴定方法。并可在附设的商店购买纯正的钻石首饰。市内主要的钻石加工厂有 Gassan Diamonds（迦山钻石），Van Moppes Diamonds（范莫普斯钻石），Coster Diamonds（考斯特钻石）。

阿姆斯特丹的美丽和独特不仅体现在其自然风光和建筑风格上，更体现在其包容和自由的城市精神中。这座城市几个世纪以来一直在包容中逐渐改变，成为一座具有海纳百川和自由象征的城市。

海牙：皇城、国际法庭

阿姆斯特丹虽然是荷兰的官方首都，但荷兰的政府和政治中心实际上位于海牙（Den Haag）。海牙是荷兰的第三大城市，也是荷兰中央政府和议会的所在地，荷兰皇室也居住于此，因此海牙被称为荷兰的"皇城"。这座城市不仅承载着荷兰的政治和历史，还以其国际化的形象闻名于世，尤其是作为国际法庭的所在地，象征着和平与正义。

海牙的名字意为"伯爵的森林"，起源于 14 世纪，最初是皇室贵族的猎苑。直到 16 世纪，海牙逐渐成为荷兰的政治中心。如今，这座城市融合了历史的厚重与现代的活力，既有富丽堂皇的古老宫殿和博物馆，也有充满现代气息的沙滩和摩天轮。海牙的国会大厦（Binnenhof）是这座城市最具代表性的建筑之一，建于 13 世纪，最初是荷兰伯爵的居所，后来成为荷兰国会所在地。国会大厦的内院原本是伯爵古堡的庭院，如今却给人一种闲适的感觉，游人可以自由穿行其中，感受历史与现实的交融（见图 10-2）。

图 10-2　荷兰国会（Dutch Binnenhof, houses of Parliament）

资料来源：https://www.getyourguide.com。

国会大厦的骑士楼（Ridderzaal）是国会的心脏，这座哥特式建筑曾是 13 世纪荷兰公爵佛罗里斯五世的宴会厅，如今用于举行重要国宴和典礼。每年 9 月的第三个星期二，荷兰君主会乘坐金马车来到这里，发表王座演说，宣布新一年的政府政策。国会大厦前的小广场上矗立着荷兰执政奥兰治亲王威廉二世的青铜雕像，他是荷兰历史上的重要人物，被誉为"国父"。威廉二世的雕像象征着荷兰的自由与独立，而他的故事也充满了传奇色彩。

海牙不仅是荷兰的政治中心，也是国际和平与正义的象征。和平宫（Vredespaleis）是联合国国际法院、国际法图书馆和国际法学院的所在地，建于 1907~1913 年，具有新文艺复兴风格的建筑曾获得 20 世纪建筑设计大赛的奖项。和平宫正门右侧有一座不起眼的纪念碑，碑顶上的和平之火永不熄灭。纪念碑被来自 196 个国家的 196 块石头组成的世界和平之路所包围，其中一些石头具有特殊的历史意义，例如来自柏林墙和南非罗本岛的石头。中国也赠送了一块翠绿色的玉石，象征着对世界和平的祝愿。和平宫外的雕塑和椅子充满了童趣，无论是和平鸽还是握手的造型，都传递着消除歧视与仇恨、追求世界和平的美好愿景。

除了政治和国际事务，海牙还以其丰富的文化和艺术吸引着游客。梅斯达格全景博物馆展示了一幅长达 40 米、宽 5 米的 360 度环形巨画，描绘了 19 世纪的海牙海滩风光，令人仿佛置身其中。此外，海牙的"小人国"（Madurodam）是一个微缩景观公园，按照荷兰的特色景物以 1：25 的比例缩小建造，游客可以在这里一览荷兰的著名地标和建筑，甚至还能看到微型火车站台上的"旅客"。

海牙的独特之处在于它既严肃又休闲。作为荷兰的政治中心，它承载着国家的历史与未来；作为国际和平与正义的象征，它吸引了全球的目光；而作为一个充满活力的城市，它又为游客和居民提供了丰富的文化和休闲体验。无论是漫步在国会大厦的内院，还是在和平宫外感受世界和平的愿景，抑或是在海滩上欣赏日落，海牙都以其多元的魅力展现着荷兰的独特风采。

鹿特丹：45° 立体方块屋

鹿特丹是荷兰的第二大城市，也是欧洲最大的港口之一。这座城市以其现代化的建筑、丰富的文化和独特的地标而闻名，展现了荷兰在创新和设计领域的领先地位。与阿姆斯特丹和海牙不同，鹿特丹的建筑风格更加现代和前卫，充满了未来感。

鹿特丹的城市景观以其独特的现代建筑而著称。伊拉斯谟斯大桥（Erasmusbrug）是鹿特丹的地标之一，因其优雅的外形被称为"天鹅大桥"。这座桥横跨新马斯河，连接了鹿特丹的南北两部分，于 1996 年竣工，成为城市现代化的象征。大桥的设计简洁而富有力量感，夜晚灯光点亮时，更显迷人。另一个著名的现代建筑是立体方块屋（Kubuswoningen），由荷兰建筑师皮埃特·布罗姆设计，建于 1984 年。这些倾斜 45° 的立方体房屋像巨大的魔方一样排列在一起，成为鹿特丹最具代表性的建筑之一。立体方块屋不仅是住宅，还设有博物馆和咖啡馆，游客可以进入其中一探究竟。与立体方块屋隔广场相望的是 Markthal 市场，这座拱形的建筑不仅是鹿特丹的美食天堂，还以其内部多彩的壁画而闻名。Markthal 市场于 2014 年开放，迅速成为鹿特丹的新地标，吸引了大量游客和本地居民。

鹿特丹不仅是现代化的港口城市，还拥有丰富的文化和艺术资源。博伊曼斯·范伯宁恩美术馆（Museum Boijmans Van Beuningen）是荷兰三大美术馆之一，馆内收藏了从中世纪到 21 世纪的众多艺术珍品。美术馆的藏品包括勃鲁盖尔、伦勃朗、梵高、达利和蒙克等大师的作品，是艺术爱好者的必访之地。美术馆的建筑本身也是一件艺术品，红砖绿顶的设计与现代化的内部空间相得益彰。

尽管鹿特丹以现代化建筑闻名，但它也保留了一些历史遗迹。圣劳伦斯教堂（Grote of Sint-Laurenskerk）是鹿特丹唯一一座中世纪建成的教堂，哥特式风格的建筑见证了鹿特丹的历史。教堂在二战中曾遭受严重破坏，经过多次修复后，如今成为举办展览和音乐会的多功能场所。教堂前的广场上矗立着荷兰著名神学家伊拉斯谟的铜像，象征着鹿特丹的文化底蕴。

距离鹿特丹不远的"小孩堤防风车村"（Kinderdijk）是荷兰最著名的景点之一。这里保存着 19 座建于 18 世纪的风车，是荷兰现存最大的风车群。小孩堤防风车村于 1997 年被列入联合国教科文组织世界遗产名录，成为荷兰风景的典型代表。游客可以在这里欣赏到荷兰传统的风车景观，了解风车在荷兰水利系统中的重要作用。

鹿特丹将现代化与历史、自然与文化完美融合。无论是漫步在伊拉斯谟斯大桥上，还是探索立体方块屋的奇妙设计，抑或是在博伊曼斯·范伯宁恩美术馆中欣赏艺术珍品，鹿特丹都能带给游客丰富的体验。这座城市不仅是荷兰的经济和交通枢纽，也是创新与文化的交汇点，展现了荷兰在全球化背景下的活力与魅力。鹿特丹的成功经验为其他城市提供了重要的借鉴，尤其是在城市规划和建筑设计方面。通过不断创新和融合，鹿特丹不仅保留了历史的痕迹，还塑造了一个充满未来感的现代化都市形象。

欧盟与欧元：小国大智慧

荷兰在欧洲联盟（European Union，简称 EU）的形成和发展中扮演了重要角色，尤其是在推动欧洲一体化和货币联盟方面。荷兰是欧盟的六个创始成员国之一，其他五个国家分别是德国、法国、意大利、比利时和卢森堡。欧盟的前身是欧洲共同体（European Commission，简称 EC），而 1992 年签署的《欧洲联盟条约》（又称《马斯特里赫特条约》）标志着欧盟的正式成立。这一条约在荷兰的马斯特里赫特签署，因此荷兰在欧洲一体化进程中具有特殊的历史地位。

《马斯特里赫特条约》不仅确立了欧盟的法律框架，还为欧元的诞生奠定了基础。条约的核心目标是通过经济和政治一体化，促进欧洲的和平与繁荣。荷兰在这一过程中发挥了积极作用，尤其是在推动货币联盟方面。1969 年，欧洲共同体六国领导人在荷兰海牙举行会议，提出了建立欧洲货币联盟的设想。这一设想最终在 1999 年实现，欧元正式启动，并于 2002 年进入流通领域。欧元不仅是欧洲经济一体化的重要成果，也是欧盟成员国之间团结与合作的象征。

荷兰还积极参与了《申根协定》的签署和实施。该协定于 1995 年生效，消除了成员国之间的边境检查，极大地促进了人员、货物、资金和服务的自由流动。无论是欧盟公民还是来自其他国家的外国人，只要在其中一个申根国家获得合法居留和入境签证，就可以在申根区内自由通行。这一政策极大地便利了旅游、留学和商务活动，受到了广泛欢迎。

荷兰对欧盟的财政政策也产生了深远影响。《马斯特里赫特条约》和1997年生效的《稳定与增长公约》规定了欧盟成员国的财政纪律，要求各国的财政赤字不得超过国内生产总值（GDP）的3%，政府债务不得超过GDP的60%。这些规定旨在确保欧元区的经济稳定，并为欧元的长期稳定提供了保障。荷兰作为欧盟的核心成员国，一直严格遵守这些财政规则，并在欧盟内部推动财政政策的协调和监督。

除了在经济和货币领域的贡献，荷兰还通过欧盟积极参与全球事务。荷兰是国际货币基金组织、世界银行、联合国和北大西洋公约组织的创始成员国之一。作为一个较小的国家，荷兰深知通过国际合作和多边组织来维护自身利益的重要性。欧盟为荷兰提供了一个超越国家边界的平台，使其能够在全球舞台上发挥更大的影响力。

荷兰与欧盟的关系不仅体现在政治和经济领域，还反映在文化和社会的融合中。欧盟的成立和发展促进了成员国之间的文化交流和人员往来，荷兰的开放和包容精神也在这一过程中得到了充分体现。无论是申根区的自由通行，还是欧元的统一货币，荷兰都与其他欧盟成员国建立了紧密联系。

荷兰与中国的合作关系也在欧盟框架下得到了进一步发展。中国与欧盟于1975年建交，此后双方在政治、经济和文化领域的合作不断深化。欧盟先后制定了多个对华政策文件，强调与中国建立全面伙伴关系的重要性。中国也将欧盟视为维护世界和平与促进发展的重要力量，致力于发展与欧盟及其成员国的长期合作关系。1998年，中欧领导人首次正式会晤在伦敦举行，标志着中欧关系进入了一个新阶段。

显而易见，荷兰在欧洲联盟的形成和发展中发挥了重要作用。从《马斯特里赫特条约》的签署到欧元的诞生，从《申根协定》的实施到财政政策的协调，荷兰始终是欧洲一体化的积极推动者。通过欧盟，荷兰不仅实现了自身的经济繁荣和政治稳定，还为欧洲乃至全球的和平与发展作出了重要贡献。荷兰的成功经验为其他国家和地区提供了宝贵的借鉴，尤其是在推动区域一体化和国际合作方面。

荷兰在欧元形成过程中，也发挥了多重作用，既体现了其作为欧盟核心成员国的积极参与，也反映了其在国内政治和经济利益上的权衡。①②

首先，荷兰作为欧洲一体化的坚定支持者，在欧元区的建立过程中扮演了重要角色。荷兰是欧盟的创始成员国之一，长期以来致力于推动欧洲经济和政治一体化。在欧元形成的谈判中，荷兰积极参与并支持货币联盟的构想，认为单一货币有助于加强欧洲内部市场的稳定性，促进成员国之间的经济合作，并提升欧洲在全球经济中的地位。荷兰的政治精英普遍认为，欧元不仅是经济工具，更是欧洲政治一体化的重要象征。

其次，荷兰在欧元区的制度设计中发挥了关键作用。荷兰央行以其稳健的货币政策和高水平的独立性著称，这种经验为欧洲中央银行（European Central Bank，简称 ECB）的建立提供了重要参考。荷兰主张严格的财政纪律和货币稳定，这些原则最终被纳入《马斯特里赫特条约》的趋同标准中，成为欧元区成员国的准入条件。荷兰的立场反映了其对通胀控制和财政稳健的高度重视，这也与其国内经济模式密切相关。

再次，荷兰在支持欧元的同时，也面临国内政治和经济利益的复杂平衡。荷兰国内对欧元的支持并非毫无争议。部分民众和政治力量对主权让渡和潜在的经济风险表示担忧，尤其是在欧元区危机期间，荷兰作为财

---

① 廖九如：《欧元给世界经济发展带来生机》，《发展》2001 年第 11 期。
② 胡善君：《欧元的发展前景及其影响》，《国际金融研究》1997 年第 1 期。

政保守的国家，对南欧国家的财政状况提出了严厉批评。荷兰政府在国内压力下，主张加强欧元区的财政纪律和结构性改革，以维护欧元区的长期稳定。

最后，荷兰在欧元区危机管理中也发挥了重要作用。作为欧元区核心国家之一，荷兰与德国等国共同推动了旨在加强财政纪律的《财政契约》，并支持建立欧洲稳定机制（European Stability Mechanism，简称 ESM）以应对主权债务危机。荷兰的立场体现了其对欧元区稳定性和可持续性的高度关注，同时也反映了其在国内政治中平衡民众对欧洲一体化支持与对财政责任要求的复杂性。

荷兰在欧元形成过程中既是积极的推动者，也是谨慎的监督者。其作用不仅体现在对欧洲一体化的坚定支持上，还表现在对财政纪律和货币稳定的坚持中。荷兰的经验表明，欧元区的成功既需要成员国之间的合作与妥协，也需要在制度设计中平衡经济效率与政治可行性。

后 记

多维度解析：阿斯麦成功秘密

当今地缘政治大背景下国家发展极具复杂性，这需要具有交叉科学知识储备，从不同学科领域视角下分析。作为一个典型的国家案例，荷兰展示了小国如何通过科技创新、制度优化、精益求精，在全球竞争中占据重要地位。阿斯麦的成功不仅仅是荷兰在物理、光学、电子等领域的科技创新，还有教育、农业、经济、空间规划、社会发展、艺术文化等多方面因素共同作用的结果。除了科技创新和商业敏锐度，荷兰的开放社会、创新文化、高效空间规划和对科技的高度重视，更是为阿斯麦提供了良好的发展环境。本书从荷兰的社会文化背景到其现代科技政策的制定与实施，从确保国家粮食安全到空间发展规划，从教育体系的特色到创新及可持续发展的模式，揭示荷兰孕育出阿斯麦背后的秘密。

从自然科学维度看，荷兰在科技领域有着深厚的积累，特别是在光学、精密机械和电子工程方面。ASML 的成功正是基于这些领域的长期研究和发展，离不开荷兰在半导体、光学和精密工程等领域的技术积累。荷兰的科研机构和大学与企业的紧密合作，也为 ASML 的技术创新提供了强大动力。荷兰政府和企业对研发的持续投入，确保了 ASML 在技术上的领先地位。荷兰积极参与欧盟的科技合作项目，进一步推动了 ASML 的技术创新。

从政治维度来看，荷兰的成功离不开其稳定和高效的政策环境。荷兰政府长期以来高度重视科技创新，并通过一系列政策支持研发投入和技术转化。荷兰是一个议会制君主立宪制国家，政治体制稳定，政府效率高。荷兰政府在政策上对高科技企业给予了大力支持，包括税收优惠、研发补贴和知识产权保护等。这些政策为 ASML 的快速发展提供了良好的外部环境。荷兰的开放经济政策不仅吸引了大量国际投资，还使其成为全球人才汇聚的高地。ASML 的成功正是这一政策的体现，其光刻机技术的突破不仅依赖于荷兰本土的研发能力，还得益于全球供应链的协同合作。同时，荷兰作为欧盟成员国，其在欧洲和全球政治经济中的地位也为其在芯片战争中的角色增添了分量。

在经济维度，荷兰拥有高度发达的经济体系，尤其是在高科技领域。荷兰政府和企业对研发的投入巨大，形成了以知识密集型产业为核心的经济结构。荷兰的创新能力不仅体现在半导体产业，还体现在农业、化工、生命科学等多个领域。这种多元化的经济结构为荷兰提供了强大的抗风险能力，使其能够在全球经济的波动中保持稳定增长。荷兰作为一个拥有悠久海洋贸易历史的国家，其早期的海上霸权地位为后来的经济发展奠定了基础。在 17 世纪，荷兰被誉为"海上马车夫"，其航运业和贸易网络遍布全球。这一时期，荷兰的阿姆斯特丹成为世界金融中心，为其现代金融体系的形成奠定了基础。这种历史背景使得荷兰在全球化经济中具有天然的竞争优势，也为其在芯片战争中的角色提供了历史参照。荷兰的鹿特丹港，作为欧洲最大的港口，是全球物流链的重要枢纽，对于芯片产业的供应链至关重要。

从空间规划维度看，荷兰的空间规划以高效和可持续著称。城市和工业区布局合理，交通便利。埃因霍温高科技园区聚集了大量的高科技企业和研究机构，形成了良好的创新生态系统。园区的规划注重产学研结合，促进了企业、高校和研究机构之间的合作。荷兰政府和企业高度重视基础设施建设和区域发展规划，这使得 ASML 能够在埃因霍温等科技园区中获得优越的研发和生产环境。荷兰的交通网络和物流体系也为 ASML 的全球供应链管理提供了有力支持。

文化上，荷兰以其宽容和开放的社会态度著称。荷兰的黄金时代，不仅在经济上取得了巨大成功，也在艺术、科学、哲学等领域取得了重大突破。埃舍尔、伦勃朗等艺术家的作品，斯宾诺莎的哲学思想，都在世界文化史上留下了浓墨重彩的一笔。这种文化传统为荷兰在芯片战争中的创新和研发提供了精神土壤。荷兰的多元化和包容性为其科技创新提供了良好的社会环境。对多样性的尊重和包容，不仅体现在文化领域，也体现在科技和商业实践中。这种社会结构为荷兰吸引了大量国际人才，进一步增强了其创新能力。宽容和开放可以促进团队合作和跨学科交流，这种文化氛围促进了国家内部的技术创新和知识共享。

在社会层面，荷兰的社会福利保障制度以其全面性、高质量和公平性著称，为公民提供了从摇篮到坟墓的全方位保障。这种制度不仅提高了公民的生活质量，还增强了社会的凝聚力和稳定性。荷兰这种社会福利制度和高质量的生活环境，也为科技人才提供了良好的工作和生活条件，使其能够专注于创新活动。荷兰社会强调务实和创新，注重解决实际问题，这可以使得 ASML 在技术研发中能够专注于实际应用，快速将科研成果转化为市场产品。荷兰政府长期以来重视高等教育和科技创新，荷兰教育体系注重培养创新思维和实践能力，为科技产业输送了大量高素质人才。荷兰的高等教育机构，如代尔夫特理工大学和埃因霍温理工大学，在全球工程和技术领域享有盛誉，为荷兰的科技创新提供了坚实的人才基础。荷兰的教育体系为国家提供了高素质的劳动力，特别是在工程和技术领域。

深层次分析：未来如何面对挑战

荷兰人世世代代坚持不懈地在同大海抗争，围海造田得到的土地因长期受海水侵蚀，土壤出现剥蚀、破坏、分离、搬运和沉积等现象，侵蚀严重，土地贫瘠，根本无法满足人类生产需求。然而，本书的各个章节揭示了在这个面积狭小、地势低洼、资源匮乏的国土之上，荷兰人创造了举世瞩目的各种奇迹。

阿斯麦成功的背后展现了一个成功的小国家发展案例。小国家由于人口、资源、市场等方面的限制，在发展道路上往往面临着严峻的挑战。然而，小国家也拥有其生存发展道路。荷兰包括阿斯麦在内的社会发展等方面具有立体化与多面性的特点，需要研究者从科技、区域、城市、农村、文化、经济、管理、政策、规划等多维度来探讨，进行跨学科包括自然科学、社会学、政治学、经济学、环境学等多学科的对话，从而正确解读其发展背后的秘密。

首先是发挥自身优势，发展特色产业。例如发展高科技产业，包括芯片技术、生物技术等，打造创新型经济体。同时，利用稳定的政治环境、完善的法律体系和优惠的税收政策，发展成为区域金融中心。如果拥有独特的自然风光、文化遗产和旅游资源，可以大力发展旅游业，吸引外国游客。其次，重视教育和人才培养，提升人力资本。政府可以加大教育投入，从而提高教育质量，培养高素质人才，为经济发展提供智力支持。同时，根据市场需求，发展职业教育，培养技能型人才。再次，积极参与区域合作，融入全球经济。例如积极参与欧盟等扩大市场空间，促进贸易和投资。积极与其他国家签订自由贸易协定，降低贸易壁垒，促进商品和服务自由流动。注重营造良好的投资环境，吸引外国直接投资，引进先进技术和管理经验。然后，加强政府治理，营造良好发展环境，建设廉洁高效的政府，提高政府效率，为经济发展提供良好的公共服务。同时，健全法律法规体系，保护投资者权益，维护市场秩序。最后，坚持可持续发展，保护生态环境。要积极应对气候变化带来的挑战，提高防灾减灾能力。发展绿色经济，如循环经济、低碳经济，减少对环境的污染和破坏。加强环境保护，维护生态平衡，实现经济发展与环境保护的协调统一。荷兰作为资源匮乏的弹丸之地，依靠科技创新和教育投入，发展了高科技产业、精密制造、金融服务业、旅游业等，走出了一条成功的发展道路，逐步发展成为全球最具竞争力的国家之一。

荷兰阿斯麦的成功也印证了国家不分大小都可以很好地生存和发展的理念。通过科技创新和利用自身优势等战略，荷兰成功实现了国家的繁荣与发展。这与中国古代思想中的国家不分大小强弱的理念相契合，儒家"和为贵"、墨家"兼爱非攻"以及道家"小国寡民"的思想，都在一定程度上体现了对小国生存和发展的尊重。荷兰的经验表明，小国同样可以在全球舞台上发挥重要作用，这为构建更加公正合理的国际秩序提供了现实范例。

当然，不同的读者一定有着不同的诠释，也源于各自不同的阅历。或许你没有想过去荷兰看看，但是你可以了解一下阿斯麦。荷兰的社会保障、科技发展、经济贸易、文化特质、空间规划、政治支持等多种因素，都为 ASML 的崛起提供了坚实的基础。如果你对 ASML 的成功密码感兴趣，建议翻开此书。

参考文献

1. 埃丝特·奎黛克斯、孙岳:《荷兰的大历史教育》,《全球史评论》2013 年第 00 期。

2. 彼得·范·霍恩:《中国孔子的真善美:审慎、智慧和丰富》(Eenige voorname eygenschappen van de ware deugdt, voorzichtigheyde, wysheyt en volmaecktheydt, getrocken uyt den Chineschen Confucius),阿姆斯特丹出版,1675 年。

3. 曹亮:《低碳经济、欧盟可再生能源转型与俄罗斯能源出口——基于荷兰、德国与意大利可再生能源转型的研究》,华东师范大学博士学位论文,2023 年。

4. 陈超:《荷兰高等教育评估:历史、现状与发展趋势》,《高校教育管理》2008 年第 5 期。

5. 窦渊:《老子之"道"与斯宾诺莎之"实体"》,西北大学硕士学位论文,2022 年。

6. 冯柳莺:《17 世纪荷兰海景画的研究》,山东大学硕士学位论文,2019 年。

7. 顾羲和:《历史重构文艺复兴时期荷兰画派的绘画艺术传承与创新》,《美与时代(中)》2023 年第 7 期。

8. 顾晓波:《18世纪荷兰政治思想研究》,华东师范大学硕士学位论文,2009年。

9. 何琳:《埃舍尔作品中数学图像运用及其哲学内涵研究》,扬州大学硕士学位论文,2023年。

10. 黄晓慧:《荷兰农业合作社科技服务的经验及启迪》,《乡村科技》2016年第20期。

11. 吉斯·克里斯蒂安、爱德华·舒曼、于淼:《荷兰当代住宅变迁:历史、类型及城市设计策略》,《建筑师》2021年第2期。

12. 李苡果:《复杂性视角下埃舍尔绘画研究》,西北农林科技大学硕士学位论文,2020年。

13. 李竺君:《斯宾诺莎的身心理论》,郑州大学硕士学位论文,2019年。

14. 刘从:《显微镜:让人类走进微观世界》,《发明与创新》(综合科技)2011年第3期。

15. 刘民:《中古至近代早期西欧海洋渔业的发展》,天津师范大学硕士学位论文,2014年。

16. 刘守刚、王培豪:《荷兰共和国时期的财政金融革命及历史启示》,《金融评论》2021年第3期。

17. 刘涛、戴敏:《荷兰乡村城镇化研究历程及意义》,《湖北师范大学学报》(哲学社会科学版)2023年第2期。

18. 娄向鹏:《荷兰:"小国大业"用科技打造农业奇迹》,《农产品市场》2023年第2期。

19. 罗朗:《历史与现实中的荷兰》,《世界文化》2024年第9期。

20. 任万杰:《乡下佬自制的显微镜》,《职业》2016年第25期。

21. 孙长智、阮蓁蓁:《荷兰世界一流大学学科发展布局与特征研究——基于 13 所荷兰高校的案例研究》，《南通大学学报》（社会科学版）2019 年第 1 期。

22. 孙巨娟：《自学成才的生物学家——[荷兰]列文虎克（1632～1723年)》，《科学大众》（中学生）2006 年第 12 期。

23. 唐璟：《论高罗佩对中国古代文艺思想的研究与传播》，湘潭大学博士学位论文，2022 年。

24. 王盼闲：《荷兰应用科技大学办学特色研究及给我国发展本科层次职业教育的启示》，天津体育学院硕士学位论文，2023 年。

25. 王湘江：《荷兰经验：从"围海造田"到"与水共处"》，《福建市场监督管理》2022 年第 9 期。

26. 王晓梅、辛竹琳、何微等：《荷兰农业绿色发展政策现状及对中国的启示》，《农业展望》2022 年第 6 期。

27. 吴薇、黄丹阳：《高等教育普及化发展进程及影响因素探析：基于对荷兰的考察》，《教育发展研究》2025 年第 3 期。

28. 向悦、刘萍：《荷兰花卉产业的发展经验及其对我国的借鉴作用》，《林草资源研究》2024 年第 4 期。

29. 邢晨艺：《对荷兰风格派的分析研究》，《明日风尚》2023 年第 1 期。

30. 闫寒：《荷兰宽容文化与以人为本的可持续理念在设计中的应用》，《工业设计》2019 年第 10 期。

31. 杨慧：《荷兰研究型大学工程教育人才培养模式研究》，天津大学硕士学位论文，2021 年。

32. 杨威、苏治平：《借鉴 ASML 发展我国极紫外光刻机》，《中国新通信》2019 年第 16 期。

33. 姚志鹏：《荷兰历史 HAVO 中央考试材料分析题（2015－19 年）研究》，上海师范大学硕士学位论文，2021 年。

34. 于航:《海洋治理理念转换研究》,黑龙江大学博士学位论文,2024 年。

35. 约翰纳斯·布劳:《中国地图册》(Atlas Sinesis),阿姆斯特丹出版,1655 年。

36. 约斯特·范登·冯德尔:《崇祯皇帝》(Zungchin of ondergang der Sineesche heerschappye),阿姆斯特丹出版,1675 年。

37. 张新民、张旭、袁芳等:《荷兰科技创新现状评估及启示借鉴》,《全球科技经济瞭望》2022 年第 3 期。

38. 张玉坤、陈贞妍:《基于都市农业概念下的城郊住区规划模式探讨——以荷兰阿尔梅勒农业发展项目(Agromere)为例》,《天津大学学报》(社会科学版)2012 年第 5 期。

39. 赵楠:《光影在十七世纪荷兰静物油画中的表现研究》,新疆艺术学院硕士学位论文,2024 年。

40. 朱永旗:《ASML 坐到光刻机王座的历程:痛定思痛的启示》,《中国战略新兴产业》2020 年第 14 期。

41. 周琦:《解密光刻机巨头 ASML 的崛起之路》,《中国经济周刊》2021 年第 Z1 期。

42. 周宪:《凝视维米尔的"凝视"》,《北京师范大学学报》(社会科学版)2023 年第 3 期。

43. 周元浩:《浅谈伦勃朗绘画中人物形象的转化》,天津美术学院硕士学位论文,2024 年。

44. 庄佩君、马仁锋、赵群:《欧洲港口海运产业集群发展模式》,《中国航海》2013 年第 2 期。

45. 赵宏媚、熊梓吟、陆程程等:《发达国家医学教育发展特征、挑战和改革趋势——以英法美日为例》,《世界教育信息》2024 年第 11 期。

46. 荷兰外商投资局：《为什么金融科技企业青睐荷兰？》，《服务外包》2020 年第 Z1 期。

47.《荷兰国王就殖民及奴隶贸易史正式道歉》，《世界知识》2023 年第 14 期。

48. D.L.Szanton. The Origin, Nature, and Challenges of Area Studies in the United States. In: D.L. Szanton (ed.).*The Politics of Knowledge: Area Studies and the Disciplines.* 2002. http://repositories.cdlib.org/uciaspubs/editedvolumes/3/1.

49. E. Koster. Oostelijk Havengebied Amsterdam: Eastern Docklands[J]. *Amsterdam*: *Architecture and Nature,*1995: 32-36.

50. J. Reijs. Foresight studies undertaken by the Ministry of Economic Affairs in the Netherlands [J]. *R&D Management*, 1994, 24(2): 167-174.

51. K. Prewitt. Area Studies Responding to Globalization: Redefining International Scholarship. In: *Berliner Osteuropa Info*, No. 18: Regionalstudien kontrovers. 2003: 8、11.

52. N. Nieboer, V. Gruis. Shifting Back-changing Organisational Strategies in Dutch Social Housing [J]. *Journal of Housing and the Built Environment*, 2014, 29(1): 1-13.

53. S. James. Eastern Harbour District [M]. Amsterdam: Rotterdam NAI Publishers. 2003: 8.

54. S. Sassen. The Subnational as a Site for Studying Globalization: Rediscovering Area Studies? In: *Berliner Osteuropa Info*, No. 18: Regionalstudien kontrovers. 2003.

55. S.J. Barter. Area Studies, Asian Studies, and the Pacific Basin [J]. *Geographical Review.*2015, 105(1): 105-119.

56. T. Mattijssen, J. M.Behagel, H. Jelle, A.E.Buijs. How democratic innovations realise democratic goods. Two case studies of area committees in the Netherlands [J]. *Journal of Environmental Planning and Management*, 2015, 58(5/6): 997-1014.

57. J.Sevink, B. Van Geel, B. Jansen. Early Holocene forest fires, drift sands, and Usselo-type paleosols in the Laarder Wasmeren area near Hilversum, the Netherlands: Implications for the history of sand landscapes and the potential role of Mesolithic land use [J]. *An Interdisciplinary Journal of Soil Science Hydrology-Geomorphology Focusing on Geoecology and Landscape Evolution*, 2018: 165, 286-298.

58. H. De Moel, M. Van Vloet, J. C. J. H. Aerts. Evaluating the effect of flood damage-reducing measures: a case study of the unembanked area of Rotterdam, the Netherlands [J]. *Regional Environmental Change*, 2014, 14(3): 895-908.

图书在版编目（CIP）数据

芯片光环：多维度洞察荷兰发展 / 赵珩著 .
北京：社会科学文献出版社，2025.7.--ISBN 978-7
-5228-5109-9

Ⅰ .F456.366
中国国家版本馆 CIP 数据核字第 2025A3N488 号

芯片光环：多维度洞察荷兰发展

著　　者 / 赵　珩

出　版　人 / 冀祥德
组稿编辑 / 任文武
责任编辑 / 郭　峰
责任印制 / 岳　阳

出　　　版 / 社会科学文献出版社·生态文明分社（010）59367143
　　　　　　地址：北京市北三环中路甲29号院华龙大厦　邮编：100029
　　　　　　网址：www. ssap. com. cn
发　　　行 / 社会科学文献出版社（010）59367028
印　　　装 / 三河市尚艺印装有限公司

规　　　格 / 开　本：787mm×1092mm 1/16
　　　　　　印　张：16.75　字　数：223 千字
版　　　次 / 2025年7月第1版　2025年7月第1次印刷
书　　　号 / ISBN 978-7-5228-5109-9
定　　　价 / 78. 00元

读者服务电话：4008918866